Cathrine Fabricius-Hansen, Oddleif Leirbukt, Ole Letnes (Hg.)

Modus, Modalverben, Modalpartikeln

D1619667

Cathrine Fabricius-Hansen, Wolfgang Kühlwein (Hg.)

FOKUS

Linguistisch-Philologische Studien

Band 25

Cathrine Fabricius-Hansen
Oddleif Leirbukt, Ole Letnes (Hg.)

Modus, Modalverben, Modalpartikeln

wvt Wissenschaftlicher Verlag Trier

Die Deutsche Bibliothek - CIP-Einheitsaufnahme

Modus, Modalverben, Modalpartikeln.
Cathrine Fabricius-Hansen, Oddleif Leirbukt, Ole Letnes (Hg.).-
Trier : WVT Wissenschaftlicher Verlag Trier, 2002
    (Fokus ; Bd. 25)
    ISBN 3-88476-519-1

Umschlaggestaltung: Brigitta Disseldorf
(Werbeagentur Nottar, Trier)

WVT Wissenschaftlicher Verlag Trier
Bergstraße 27, 54295 Trier
Postfach 4005, 54230 Trier
Tel.: (0651) 41503 / 9943344, Fax: 41504
Internet: http://www.wvttrier.de
e-mail: wvt@wvttrier.de

Inhaltsverzeichnis

Vorwort der Herausgeber

Der vorliegende Sammelband geht im Wesentlichen auf zwei Arbeitstagungen zu den im Titel angedeuteten Themen zurück: die Tagung "Modus und Modalverben", die am 3. und 4. Mai 1996 an der Hochschule Agder in der Regie von OLE LETNES stattfand, und die Tagung "Modus, Modalverben, Modalpartikeln", die am 5. und 6. September 1997 am Germanistischen Institut der Universität Bergen in der Regie von ODDLEIF LEIRBUKT veranstaltet wurde. Wir danken der Historisch-Philosophischen Fakultät und dem Germanistischen Institut der Universität Bergen sowie der Fakultät für Humanwissenschaften und dem Fachbereich Deutsch der Hochschule Agder für ihre großzügige Förderung dieser Arbeitstagungen und der anschließenden Publikation; wir danken dem Verlag für die Aufnahme des Bandes in die Reihe FOKUS; und nicht zuletzt bedanken wir uns bei den TagungsteilnehmerInnen und den BeiträgerInnen des vorliegenden Bandes für ihre Diskussionsbereitschaft und die Geduld, mit der sie die Veröffentlichung ihrer Beiträge abgewartet haben.

Modus, Modalverben, Modalpartikeln – das sind Themen der deutschen Grammatik, die stets faszinieren, und zwar vor allem auch aus der Perspektive des Deutschen als Fremdsprache. Die besondere Faszination des Modus ist aus der Sicht der skandinavischen Sprachen insofern verständlich, als diesen eine dem deutschen Konjunktiv vergleichbare Konjugationskategorie fehlt. Dass die Modalpartikeln in ihrer ganzen Fülle und mit ihren u.U. schwer beschreibbaren, stark kontextabhängigen Bedeutungsbeiträgen als Objekt linguistischer Beschreibung wie als Lerngegenstand eine gewaltige Herausforderung darstellen, bedarf auch keiner weiteren Begründung. Modalverben teilen mit Modalpartikeln die Kontextabhängigkeit ihres Bedeutungsbeitrags, die sie zu einem Prüfstein semantischer Theorienbildung macht. Hinzu kommt, dass die Modalverben des Deutschen und der anderen germanischen Sprachen sich etymologisch weitgehend entsprechen, eine Reihe gemeinsamer semantisch-grammatischer Eigenschaften aufweisen und jeweils eine semantisch-pragmatische Entwicklungsgeschichte hinter sich haben, die sich über Jahrhunderte zurückverfolgen lässt. So kommt ihnen im Zusammenhang mit Grammatikalisierungstheorien sowie Theorien der diachronen und der kontrastiven Semantik ein besonderes Interesse zu.

Die Beiträge zum vorliegenden Band verteilen sich in relativ ausgewogener Weise auf die drei im Titel angedeuteten Themen.

Der Aufsatz *Nicht-direktes Referat im Deutschen – Typologie und Abgrenzungsprobleme* von **Cathrine Fabricius-Hansen** bietet eine auf dem Prototypenkonzept basierende modusunabhängige Explikation des Begriffs der indirekten Rede (i.w.S.), die als adäquates Beschreibungsraster für zu beobachtende Variationen des Tempus-Modus-Gebrauchs im einschlägigen Bereich intendiert ist.

Sven-Gunnar Andersson stellt im Aufsatz *Zum Tempus und Modus finaler 'damit'-Sätze in Vergangenheitskontexten* anhand von schriftsprachlichen Belegen aus dem IDS-Korpus und durch Lückentests elizitiertem mündlichem Material fest, dass die informelle gesprochene Sprache eine im Verhältnis zur geschriebenen Sprache erhöhte Frequenz des Konjunktivs und des Präsens Indikativ (statt des Präteritum Indikativ) in *damit*-Sätzen nach präteritalem Matrixsatz aufweist. Er erklärt dabei den Konjunktiv als Reflex einer besonderen, Empathie und Engagement bezeugenden Perspektivierung, die als indirekte Wiedergabe von jemandes Bewusstseinsinhalt, d.h. als Sonderfall der indirekten Rede i.w.S. zu verstehen sei.

Thomas Haraldsen befasst sich im Beitrag *Semantische und pragmatische Aspekte direktiv verwendeter Konditionalgefüge mit indikativischem 'wenn'-Satz* mit einer in der Fachliteratur bisher wenig beachteten Variante des Konditionalgefüges, mit der bedingte direktive Sprechakte vollzogen werden und deren 'reinste' Realisierungsform in einem Satz wie *Wenn du Peter siehst, sag ihm, er soll auf mich warten* zu sehen ist. Er bezeichnet diesen Konditionaltyp als 'Validierungskonditional', weil das Zutreffen des Nebensatz-Sachverhaltes als Voraussetzung für die Gültigkeit der im Hauptsatz ausgedrückten Illokution zu verstehen sei, und weist nach, dass Illokutionsfixierung und Stärkegrad der Illokution – wie in 'normalen' direktiven Satztypen – an den Modus, den Gebrauch von Modalverben und die lexikalische Ausgestaltung bestimmter Satzglieder im Hauptsatz gebunden ist, während die Variation der Serialisierungsmuster und der Integration des Nebensatzes in den Hauptsatz weniger relevant erscheinen.

Gegenstand des Beitrages von **Oddleif Leirbukt** sind Bildungen des Typs Modalverb im Konjunktiv Plusquamperfekt + Infinitiv II, wie er im Satz *Um zwei Uhr hätte unsere Schicht begonnen haben sollen* zu beobachten ist – ein Konstruktionstyp, der zwar in der einschlägigen Literatur registriert, dessen Verwendungsweise jedoch, vor allem im Hinblick auf den Zeitbezug der Komponenten Modalverbform und Infinitiv, nicht genau untersucht worden ist. Der Verfasser unterscheidet in zeitreferentieller Hinsicht drei Varianten dieser semantisch äußerst komplizierten Konstruktion, deren jeweilige weitere Charakteristika – u.a. Modalverbbedeutung und Aktionsart des Infinitivs – er durch eine gründliche Analyse authentischer Belege aufzeigt, wobei er abschließend auch sog. doppelte Perfektformen (ohne Modalverb) zum Vergleich heranzieht.

Ole Letnes ist mit zwei Beiträgen vertreten, die einerseits an die von FABRICIUS-HANSEN angeschlagene allgemeine Thematik der indirekten Rede anknüpfen, andererseits jedoch wie der nachfolgende Aufsatz von ENGBERG im Wesentlichen Spezialverwendungen einzelner Modalververben gewidmet sind. Im Aufsatz *Zum Bezug epistemischer Modalität in der Redewiedergabe* untersucht Letnes anhand von Informantenbefragungen und Interviews mit Befragten, "wieviel Integration die deiktische Kategorie epistemische Distanz verträgt, bevor der Bezug vom wiedergegebenen Sprechakt (S1) zum wiedergebenden Sprechakt (S2) wechselt". Als Prüfstein dient die Interpretation von epistemisch verwendetem *sollen* bzw. *müssen* in eingebetteten *dass*-Sätzen nach

Verbum dicendi (*Hans sagt, dass Peter krank sein soll/muss*) und im selbständigen Satz zusammen mit einem präpositionalen Referatindikator (*Hans zufolge soll/muss Peter krank sein*). Die Ergebnisse der Untersuchung deuten an, dass die Zuordnung der epistemischen Verantwortlichkeit nicht dem von FRANS PLANK (1986)[1] vorausgesagten Muster folgt: Der S1-Bezug scheint in beiden Konstruktionstypen 'resistenter' zu sein, als nach PLANK zu erwarten wäre. Der Integrationsgrad ist jedoch insofern relevant, als die Wahrscheinlichkeit, dass *sollen* als redundanter (S2-bezogener) Referatindikator mit der Stärke der syntaktischen Integration korreliert.

In seinem zweiten Beitrag *'Wollen': zwischen Referat und Verstellung*, der auf Analysen von und Interviews zu ausgewählten, z.T. authentischen Beispielen basiert, argumentiert LETNES nach einer knappen Auseinandersetzung mit der äußerst bescheidenen relevanten Fachliteratur dafür, dass zwischen einer 'referierenden' und einer 'verstellenden' Variante des 'subjektiv' verwendeten *wollen* zu unterscheiden und eine entsprechende grundsätzliche Ambiguität von Sätzen wie *Peter will mich nicht gesehen haben* anzusetzen sei, und geht der Frage nach, welche Kontextbedingungen jeweils zur Präferierung der einen oder der anderen Interpretation führen. Er stellt allerdings abschließend fest, dass beide Varianten eng verwandt seien und dass eine vermeintlich eindeutig referierende Lesart denn auch von vielen Informanten nicht unbedingt so wahrgenommen werde. Auch dieser Aufsatz schneidet somit ein Thema an, das zu weiteren begrifflichen und empirischen Untersuchungen einlädt.

Jan Engberg kommt im Aufsatz *'Sollen' in Gesetzestexten* für den Bereich der Modalverben dem Bedürfnis nach texttypbezogenen empirischen Untersuchungen entgegen, das wenigstens für den Modusbereich (vor allem den Indirektheitskonjunktiv) schon lange erkannt war, aber leider wenig praktische Konsequenzen nach sich gezogen hat. Der Verfasser führt einleitend die rechtswissenschaftliche Unterscheidung zwischen "Sollens-Sätzen" und "Soll-Vorschriften" ein, setzt sich anschließend mit in der Fachliteratur vorgeschlagenen Bedeutungsbeschreibungen von *sollen* auseinander und schließt mit einer empirischen Untersuchung zur Verwendung dieses Modalverbs in heutigen Gesetztestexten ab, wobei er mit semantisch verwandten Modalausdrücken – *müssen* + Infinitiv und *sein* + *zu*-Infinitiv – vergleicht. Ein Hauptergebnis ist, dass *sollen* in Hauptsätzen fast ausnahmslos "eine verbindliche Regelung performativ einführt, wogegen *sollen* in Nebensätzen eine Absicht wiedergibt, die vom Gesetzgeber als beim Normadressaten vorhanden vorausgesetzt wird". Epistemisches *sollen* ist auf Prozessordnungen beschränkt, wo es die Vermutung eines Dritten bezüglich eines Merkmals von Dokumenten oder Tatsachen signalisiert. Generell besteht jedoch – entgegen der Annahme von GLAS (1984) – kein Grund, *sollen* in Gesetzestexten eine prinzipiell eigenständige Bedeutung zuzuschreiben; seine aktuellen Bedeutungen in die

---

1   Plank, Frans, 1986. Über den Personenwechsel und den anderer deiktischer Kategorien in der wiedergegebenen Rede. *Zeitschrift für germanistische Linguistik* 14: 284-308.

dieser Textsorte lassen sich aus den – texttypspezifischen – Kontextgegebenheiten und den normalen Gebrauchsregeln ableiten.

Unseren Band beschließt der umfangreiche Aufsatz *Lakmustest für funktionale Beschreibungen am Beispiel von 'auch' (Fokuspartikel, FP), 'eigentlich' (Modalpartikel, MP) und 'also' (Diskursmarker, DM)* von **Norbert Dittmar**, der die Thematik der Modalpartikeln aufgreift, aber auch darüber hinausführt, indem er andere Partikeltypen (so genannte Fokuspartikeln und Diskurspartikeln) mit einbezieht. Es handelt sich um eine gründliche 'Bestandsaufnahme' neuerer Forschungsbeiträge im genannten Bereich, die auf die Schnittstelle Syntax – Semantik – Pragmatik fokussiert und dabei auch relevante Aspekte des Erwerbs des Deutschen als Muttersprache und Fremdsprache thematisiert.

Bergen / Kristiansand / Oslo im März 2002

Cathrine Fabricius-Hansen

Nicht-direktes Referat im Deutschen - Typologie und Abgrenzungsprobleme

0. Vorbemerkungen

Der sog. Konjunktiv der indirekten Rede, für den ich im folgenden im Anschluss an ZIFONUN ET AL. (1997:1753ff.) auch den Terminus Indirektheitskonjunktiv verwende, stellt beim Erwerb des Deutschen als Fremdsprache – und vermutlich auch im Erstspracherwerb (KNOBLOCH 1998) – aus produktiver wie aus rezeptiver Sicht ein besonderes Lernproblem dar. Die Probleme mögen für DaF-Lernende zwar etwas unterschiedlich gelagert oder gewichtet sein, je nachdem, ob ihre Muttersprache eine vergleichbare verbale Flexionskategorie aufweist und wie diese gegebenenfalls "eingesetzt" wird. Fragen wie die folgenden stellen sich jedoch mehr oder weniger zwangsläufig:

- Wann muss der Konjunktiv im indirekten Referat verwendet werden und wann kann oder sollte man auf ihn verzichten?
- Welcher Konjunktiv – der präsentische (Konjunktiv I) oder der präteritale (Konjunktiv II) – sollte gegebenenfalls jeweils unter welchen Bedingungen verwendet werden?
- Wenn nicht Konjunktiv, dann Indikativ – aber welches Tempus?
- Wie erkennt man bei sogenannten modusambigen oder modusneutralen Verbformen, ob sie "konjunktivisch" oder "indikativisch" zu deuten sind – und was heißt Modusambiguität oder -neutralität letzten Endes?
- Was drückt der Indirektheitskonjunktiv eigentlich aus? Dient er einfach als Signal der indirekten Redewiedergabe oder ist er eher allgemeiner als Ausdruck der Nicht-Faktivität zu verstehen, wie THIEROFF (1992) und EISENBERG (1999:118ff.) andeuten?
- Unterscheiden sich der präsentische und der präteritale Konjunktiv voneinander im Hinblick auf ihre "Leistung" in der indirekten Rede?
- Wie ist die Konstruktion *würde* + Infinitiv in solchen Kontexten zu verwenden bzw. zu interpretieren? Dient sie primär als Zukunftsform oder handelt es sich eher um eine analytische Konjunktiv-II-Form ohne spezifischen Zukunftsbezug?[1]
- Was ist überhaupt indirekte Rede?

Der Katalog lässt sich unschwer erweitern. Einige dieser Fragen haben einen eher theoretischen Charakter, die meisten sind jedoch für die aktive und passive Sprachverwendung höchst relevant. Gemeinsam ist ihnen leider, dass sie in Standardgrammatiken und Spezialdarstellungen weitgehend unvollständig oder unpräzise und z.T. sogar

---

1 Vgl. BAUSCH (1979), THIEROFF (1992:239f.), ZIFONUN ET AL. (1997:1735ff.); s. auch FABRICIUS-HANSEN (2000) und FRITZ (2000).

widersprüchlich beantwortet werden.[2] Dies trifft in eklatanter Weise auf die zuletzt gestellte Frage zu, die insofern von grundlegender Art ist, als Fragen zum Modus- und Tempusgebrauch in der indirekten Rede ohne eine Klärung des Begriffs "indirekte Rede" und verwandter Begriffe nicht sinnvoll beantwortet werden können. Einer solchen Begriffsexplikation dient der vorliegende Aufsatz.

1. Direktes und nicht-direktes Referat

Der Ausdruck Redewiedergabe (Referat) wird im allgemeinen, explizit oder implizit, ziemlich weit verstanden, als die Wiedergabe von wirklichen oder fiktiven Äußerungen, Gedanken, Vorstellungen einer Person durch eine andere Person oder die Wiedergabe eigener Äußerungen, Gedanken usw. zu einer anderen Zeit. Dabei ist sog. direkte Rede (direktes Referat) bekanntlich durch ihre Wörtlichkeit[3] gekennzeichnet. Sie äußert sich u.a. darin, dass deiktische Kategorien wie z.b. die Personalpronomina aus der Sicht der referierten Person gewählt werden. Im nicht-direkten Referat hingegen werden wenigstens die Personalpronomina aus der Perspektive der wiedergebenden Person verwendet.

Meistens fasst man die direkte Redewiedergabe irgendwie als primär gegenüber der nicht-direkten auf. Dies besagt, dass nicht-direkte Rede als eine Umformung direkter Rede beschrieben wird, die u.a. von Verschiebungen der Personalpronomina begleitet ist.[4] Das heißt, es liegt das folgende Modell zugrunde: In einer gegebenen Sprechsituation A macht eine Person – von KAUFMANN (1976) "Sprecher 1" genannt – gegenüber einer Person ("Hörer 1") eine Äußerung A:

Sprechsituation A
Sprecher 1 (Daniel Schmidt$_i$) an Hörer 1 (Erika Klein$_j$): Äußerung A:

"Ich$_i$ muss Sie$_j$ leider enttäuschen."

In einer anderen Sprechsituation B wird diese Äußerung als Teil einer Äußerung B eines Sprechers 2 einem Hörer 2 gegenüber wiedergegeben. Diese Äußerung spezifiziert meistens zugleich zentrale Aspekte der Sprechsituation, indem sie vor allem in Form einer sog. Redeanführung die wiedergegebene Sprachhandlung chararakterisiert und dabei im allgemeinen auch den Sprecher 1 beschreibt oder identifiziert. Bei direkter Redewiedergabe (a) wird Äußerung A ungeändert als eine Art Fremdelement in Äußerung B importiert, bei indirekter Redewiedergabe (b) wird sie hingegen wenigstens so weit der Äußerungssituation B angepasst, dass die Personalpronomina aus der Perspektive des Sprechers 2 gewählt werden:

---

2   Unter den Gesamtgrammatiken bildet ZIFONUN ET AL. (1997) eine wohltuende, aber nicht ganz leserfreundliche Ausnahme.
3   Für eine Modifizierung dieser Charakteristik siehe z.B. PLANK (1986), VON RONCADOR (1988).
4   Siehe stellvertretend für viele KAUFMANN (1976).

Sprechsituation B

Sprecher 2_k an Hörer 2_l: Äußerung B:

(a) "Daniel Schmidt$_i$ hat zu Erika Klein$_j$ gesagt: 'Ich$_i$ muss Sie$_j$ leider enttäuschen.'"

(b) "Daniel Schmidt$_i$ hat zu Erika Klein$_j$ gesagt, dass er$_i$ sie$_j$ leider enttäuschen müsse."

Dementsprechend würde (2) als indirekte Entsprechung (Umformung) von (1) charakterisiert werden.

(1) Daniel Schmidt$_i$ hat gesagt: "[Meine$_i$ Schwester]$_m$ ist leider verreist."

(2) Daniel Schmidt$_i$ hat gesagt, dass [seine$_i$ Schwester]$_m$ leider verreist sei.

Wie VON RONCADOR (1988:89ff.) gezeigt hat, kann eine "realistische" Bestimmung des Begriffs der Redewiedergabe jedoch u.a. kollektivem und vorweggenommenem Referat[5] wie in (3) und in direkter Rede erscheinenden Wendungen wie *dies und das* und *so oder so* (4) nicht gerecht werden.

(3) a   Man pflegt zu sagen: "...."

    b   Sie werden hingehen und sagen: "...."

(4) Dann hat er gesagt, "**dies und das** gefällt mir nicht, ich an deiner Stelle würde es **so oder so** einrichten".

VON RONCADOR (1988) folgert aus diesen und ähnlichen Beobachtungen, dass das traditionelle Vorgehen umzukehren und Redewiedergabe als eine Abweichung vom Standard- oder Default-Fall zu beschreiben sei. Das heißt, er versucht

> Redewiedergabe als Verschiebung der pragmatischen Korrelate verschiedener Variablen zu begreifen, vor allem deiktischer Ausdrucke und Expressiva, ohne dabei notwendigerweise eine tatsächliche oder virtuelle Originaläußerung voraussetzen zu müssen. Ich gehe also nicht primär von der Frage aus, wie sich eine vorausgesetzte Äußerung in die eigene integrieren läßt, sondern von der Bedingung, daß der wiedergebende Sprecher sich gewissermaßen von seiner Äußerung distanzieren muß, wenn er in ihr Fremdes darstellen will. (VON RONCADOR 1988:55)

Im Default-Fall werden alle sprachlichen Ausdrücke aus der Perspektive des aktuellen Sprechers zur aktuellen Sprechzeit gewählt; die sprachliche Formulierung ist von seinem Wissenshintergrund, seinen Einstellungen und Intentionen und seinen Beziehungen zu dem aktuellen Sprechpartner bestimmt. So vereint der aktuelle Sprecher nach VON RONCADOR (1988:75f.) in sich die Rollen (i) als Urheber der Äußerung/Ausführender der Sprachhandlung, (ii) als Träger der Sprecherrolle "Sprecher" (≠ "Angespro-

---

5   Der Ausdruck "vorweggenommene Redewiedergabe" wird von FABRICIUS-HANSEN (1989) für den Fall (3b) verwendet, wo die Redewiedergabezeit der sog. Originalsprechzeit vorausliegt und die wiedergegebene Äußerung mithin zur Zeit der Wiedergabe noch nicht stattgefunden hat.

chener") und (iii) als Bewusstseinszentrum ("Ego"), dessen Intentionen, Einstellungen, Annahmen usw. in der aktuellen Äußerung ausgedrückt werden.

Redewiedergabe im weitesten Sinne lässt sich vor diesem Hintergrund als eine Abweichung vom Grundmuster auffassen, bei der bestimmte sprecher- oder sprechsituationabhängige, d.h. im weitesten Sinne deiktische Kategorien insofern verschoben sind, als sie **nicht** in Abhängigkeit vom aktuellen Sprecher zur aktuellen Sprechzeit, sondern aus der Sicht einer anderen Person oder derselben Person in einer anderen Situation und somit aus der Sicht eines anderen Bewusstseinszentrums, eines anderen "Egos" gedeutet werden müssen.[6] So bezieht sich das Possessivpronomen *meine* in (1) nicht auf die Person, die (1) äußert, d.h. den Sprecher von (1), sondern auf die Person, auf die dieser Sprecher in der gegebenen Sprechsituation mit dem Namen *Daniel Schmidt* referiert; und das Satzadverb *leider* spiegelt weder in (1) noch in (2) die Einstellung des aktuellen Sprechers zu dem beschriebenen Sachverhalt, sondern die Einstellung der *Daniel Schmidt* genannten Person wider. In beiden Fällen wird demnach die Perspektive einer anderen Person eingeschaltet, allerdings nur noch punktuell in (2), wo ja die Personalpronomina der 3. Person im untergeordneten Satz dem Default-Muster folgt.

Fasst man mit VON RONCADOR indirektes Referat nicht als Umformung direkter Rede, sondern als eine besondere Variante der Abweichung vom monologischen, oder besser vielleicht monoperspektivischen Default-Fall auf, so umgeht man das Problem, jeder indirekten Rede eine spezifische direkte Rede als "Originaläußerung", "Modell" (PÜTZ 1989, 1994) o. dgl. zugrundelegen zu müssen – was grundsätzlich nur ad hoc geschehen kann: Was wörtlich gesagt worden ist, lässt sich aus einem indirekten Referat eben nicht eindeutig rekonstruieren – abgesehen davon, dass vielleicht gar nichts gesagt worden ist. So könnten dem indirekten Referat in (2) (unten wiederholt) statt (1) z.B. Äußerungen wie in (5a-d) zugrundeliegen, je nach Daniel Schmidts Einstellung zu seiner Schwester (sagen wir: Anna Schmidt) und den Beziehungen zwischen ihr und/oder Daniel Schmidt – dem "Modellsprecher" nach PÜTZ (1989, 1994) – einerseits und der von Daniel Schmidt angesprochenen Person (Erika Klein) andererseits.

(2) Daniel Schmidt$_i$ hat gesagt, dass [seine$_i$ Schwester]$_m$ leider verreist sei.

(5) a   [Daniel Schmidt$_i$:] "Anna$_m$ ist leider verreist."
   b   [Daniel Schmidt$_i$:] "[Deine/Ihre$_j$ Freundin]$_m$ ist leider verreist."
   c   [Daniel Schmidt$_i$:] "[Fräulein Schmidt]$_m$ ist leider verreist."
   d   [Daniel Schmidt$_i$:] "[Dieser Glückspilz]$_m$ ist leider verreist."

Und umgekehrt könnte die in (1) (unten wiederholt) zitierte Äußerung von Daniel Schmidt neben (2) beispielsweise auch zu indirekter Rede wie in (6a-d) Anlass geben, je nach den Beziehungen zwischen der referierenden Person, d.h. dem Sprecher von (6a-d), Anna Schmidt und der in der aktuellen Situation angesprochenen Person.

---

6   Wir befinden uns, mit FAUCONNIER (1984:52ff.) gesagt, in einem anderen "mentalen Raum". Vgl. auch die von ZIFONUN ET AL. (1997:1753) vorgelegte Definition eines Indirektheitskontextes.

(1) Daniel Schmidt$_i$ hat gesagt: "[Meine$_i$ Schwester]$_m$ ist leider verreist."

(6) a   Daniel Schmidt$_i$ sagte, dass Anna$_m$ leider verreist sei.
    b   Daniel Schmidt$_i$ sagte, dass [deine$_l$ Freundin]$_m$ leider verreist sei.
    c   Daniel Schmidt$_i$ sagte, dass [meine$_k$ Frau]$_m$ leider verreist sei.
    d   Daniel Schmidt$_i$ sagte, dass [die Leiterin]$_m$ leider verreist ist.

(6a) ist adäquat, falls Daniel Schmidts Schwester (Index m) dem aktuellen Sprecher (Index k) und dem aktuellen Angesprochenen (Index l) hinreichend bekannt ist, um das Referieren mit Vornamen zu erlauben; (6b), wenn sie die Freundin der aktuellen angesprochenen Person$_l$ ist und der Sprecher$_k$ diese duzt; (6c), falls Daniel Schmidts Schwester$_m$ die Frau des aktuellen Sprechers$_k$ ist; und (6d) etwa, wenn sie Leiterin eines den aktuellen Gesprächspartnern$_{k,l}$ aus der Äußerungssituation bekannten Instituts oder Projekts o.Ä. ist und dies im gegebenen Zusammenhang Relevanz hat.

Charakteristisch für die direkte Redewiedergabe, wie sie in (1) und (5a-d) vorliegt, ist, dass nicht nur Deiktika im engeren Sinne wie die Personal- und Possessivpronomina der 1. und 2. Person, sondern auch eigentlich beschreibende Ausdrücke aus der Sicht oder vor dem Redehintergrund der zitierten Person zur Zeit der Äußerung oder, wie man sagt, **de dicto** gewählt sind. Bei nicht-direkter Redewiedergabe hingegen kann die referierende Person für die Wortwahl verantwortlich sein, d.h. es kann sich wie in (6a-d) um **de re**- Beschreibungen aus der Sicht des aktuellen Sprechers zur aktuellen Sprechzeit handeln, und dieser Umstand schließt eine eindeutige Rekonstruktion der "ursprünglichen" Formulierung ("Originaläußerung") aus.[7]

Beschreibungen sind jedoch bei indirekter Redewiedergabe nicht notwendigerweise oder in jedem Fall "de re" – das hängt wiederum u.a. vom Modus und von der syntaktischen Realisierung des indirekten Referats ab. Es scheint sich bei den unterschiedlichen Formen der Redewiedergabe i.w.S. um unscharfe Kategorien zu handeln, zwischen denen es fließende Übergänge gibt. Auch die Grenze zwischen nicht-direkter Redewiedergabe und neutralem Basis- oder Rahmentext kann teilweise verwischt sein.[8] Dabei sind verschiedene Hierarchien oder Skalen für die Unterscheidung relevant: die Verschiebung pragmatischer (einschl. deiktischer) Kategorien, die syntaktische Integration des Referattextes in den Basistext, die "Innerlichkeit" und "Unzugänglichkeit" dessen, was wiedergegeben wird (vgl. Gedanken, Träume vs. Äußerungen).[9]

Diese Tatsache lässt ein Verfahren im Geiste der Prototypentheorie bei der Explikation der Begriffe direkte und indirekte Rede (direktes und indirektes Referat) sinnvoll erscheinen. Am einen Ende des Kontinuums steht dann als Prototyp der direkten Rede

---

7   "De dicto"-Interpretationen werden auch intensional oder opak, "de re"-Lesarten extensional oder transparent genannt.
8   Siehe vor allem VON RONCADOR (1988), COULMAS (1986), HABERLAND (1986), PLANK (1986), PÜTZ (1989, 1994), KÜFFNER (1978), PANKOW/PANKOW (1994).
9   Siehe für die Verschiebung und die syntaktische Integration z.B. PLANK (1986), VON RONCADOR (1988) und für die "Hierarchie der Innerlichkeit" VON RONCADOR (1988:6ff.).

die wörtliche Redewiedergabe, die durch die maximale Ausschaltung des aktuellen Sprechers gekennzeichnet ist, indem alle deiktischen Kategorien, alle Beschreibungen, alle temporalen und modalen Ausdrücke etc. nicht aus der Sicht des aktuellen Sprechers zur aktuellen Sprechzeit – genereller: aus der Sicht der eventuell fiktiven, als Urheber des Textes geltenden Person –, sondern aus der Perspektive eines anderen Bewusstseinsträgers gewählt sind, sei es die einer anderen Person oder die derselben Person zu einer anderen Zeit oder in einer anderen Situation. Dieser andere Bewusstseinsträger wird im folgenden **Figur** und die entsprechende Perspektive **Figurenperspektive** genannt.

Am anderen Ende des Kontinuums finden wir den prototypischen monoperspektivischen Autorentext, in dem alle sprachlichen Ausdrücke aus der Sicht des Autors, verstanden als die reale oder fiktive, die Sprecherrolle tragende Person, gewählt sind und die Verantwortlichkeit der damit vollzogenen Sprachhandlungen auch dieser Person zukommt. Die Termini Autor, Autorenperspektive werden hier in einem nicht-literaturwissenschaftlichen Sinne verwendet: Autorentext ist "forfattertekst"/"Verfassertext" im Sinne von JØRGENSEN (1964) als möglicher Träger von "Referattext", und der Autor ist die Person, deren Gedanken, Einstellungen etc. im Autorentext ausgedrückt werden und auf die sich Personal- und Possessivpronomina der 1. Person Sg. ggf. beziehen, egal, ob es sich dabei um einen fiktiven Narrator oder um den faktischen Verfasser oder Urheber des Textes bzw. Sprecher der Äußerung handelt. **Narautor** und **Narautorenperspektive** wären deshalb angemessenere Termini, die ich denn auch im folgenden verwenden werde.

Dazwischen liegt nicht-direktes Referat, das zwar im Unterschied zur direkten Rede narautorale Verankerung der Personaldeiktika aufweist, aber dennoch als Wiedergabe (des Inhalts) figuraler Sprech- oder Bewusstseinsakte gedeutet werden muss. Dabei können verschiedene Mischungen aus Figuren- und Narautorenperspektive – aus "de dicto-" und "de re"-Wiedergabe – vorliegen, und der Referatcharakter kann syntaktisch-lexikalisch mehr oder weniger deutlich markiert sein.

Es sei in diesem Zusammenhang darauf hingewiesen, dass PLANK (1986) für die Umformung direkter in indirekte Rede eine spezifischere implikative Hierarchie der Verschiebung "deiktischer" (allgemeiner: kontextrelativer) Kategorien ansetzt, als die Formulierung oben – sozusagen aus entgegengesetzter Perspektive – beinhaltet. Nach PLANK verlangt z.B. eine narautorale Verankerung von Zeit- oder Ortsdeiktika (*heute, vorher; hier, dort*) nicht nur eine entsprechende Verankerung der Personaldeiktika, auch die verbalen Tempora müssten dann narautoral motiviert sein. PLANK berücksichtigt jedoch nur eindeutig abhängige indirekte Rede und klammert erlebte Rede, die sich gerade durch die Kombination figural verankerter Zeit- und Ortsadverbiale und in gewissem Sinne narautoral motivierter Tempora auszeichnet (s. unten), als bewusste Verletzung explizit aus der Implikationshierarchie aus. Das hinterlässt natürlich einen gewissen Zweifel im Hinblick auf die generelle Gültigkeit der angesetzten Implikationen; vgl. dazu auch PÜTZ (1994) und LETNES (in diesem Band). Überzeugend wirkt hingegen die Annahme eines Zusammenhangs zwischer syntaktischer Integration und Einheitlichkeit der Perspektive: "Je schwächer Redeanführung und wiedergegebene

Rede syntaktisch miteinander integriert sind, desto eher können ihre deiktischen Bezugsrahmen wechseln; je stärker ihre Integration, desto uniformer die deiktischen Bezüge" (PLANK 1986:305). Und auf den eingeschränkten Bereich der syntaktisch integrierten indirekten Rede könnte seine Generalisierung zutreffen.

2. Hauptvarianten des nicht-direkten Referats

Innerhalb des breiten Spektrums nicht-direkten Referats wird im allgemeinen zwischen **indirekter Rede** und **erlebter Rede** unterschieden, wobei im ersten Fall wiederum zwischen abhängiger und unabhängiger indirekter, auch **berichtete Rede** (oder Bericht) genannt, differenziert wird. Auch diese Subkategorien der Redewiedergabe im weitesten Sinne weisen Prototypenstruktur auf: Sie sind in ihrer typischen Ausprägung durch eine jeweils spezifische Kombination semantisch-pragmatischer und grammatischer Merkmale gekennzeichnet, daneben kommen jedoch Mischungen und Randfälle vor, die sich nicht so eindeutig der einen oder anderen Kategorie zuweisen lassen. Ich werde mich in diesem Abschnitt im wesentlichen auf die typischen Erscheinungsformen konzentrieren; Mischformen und Randfälle werden summarisch im Abschnitt 3 besprochen.

2.1 Prototypische erlebte Rede – erlebtes Denken
Bei der sog. erlebten Rede handelt es sich im typischen Fall, der durch die kursivierten Teile von (7) veranschaulicht werden kann, gerade nicht um wiedergegebene Rede, sondern um wiedergegebene Gedanken. Die Figur wird nicht als Träger der Sprecherrolle, sondern allein denkendes Ich präsentiert, und das "Wiedergegebene" ist etwas, was anderen als diesem Ich gar nicht direkt zugänglich sein kann.[10] Der von ZIFONUN ET AL. (1997:1775) vorgeschlagene Terminus "erlebtes Denken" wäre deshalb vorzuziehen, wenn sich der Ausdruck "erlebte Rede" nicht schon so fest eingebürgert hätte.

(7) Tonio Kröger stahl sich fort, ging heimlich auf den Korridor hinaus und stellte sich dort, die Hände auf dem Rücken, vor ein Fenster mit herabgelassener Jalousie, ohne zu bedenken, daß man durch die Jalousie blicken konnte, und daß es also lächerlich sei, davor zu stehen und so zu tun, als blicke man hinaus.
Er blickte aber in sich hinein, wo so viel Gram und Sehnsucht war. *Warum, warum war er hier? Warum saß er nicht in seiner Stube am Fenster und las in Storms "Immensee" und blickte hie und da in den abendlichen Garten hinaus, wo der alte Walnußbaum schwerfällig knarrte? Das wäre sein Platz gewesen! Mochten die anderen tanzen und frisch und geschickt bei der Sache sein! ... Nein, nein, sein Platz war dennoch hier, wo er sich in Inges Nähe wußte* [...] Deine länglich geschnittenen, blauen, lachenden Augen, du blonde Inge! So schön und heiter wie du kann man nur sein, wenn man nicht "Immensee" liest und niemals versucht, selbst dergleichen zu tun: das ist das Traurige! ...

---

10 Siehe VON RONCADOR (1988:127ff.), ZIFONUN ET AL. (1997:1775ff.). Charakteristischerweise schlägt der Text dort (durch Unterstreichung markiert) in direkte Rede über, wo die Figur sich in ihren Gedanken an an eine andere Person wendet und somit die Rolle als Sprecher spielt, dem eine angesprochene Person gegenübersteht.

[...] Und er horchte hinter sich und wartete in unvernünftiger Spannung, daß sie kommen möge. Aber sie kam keines Weges. *Dergleichen geschah auch nicht auf Erden.*

Hatte auch sie ihn verlacht, gleich allen anderen? Ja, das hatte sie getan, so gern er es ihret- und seinetwegen geleugnet hätte. Und doch hatte er nur aus Versunkenheit in ihre Nähe 'moulinet des dame' mitgetanzt. Und was verschlug das? Man würde vielleicht einmal aufhören zu lachen! [...] Es kam der Tag, wo er berühmt war, wo alles gedruckt wurde, was er schrieb, und dann würde man sehen, ob es nicht Eindruck auf Inge Holm machen würde [...] Es würde keinen Eindruck machen, nein, das war es ja. Auf Magdalena Vermehren, die immer hinfiel, ja, auf die. Aber niemals auf Inge Holm, niemals auf die blauäugige, lustige Inge. Und war es also nicht vergebens? (Thomas Mann, *Tonio Kröger*)

Syntaktisch wird prototypische erlebte Rede in Form selbständiger Sätze realisiert, die wie in der direkten Rede verschiedene Satzformen und damit korrelierte "Satzmodi" (ZIFONUN ET AL. 1997:605ff.) aufweisen können: Verbzweitsätze als Behauptungen oder Feststellungen, Ergänzungsfragen und Ausrufe, Verberstsätze als Entscheidungsfragen usw. Auch sonst ist erlebte Rede, abgesehen von der nicht-direktem Referat gemeinsamen narautoralen Verankerung der Personalpronomina, weitgehend durch eine figurale Perspektive gekennzeichnet.[11]

Ein besonderes Merkmal erlebter Rede bildet jedoch der Tempus-Modus-Gebrauch. Figurale Gegenwart (u.U. auch Zukunft) und Vergangenheit werden jeweils mit dem Indikativ Präteritum und Indikativ Präteritumperfekt (sog. Plusquamperfekt) ausgedrückt, während die Konstruktion *würde* + Infinitiv als markierter Ausdruck figuraler Zukunft dient. Das (indikativische) Präteritum spiegelt die Relation zwischen narautoralem und figuralem Jetzt wider: Dieses geht jenem voraus. Das trifft dann notwendigerweise auch auf Ereignisse zu, die in die Gegenwart oder die Vergangenheit der Figur fallen. Insofern kann man das finite Tempus als narautoral motiviert bezeichnen. Die (*würde*-)Futurform an sich wird jedoch aus figuraler Perspektive gewählt: Die beschriebenen Ereignisse werden damit dem Zukunftsbereich der Figur und nicht der Zukunft des Narautors zugewiesen.[12] Da das indikativische Präteritum (Indikativ II) auch als Erzähltempus im reinen Narautorentext verwendet wird, kann das Vorkommen der *würde*-Konstruktion eine Textstelle als erlebte Rede ausweisen, die man sonst als Narautorentext auffassen könnte; d.h. es kann eine in perspektivischer Hinsicht disambiguierende Funktion haben.

2.2 Prototypisches indirektes Referat

Typische Vorkommen indirekter Rede teilen mit erlebter Rede die narautorale Verankerung der Personaldeiktika, unterscheiden sich jedoch semantisch-pragmatisch dadurch von der erlebten Rede, dass es sich bei dem Wiedergegebenen um den Inhalt ei-

---

11 Siehe dazu vor allem VON RONCADOR (1988) mit weiteren Hinweisen.

12 Näheres dazu s. FABRICIUS-HANSEN (1999, 2000). Ich verwende dort die Bezeichnung **reportiver Indikativ II** für die in erlebter Rede, aber auch u.U. in eingebetteten Sätzen begegnende Varietät des indikativischen Präteritum(perfekt)s, der die *würde*-Konstruktion als figurale Zukunftsform zur Seite steht.

ner äußerlich wahrnehmbaren Sprachhandlung – einer sprachlich ausgedrückten Behauptung, Frage, Bitte, Aufforderung etc. – handelt und die Figur somit explizit oder implizit als Sprecher vorgestellt wird.

In syntaktischer Hinsicht sind verschiedene Formen prototypischer indirekter Rede zu unterscheiden. Der Referattext kann (a) als formal eindeutig abhängiger Verbletztsatz oder (b) als nachgestellter Verbzweitsatz direkt unter eine sog. Redeanführung, auch Referatanzeige (ZIFONUN ET AL. 1997:1756) genannt, eingebettet sein, wobei aus dem oben Gesagten folgt, dass die Referatanzeige eine "äußerliche", wahrnehmbare Sprachhandlung beschreibt (Typ *sagen, fragen, bitten, auffordern, …*); vgl. (8a-b).[13] Oder (c) die indirekte Rede ist in der Form syntaktisch selbständiger Sätze ohne Redeanführung realisiert; vgl. (8c).

(8)
a   Wedells Verteidiger Mario D. Ortiz erklärte optimistisch, dass *der angebliche Beweis gegen seinen Mandanten zu seiner Verurteilung nicht ausreiche.*
b   Wedells Verteidiger Mario D. Ortiz erklärte optimistisch, *der angebliche Beweis gegen seinen Mandanten reiche zu seiner Verurteilung nicht aus.*
c   Wedells Verteidiger Mario D. Ortiz gab sich optimistisch. *Der angebliche Beweis gegen seinen Mandanten reiche zu seiner Verurteilung nicht aus.*

Für die (c)-Variante hat der Terminus **berichtete Rede** eine gewisse Ausbreitung gefunden. Die Varianten (a) und (b) fallen unter den Begriff **indirekte Rede i.e.S.**, obwohl die Realisierung als sog. abhängiger Verbzweitsatz ("hauptsatzförmiger Nebensatz") gewissermaßen zwischen dem eindeutig abhängigen, syntaktisch in den Narautorentext integrierten indirekten Referat (a) und der syntaktisch selbständigen berichteten Rede liegt (c).

In grammatischer Hinsicht ist prototypisches indirektes Referat i.w.S. dadurch gekennzeichnet, dass der Indirektheitskonjunktiv grundsätzlichlich möglich ist und in formal unabhängigen Sätzen auch weitgehend verwendet wird. Der Konjunktiv ist narautoral motiviert. Er signalisiert fehlende illokutive Verbindlichkeit vonseiten des Narautors bezüglich des Wiedergegebenen (ZIFONUN ET AL. 1997:1761) bzw. "epistemische Distanz" im Sinne von PLANK (1986) und macht zugleich deutlich, dass eine figurale Verankerung der im Konjunktiv zur Verfügung stehenden Tempusformen und eventuell auch anderer perspektivenabhängiger Kategorien intendiert ist: Die Wahl zwischen der einfachen (konjunktivischen) Tempusform (Präsens/Präteritum), der Perfektumschreibung (Präsens-/Präteritumperfekt) und der Futurkonstruktion (*werde/würde* + Infinitiv) ist allein von der Relation zwischen dem beschriebenen Geschehen und dem figuralen Jetzt bestimmt.

Für die Kategorie der berichteten Rede, wie sie normalerweise verstanden wird, scheint der Indirektheitskonjunktiv sogar ein konstituierendes Merkmal darzustellen. Syntaktisch selbständige Indikativsätze wie die mit Punktchen markierten Sätze in (9),

---

13 Näheres zu verschieden Typen von Referatanzeigen findet sich bei ZIFONUN ET AL. (a.a.O.).

deren Tempusformen figural eher als narautoral motiviert sind und sich deshalb durch zeitreferentiell entsprechende Konjunktivformen ersetzen lassen, werden normalerweise nicht als berichtete Rede bezeichnet.[14]

(9) Wir haben ein Schwein im Stall gehabt. Das ist jetzt tot. Es lag einfach da und rührte sich nicht mehr. Der Tierarzt sagt, <u>es hat sich Sylvester bei der Knallerei erschrocken, und da haben sich ein paar Muskeln verkrampft. Der Krampf hat sich immer mehr ausgebreitet in seinem Innern. Zum Schluß war es innen ganz hart und verkrampft, und daran ist es gestorben.</u> (Doris Gercke, *Weinschröter, du mußt hängen*. Hamburg: Galgenberg. S. 116-117)

Entsprechende von einer Referanzeige abhängige Sätze, wie sie in (9) und (10) (gestrichelt markiert) vorliegen, werden schon eher indirekte Rede genannt; sonst hätte die Frage, ob und wann der Indikativ im indirekten Referat verwendet werden kann, ja auch keinen Sinn. Als typische Vertreter der grammatischen Kategorie indirekte Rede (i.e.S.) wird man sie wohl aber doch nicht einstufen – obwohl das nun wiederum mit Bezug auf jeweils betrachtete Textsorte zu relativieren wäre.

(10) Sein Freund Valeriu Marcu, der in Grasse lebte, kam ab und zu für ein paar Wochen nach Paris und bewies uns, <u>daß die deutsche Armee unbesiegbar ist und daß sie Hitler bald davonjagen wird, und es wird ohne Krieg abgehen.</u> (Soma Morgenstern, *Joseph Roths Flucht und Ende*. Berlin 1998)

Auf jeden Fall wird man nur dann von indirektem Referat – oder Referattext überhaupt – sprechen können, wenn die beschriebenen Ereignisse relativ zum figuralen Jetzt, als in die figurale Gegenwart, Vergangenheit oder Zukunft fallend, lokalisiert werden und diese Relationen durch die verwendeten Verbalformen zum Ausdruck kommen.

Der Unterschied zwischen prototypischem (konjunktivischem) indirektem Referat i.w.S. auf der einen Seite und erlebter Rede bzw. direkter Rede auf der anderen Seite lässt sich anhand von (11)-(13) exemplarisch veranschaulichen. Direkte und erlebte Rede werden jeweils durch Pünktchen und Kursivierung markiert, indirekte Rede i.e.S. und berichtete Rede jeweils durch doppelte und einfache Unterstreichung. (14) illustriert zum Vergleich monoperspektivischen Narautorentext, wenn wir vom eingebetten *dass*-Satz erst mal absehen (s. weiter unten).

(11) […] Daniel sagte dann: <u>Anna ist verreist. Ich habe sie neulich/ gestern mit einem großen Koffer im Flughafen gesehen. Sie ist sicher in ein paar Wochen wieder da.</u>

---

14 Da die in den unterstrichenen Sätzen beschriebenen Ereignisse sowohl dem Figuren-Jetzt als auch dem Narautoren-Jetzt vorausliegen, könnte hier auch eine Überlagerung von Narautoren- und Figurenperspektive vorliegen, die bei der Umwandlung in Konjunktiv gegebenenfalls verschwindet. Vgl. dazu ZIFONUN et al. (1997:1769).

(12) [...] Daniel sagte dann, <u>dass Anna verreist sei / Anna sei verreist.</u> <u>Er habe sie</u> <u>neulich/ gestern/ am vorhergehenden Tag mit einem großen Koffer im Flughafen</u> <u>gesehen.</u> <u>Sie sei (/werde) sicher in/nach ein paar Wochen wieder da (sein).</u>

(13) [...] Daniel war sicher, dass Anna verreist war. *Hatte er sie nicht neulich/ gestern* *mit einem großen Koffer im Flughafen gesehen? Sie würde aber sicher in ein* *paar Wochen wieder da sein.*

(14) [...] Daniel wusste, dass Anna verreist war. Er hatte sie am vorhergehenden Tag mit einem großen Koffer im Flughafen gesehen. Nach ein paar Wochen war sie wieder da.

2.3 Varianten der Redewiedergabe nebeneinander

In authentischen Texten kommen die Hauptformen der Redewidergabe häufig nebeneinander vor. (15) unten bietet ein typisches, modernes Beispiel für einen solchen Wechsel zwischen Narautorentext, erlebter Rede und indirekter Rede – und für die Probleme der faktischen Abgrenzung von präteritalem Narautorentext und erlebter Rede. (Der Protagonist Störmer ist Privatdetektiv, Doris Alther seine Sekretärin und der zum Schluss erwähnte Chip sein Mitarbeiter.) Wie es üblich ist, schließt die berichtete Rede hier – wie auch in (12) – an abhängige indirekte Rede (typisch in Form eines Verbzweitsatzes) an, deren Matrixsatz die betreffende Sprachhandlung (Mitteilen) und die verantwortliche Figur (Doris Alther) aus narautoraler Sicht identifiziert. Die erlebte Rede setzt demgegenüber, anders als in (11), sozusagen unvermittelt ein – auch das recht charakteristisch.

Das Textstück enthält auch direktes Referat: die durch Punktchen markierten (im Originaltext kursivierten) Sätze, die als gedachte direkte Rede vonseiten der im "erlebten" Figurentext eingeführten fiktiven Freundin der Frau Strunz zu verstehen sind. Das heißt, die direkte Rede ist Referattext auf zweiter Ebene, relativ zum dem die erlebte Rede als Basistext dient. Mehrstufige Redewiedergabe, wie sie hier vorliegt, ist eine in der Fachliteratur wenig beachtete Erscheinung, die ich hier leider nicht weiterverfolgen kann.

(15) $Störmer_1$ betrat $sein_1$ Büro, knipste die antike Schreibtischlampe an und nahm auf dem alten Bürostuhl Platz. Auf dem Schreibtisch lag ein Zettel. $Störmer_1$ las. Doris $Alther_2$ teilte ihm in Vorschulschreibschrift mit, <u>eine Frau $Strunz_3$ habe angerufen.</u> <u>Sie_3 verdächtige [$ihren_3$ Mann]$_4$, eine Freundin zu haben.</u> Hinter diesen Satz hatte $Doris_2$ ein empörtes Ausrufezeichen gesetzt. <u>$Störmer_1$ solle sich melden.</u> Außerdem wünschte $Doris_2$ ihm_1 ein schönes, erholsames Wochenende. <u>Sie_2</u> <u>könne am Montag erst um zwölf Uhr kommen, weil sie_2 zur Gymnastik müsse.</u> $Störmer_1$ zerknüllte den Zettel. *Wie kam ausgerechnet eine Frau $Strunz_3$ an sei-* *nen_1 Namen? Vermutlich durch eine $Freundin_5$, die beim Bingo-Abend $ihre_5$* *Schnüffler-Erfahrung zum besten gegeben hatte. Eine, [$deren_5$ Mann]$_6$ er_1 ir-* *gendwann erwischt hatte.* <u>So was ist gut für jede Ehe. Solltest du_3 auch machen,</u> <u>$Margret_3$. $Walter_6$ war ja danach viel zugänglicher.</u>

16

Zumindest waren diese Fälle nicht kompliziert. Man lief einem Nadelgestreiften einige Tage wie ein unauffälliger Schäferhund hinterher, schrieb eifrig mit und hatte irgendwann die richtige Adresse. Fertig. So simpel wie das Verbiegen von Büroklammern. Angélique Mayer, Jablonka und Giulini: Das war vergleichbar mit dem gleichzeitigen Wickeln von vier verhaltensgestörten Säuglingen. Stör mer$_1$ klappte sein Bett aus. *Wenn Chip$_7$ nichts fand, dann würde er$_1$ am Montag die Strunz$_3$ anrufen müssen.* Er$_1$ sah sich schon hutlos neben saunenden Prokuristen zusammensacken und die Sekunden zählen. Störmer$_1$ seufzte und legte sich hin. (Sven Böttcher und Kristian Klippel, *Störmer im Dreck.* Hamburg 1992)

3. Abweichungen vom Prototyp: Mischformen und Randfälle

Abweichungen von den oben besprochenen Prototypen des nicht-direkten Referats kommen in unterschiedliche Richtungen vor. Es handelt sich um Konstruktionstypen, die in wesentlichen, aber nicht in allen Hinsichten mit dem Prototyp der erlebten, abhängigen indirekten oder berichteten Rede übereinstimmen. Wesentlich für die Einordnung als nicht-direktes Referat im Unterschied zur direkter Rede einerseits und zum Narautorentext andererseits ist die narautorale Verankerung von Personaldeiktika verbunden mit figuraler illokutionärer Verbindlichkeit und einem epistemischen Horizont, der insofern figural bestimmt ist, als die Zuweisung der beschriebenen Ereignisse zur Gegenwart, Vergangenheit und Zukunft relativ zum Figuren-Jetzt erfolgt.

3.1 Variationen des selbständigen nicht-direkten Referats

Am Beispiel (9), das unten als (16) wiederholt wird, sahen wir, dass syntaktisch selbständige nicht-direkte Wiedergabe von Gesagtem den Tempus-Modusgebrauch der direkten Rede aufweisen kann, das heißt, dass berichtete Rede, wenn man so will, im Indikativ erscheinen kann. Oder anders gesagt: die illokutionäre Verbindlichkeit und der epistemische Horizont können u.U. vom Narautor auf eine Figur übergehen, ohne dass dies durch den Konjunktiv angekündigt wird.

(16) Wir haben ein Schwein im Stall gehabt. Das ist jetzt tot. Es lag einfach da und rührte sich nicht mehr. Der Tierarzt **sagt**, es hat sich Sylvester bei der Knallerei erschrocken, und da haben sich ein paar Muskeln verkrampft. Der Krampf hat sich immer mehr ausgebreitet in seinem Innern. Zum Schluß war es innen ganz hart und verkrampft, und daran ist es gestorben. (Doris Gercke, *Weinschröter, du mußt hängen.* Hamburg. S. 116-117)

(17) zeigt nun, dass syntaktisch selbständige nicht-direkte Wiedergabe von Gesagtem innerhalb eines präteritalen Narautorentextes die Form der erlebten Rede annehmen kann. Oder anders herum: Was sich im Hinblick auf den Tempus-Modus-Gebrauch als erlebte Rede präsentiert, kann in einem geeigneten Kontext als **Rede**wiedergabe anstelle von **Gedanken**wiedergabe interpretiert werden. Sollen wir das nun als formal atypische berichtete Rede oder als inhaltlich atypische erlebte Rede bezeichnen? (Die Kursivierung statt einfacher Unterstreichung zur Markierung der betreffenden Stelle signalisiert implizit, dass ich die zweite Lösung gewählt habe.)

(17) Vor dem Steinhaus saß die schwangere Frau [...]. Als Bella sie nach der Frau fragte, die im letzten Campingwagen gewohnt hatte, **gab** sie bereitwillig **Auskunft**. *Ja, die Frau war abgereist. Schon gestern. Sie hatte alles bezahlt, die ganzen vierzehn Tage. Mit einem braunen Auto. Und einem Mann. Ja, Bella konnte gern den Campingwagen von innen ansehen. Sie hatte schon saubergemacht.* (Doris Gercke, *Weinschröter, du mußt hängen.* Hamburg. S. 100-101)

(18) verschaulicht den umgekehrten Fall – dass die Wiedergabe von Gedachtem in der Form prototypischer, konjunktivischer berichteter Rede erscheint. (Auf nachgehängte "Referatanzeigen" komme ich unten zurück.)

(18) Er sei schon ein kurioser Mensch, wenn man ihn so anschaue, **dachte** Elsbeth während der Fahrt. Jetzt kenne sie ihn schon viele, viele Jahre, aber im Grunde wisse sie nichts von ihm. Ob er heimlich ein Mädchen habe? (Robert Schneider, *Schlafes Bruder.* 1998 [1992]. S. 138)

In (19) schließlich liegt Gedankenwiedergabe im ausschließlich figural verankerten Indikativ der direkten Rede vor.[15]

(19) Und auf der Klamm, die Petrifels genannt wird, die Gestalt des Peter Alder. [...] Wieder blickt er auf die hohe Schwellung seines Ärmchens. Nein, niemals wird er zu Kreuze kriechen, nicht einmal wenn ihm das Maul dürr ist vor Hunger. Hat er nicht schon fünf Nächte und mehr in feuchten Gruben gesessen, ohne einen Bissen im Magen. Nein, er wird den Vater nicht um Verzeihung anflehen, wird nicht auf die Knie fallen und den Diebstahl nicht bereuen, koste es ihn die heilige Mette. Sein Plan steht fest. Heute wird er den Vater schlagen. In dieser Nacht muß er verrecken. (Robert Schneider, *Schlafes Bruder.* 1998 [1992]. S. 72)

Vor diesem Hintergrund muss festgestellt werden, dass die temporal-modalen Muster – und z.T. auch die Satzformen – der direkten, der erlebten und der berichteten Rede alle grundsätzlich für die nicht-direkte Wiedergabe von Gesagtem wie Gedachtem verwendet werden können. Die im Abschnitt 2 beschriebenen Prototypen sind demnach als konventionell präferierte, z.T. textsorten- und registerbedingten Form-Funktion-Zuordnungen zu bewerten.[16]

3.2 Variationen des abhängigen nicht-direkten Referats
Im Bereich des syntaktisch unter eine Referatanzeige eingebetteten Referats ist ähnliches zu beobachten, wie wir es oben für selbständiges nicht-direktes Referat gesehen haben. So kann abhängige indirekte Rede nach Äußerungsverben figural verankerte in-

---

15 Vgl. VON RONCADOR (1988:220ff.).
16 Nach VON RONCADOR (1988) wird erlebte Rede nach echten Äußerungsverben als wiedergegebene Rede sozusagen verinnerlicht, während selbständiges konjunktivisches Referat umgekehrt als Gedankenwiedergabe "veräußerlicht" wird. Ich kann das nicht nachvollziehen außer in dem trivialen Sinne, dass der Konjunktiv (I) und der um die *würde*-Konstruktion erweiterte "reportive Indikativ II" im selbständigen Referattext per Default jeweils mit Rede- und Gedankenwiedergabe assoziiert sind.

dikativische Tempora wie im direkten Referat enthalten, wie (16) oben und (20) unten belegen. Aber auch der für erlebte Rede charakteristische, durch die figural zukunftsbezogene *würde*-Konstruktion ergänzte präteritale Indikativ – sog. Tempustransposition oder "backshifting" – kommt vor; vgl. (21).[17] In diesem und den folgenden Beispielen sind die Referatanzeigen und die finiten Verbformen des Referattextes fett gedruckt, der Referattext selber kursiviert.

(20) Sein Freund Valeriu Marcu, der in Grasse lebte, kam ab und zu für ein paar Wochen nach Paris und **bewies uns**, *daß die deutsche Armee unbesiegbar ist und daß sie Hitler bald davonjagen **wird**, und es **wird** ohne Krieg abgehen.* (Soma Morgenstern, *Joseph Roths Flucht und Ende*. Berlin 1998. S. 230)

(21) Am Nachmittag kamen mehrere Freunde […]. Wir hatten uns mit einem jungen Franzosen angefreundet […]. Er war der erste, dem ich die freudige **Mitteilung machte**, *daß Joseph Roth ab heute [Mai 1938] das Trinken **aufgab**.* (Soma Morgenstern, *Joseph Roths Flucht und Ende*. Berlin 1998. S. 252)[18]

Traditionell spricht man von (abhängiger) indirekter Rede nicht nur in Fällen wie den bisher besprochenen, wo der abhängige Verbletzt- oder Verbzweitsatz unter ein echtes Verbum dicendi eingebettet ist, sondern auch dann, wenn es sich bei der Referatanzeige um Verben wie *denken, glauben, erwarten, hoffen, befürchten* handelt. Prädikate wie diese, zu denen auch *wissen* zu rechnen ist, denotieren keine äußerlich wahrnehmbaren Sprechhandlungen, sondern innere Bewusstseinszustände, kognitive Vorgänge und propositionale und emotive Einstellungen, deren Inhalt im abhängigen Satz beschrieben werden.[19] Wie in der prototypischen indirekten Rede, kann der untergeordnete Satz – abhängig u.a. von der individuellen Referatanzeige – dabei den Konjunktiv aufweisen; vgl. (22)-(23).

(22) Sie **glaubten**, *daß es **ausreiche**, die Rentensituation als solche anzugreifen.* (Alexander Wendt, *Kurt Biedenkopf. Ein politisches Porträt*. Berlin 1994.)

(23) Sein erster **Gedanke** war, *daß er nun einen Herzinfarkt erleiden **werde** oder einen Schlaganfall oder mindestens einen Kreislaufkollaps*, für all das bist du im richtigen Alter, dachte er, ab Fünfzig genügt der geringste Anlaß für so ein Malheur. (Patrick Süsskind, *Die Taube*. Zürich 1987)

---

17 Zum Indikativ im (abhängigen) indirekten Referat siehe FABRICIUS-HANSEN (1989) und vor allem SOLFJELD (1989). Nach Sven-Gunnar Andersson (mdtl. Mitteilung) ist das in (21) belegte Muster auf "Selbstreferat" beschränkt, d.h. auf den Fall, dass der Narautor mit der Figur identisch ist.

18 (21) verstößt gegen PLANKS (1986) Implikationshierarchie für abhängige indirekte Rede und wird vielleicht auch nicht von allen akzeptiert werden. Es sei hinzugefügt, dass Morgenstern zur narautoralen Erzählzeit weiß, dass Joseph Roth damals das Trinken nicht aufgab.

19 Ausführlicheres dazu bei ZIFONUN ET AL. (1997:1762ff.).

Solche Konstruktionen entsprechen der typischen indirekten Rede i.e.S., insofern als eine illokutionäre und temporal-epistemische Figurenperspektive im abhängigen Satz eingeschaltet wird und dies durch den Konjunktiv deutlich gemacht wird. Dennoch liegt keine prototypische indirekte Rede vor; denn es handelt sich nicht um die Wiedergabe des Inhalts wahrnehmbarer Sprachhandlungen, sondern um nicht direkt zugängliche Gedanken. Mit anderen Worten: Wir haben es mit einem syntaktisch abhängigen Pendant des "erlebten Denkens", d.h. mit "indirekter Gedankenwiedergabe" i.e.S. zu tun, die sich zur syntaktisch selbständigen Gedankenwiedergabe (der sog. erlebten Rede) so verhält wie prototypische indirekte Rede i.e.S. zur syntaktisch selbständigen indirekten Rede. d.h. zur berichteten Rede).

Wie wir oben sahen, gibt es zwar keine vollständige Korrelation zwischen grammatischen und inhaltlich-funktionalen Eigenschaften des syntaktischem selbständigen nicht-direkten Referats, aber immerhin eine präferierte Arbeitsteilung derart, dass im Default-Fall Konjunktiv mit Redewiedergabe und Indikativ II + *würde*-Futur (wenn das Figuren-Jetzt dem Autoren-jetzt vorausliegt) mit Gedankenwiedergabe verbunden ist, und vice versa. So wird man die konjunktivische Fortsetzung des einleitenden Satzes in (24a) ohne weiteren Kontext wohl am ehesten als Wiedergabe von etwas, was Daniel nicht (nur) denkt, sondern (auch) sagt, die entsprechenden präteritalen Indikativsätze in (24b) hingegen eher als Gedankenwiedergabe interpretieren. Ähnliches gilt für (25); auch dort dürfte wieder die Form der erlebten Rede in (25b) am ehesten als Wiedergabe des Glaubensinhalts, während die konjunktivische Fortsetzung in (25a) eine Interpretation als Redewiedergabe näher legt.

(24)
[...] Daniel **war sicher/ wusste**, dass Anna verreist war.
a *Sie sei nach München gefahren, um dort Biologie zu studieren. In einem halben Jahr werde sie bestimmt wieder zurück sein.*
b *Sie war nach München gefahren, um dort Biologie zu studieren. In einem halben Jahr würde sie bestimmt wieder zurück sein.*

(25)
Daniel **glaubte**, Anna sei verreist.
a *Sie sei nach München gefahren, um dort Biologie zu studieren. In einem halben Jahr werde sie bestimmt wieder zurück sein.*
b *Sie war nach München gefahren, um dort Biologie zu studieren. In einem halben Jahr würde sie bestimmt wieder zurück sein.*

Vor diesem Hintergrund ist es vielleicht nicht so sinnvoll, den Konjunktiv nach Verben wie *glauben, denken* etc. als Konjunktiv der indirekten Rede o. dgl. zu bezeichnen.[20] Und auf jeden Fall sollte die Frage nach dem Modusgebrauch in abhängigem in-

---

20 Vgl. auch KÜFFNER (1978:168f.). Nach ZIFONUN ET AL. (1997:1771ff.) handelt es sich denn auch in solchen Fällen je nach Prädikatstyp und weiterem Kontext um "Indirektheitskontexte mit Modalitätskomponente" oder sogar um reine Modalitätskontexte, in denen der Konjunktiv aus der Perspektive des aktuellen Sprechers nur noch "mögliche

direktem Referat für jede der beiden hier unterschiedenen Prädikattypen getrennt und im ganzen viel differenzierter gestellt werden, als bisher üblich war. Dieses kann jedoch schon aus Platzgründen nicht hier weiter verfolgt werden.

Alternativ zum Konjunktiv gibt es auch in diesen Kontexten grundsätzlich die Möglichkeit, figural motivierte indikativische Tempusformen der direkten Rede zu verwenden; vgl. (27). [21]

(27) Meine Mutter **dachte** eher, *daß mich der Unterricht davon* **abbringt**. (Mannheimer Morgen)

Nach präteritalem Matrixsatz begegnet schließlich auch die für die selbständige Gedankenwiedergabe (erlebte Rede) charakteristische indikativische "Tempustransposition". Im Lichte des oben Festgestellten, scheint es sogar plausibel, dass dieses Muster häufiger in der abhängigen Gedankenwiedergabe anzutreffen ist als in der abhängigen Redewiedergabe, d.h. dass das Indikativ Präteritum als figurale Gegenwartsform eher nach Verben des Denkens usw. wie in (28)-(29) als nach Äußerungsverben wie in (20)-(21) zu erwarten ist. Zuverlässige empirische Untersuchungen, die diese These bestätigen könnten, liegen jedoch meines Wissens nicht vor.

(28) Zunächst **glaubte** er noch, *daß die Idee, ein Buch zu schreiben und es zu veröffentlichen, seinem Lebensstil nicht* **entsprach**. (Manfred Geier, *Karl Popper.* Hamburg 1994)

(29) Irgendwo knackte ein Ast. Gruber **hoffte** inständig, *daß es keine Wildschweine* **waren**. (Jürgen Ebertowski, *Berlin Oranienplatz.* Hamburg 1995)

3.3 Andere Übergangsformen

Die folgenden Beispiele veranschaulichen andere Arten der Abweichung von der prototypischen indirekten Rede. In (30) und dem zweiten Satz von (31) ist eine Referatanzeige einem konjunktivischen Verbzweitsatz nachgehängt bzw. in ihn eingeschoben. (Ähnliches liegt im ersten Satz von (18) vor.) Es handelt sich hier unbestreitbar um indirekte Rede, aber wollen wir sie als selbständige (berichtete Rede) oder abhängig (indirekte Rede i.e.S.) kategorisieren? Aus syntaktischer Sicht kommt wenigstens für den zweiten Fall nur die erste Alternative in Frage. Funktional gesehen handelt es sich jedoch um graduelle Übergänge zwischen der prototypischen berichteten Rede, wo die Indirektheitsmarkierung durch den Modus allein erfolgt, und des als Verbletztsatz syntaktisch eindeutig in den Basistext integrierten indirekten Referats. (31) veranschaulicht zugleich die für Pressesprache charakteristische Mischung aus indirekter und direkter Rede.

Nicht-Faktizität" anzeigt. Ob das eine angemessene Charakterisierung ist, sei hier dahingestellt.

21 Der aus den slawischen Sprachen bekannte "Direktheitsindikativ" ist im Deutschen eine generelle "de dicto"-Alternative zum Referatkonjunktiv. Sie ist jedoch mit dem Nachteil verbunden, dass die figurale Verankerung oft nicht eindeutig zu etablieren ist.

(30) *Gut durchdachte Konzepte zur Abfallvermeidung* **seien** *bereits vorhanden,* **würden** *aber nicht umgesetzt,* **sagte** Roland Schnell von der Gruppe Müllnetz [...]. (Berliner Zeitung 24.2.1994)

(31) *Das Unbehagen an der CDU,* **schreibt** Pater Basilius Streithofen in seinem neuen Buch über den Niedergang der Kanzlerpartei, *lasse sich nicht "durch das hektische Hin- und Heragieren des Wolfgang Schäuble beseitigen".* (Der Spiegel 6/1993)

Entsprechende Übergänge gibt es, wie (32) und (33) belegen, zwischen der prototypischen erlebten Rede und eindeutig abhängiger indirekter Gedankenwiedergabe

(32) Na gut, da schrieb einer, Wehrmachtsdeserteure dürften nicht rehabilitiert werden, denn "wer zum Feind überlief, gefährdete das Leben der Kameraden" [...]. [...] *Aber das* **war** *doch die ganz normale deutsche Apologetikhärte,* **fand** ich [...]. *Auf jedes Wort* **wartete** *irgendwo die gerechte Antwort,* **dachte** ich. (taz 1.12.1995)

(33) *Das* **war** *die Technik der Zukunft,* **glaubten** die Experten. (Rainer Eppelmann, *Fremd im eigenen Haus.* Köln 1993)

Enthält der Matrixsatz einer angehängten oder eingeschobenen Referatanzeige aus narautoraler Perspektive erklärbare indikativische Tempusformen, wie es in (34) der Fall ist, so lässt sich die Frage, ob indirektes Referat oder Narautorentext vorliege, jedoch nicht immer so leicht beantworten. Wenn nichts dagegen spricht, wird man den Matrixsatz vielleicht eher als Narautorentext mit dem Referatanzeige als Quellenangabe,[22] d.h. als Spezifizierung der Evidenz, auf die der Narautor seine Aussage stützt, interpretieren oder als eine Überlagerung von Narautoren- und Figurenperspektive im Sinne ZIFONUN ET AL (1997).[23]:

(34) Die Art, wie Heiner Geißler, Lothar Späth und Ernst Albrecht 1989 gegen Kohl konspirierten, hielt Schäuble für falsch. *Er* **hatte** *sich,* so **bekannte** er damals, *fest vorgenommen, Kohl zum Aufhören aufzufordern, wenn es mit der Union nicht weiter bergab gegangen und nicht das Wunder der Einheit geschehen wäre.* (Der Spiegel 6/1993)

Noch problematischer erscheint die Kategorisierung als indirektes Referat in Fällen wie (35), wo eine Referatanzeige als untergeordneter *wie*-Satz bei indikativischem Matrixsatz untergebracht wird. Wir haben es hier scheinbar mit Mischformen und Zwischenstufen zwischen (indirekt) wiedergegebener Rede und genuinem Autorentext zu tun, deren Anwendungsbedingungen in zusammenhängenden authentischen Texten der einschlägigen Sorten genauer untersucht werden müssten. In diesem Zusammenhang gehört auch der in (36)-(37) gezeigte Konstruktionstyp mit syntaktisch eingebet-

---

22 Vgl. GRAF (1977:142).
23 Das heißt, die Redewiedergabe ist zu verstehen als 'X sagt das, und ich sage das auch' (ZIFONUN ET AL. 1997:1768).

teter präpositionaler Quellenangabe, dessen Status als indirekte Rede fraglich erscheint.[24]

(35) Wie Ifo weiter **ausführt, *wird der Aufschwung in Westeuropa 1995 unterschiedlich rasch vorankommen* [...]** . (SZ 30.1.1995; zit. nach Carlsen 1998:84).

(36) [...] Mit einem Befreiungsschlag möchten sich manche Sozialdemokraten am liebsten aus dieser Lage retten. **Nach Engholm** *muß ein "Starker", ein "Machthungriger" her!* Und zwar sofort! (Die Zeit 7.5.1993)

(37) **Hinweisen zufolge** *war vor der Präsidiumssitzung erwogen worden, ob...* (FAZ 4.5.1993)

Auf weitere Variationen der nicht-direkten Redewiedergabe oder "konkurrierende Formen der Redeerwähnung" (KAUFMANN 1976) wie etwa *sollen* + Infinitiv (LETNES 1997, LETNES in diesem Band) soll hier nicht eingegangen werden. Gemeinsam ist den "konkurrierenden Formen", dass der etwaige Referattext kein finiter Satz ist. Das gehört vielleicht auch nicht zum normalen Verständnis des Begriffs der nicht-direkten Redewiedergabe. Die Diskussion hat jedoch deutlich gemacht, dass Kriterien, die die syntaktische Realisierung des Referattextes relativ zu einer etwaigen Referatanzeige betreffen, für die Explikation des Begriffs eine größere Rolle spielen (sollten), als im Abschnitt 1 angedeutet wurde.

4. Zusammenfassung

Zweck des vorliegenden Aufsatzes war eine Explikation des Begriffs indirekte Rede oder indirektes Referat, die eine angemessene DaF-orientierte Beschreibung des Tempus- und Modusgebrauchs in diesem Bereich erlaubt.

Für die Zuordnung gegebener Textpassagen oder Sätze zur indirekten Rede stellt das faktische oder mögliche Vorkommen von (präsentischen) Konjunktivformen traditionell ein wichtiges Kriterium dar. Will man jedoch die Wahl zwischen Indikativ und Konjunktiv im indirekten Referat beschreiben, muss der Begriff – anders als etwa bei JÄGER (1972) – im ersten Schritt unabhängig vom Modus bestimmt werden. Aufgrund der anderen Kriterien, die in Abshcnitt 1 und 2 zur Explikation des Begriffs herangezogen wurden, können wir unsere Begriffsbestimmung etwas vereinfachend folgendermaßen zusammenfassen:

Im weitesten Sinne verstanden deckt sich der Begriff "indirekte Rede" oder "indirektes Referat", so wie er in der Fachliteratur verwendet wird, mit dem Begriff "nicht-direktes Referat" schlechthin. Er umfasst dann jede Art der Wiedergabe figuraler Äußerungen, Gedanken, Einstellungen etc. außer der sog. direkten Rede, eventuell jedoch ein-

---

24 Zum Modusgebrauch solchen in Fällen und in Konstruktionen mit *so-* oder *wie*-Einschub siehe CARLSEN (1994, 1998) und PITTNER (1993). Vgl. auch LAURIDSEN/ POULSEN (1995).

geengt auf die Realisierung als finiter Satz (vgl. Abschnitt 3.3). Gemeinsam ist der indirekten Rede in diesem gegenüber direktem Referat negativ definierten Sinne, dass die Narautorenperspektive wenigstens im Hinblick auf die illokutionäre Verbindlichkeit und den zeitlich bestimmten epistemischen Horizont von einer Figurenperspektive abgelöst wird (Abgrenzung gegenüber Narautorentext), wobei jedoch zumindest die Personalpronomina aus der Autorenperspektive gewählt sind (Abgrenzung gegenüber direkter Rede).

Präzisierungen des Begriffs erfolgen im wesentlichen in zwei Dimensionen: Die Bezeichnung "indirekte Rede" kann einerseits reserviert sein für im weiteren Sinne abhängiges indirektes Referat, d.h. Sätze, die direkt als Argument unter einen redeanführenden Ausdruck eingebettet sind, sei es als formal eindeutig abhängiger Verbletztsatz (Nebensatz) oder in weniger markierter Form als intonatorisch integrierter Verbzweitsatz. Indirektes Referat im so eingeschränkten Sinne steht der unabhängigen indirekten Rede (der sog. berichteten Rede) und auch der erlebten Rede gegenüber, die in ihrer "reinen" Form als syntaktisch selbständige Sätze ohne irgendwelche Redeanführung realisiert werden.

Die zweite Dimension der Präzisierung bezieht sich auf die Wahrnehmbarkeit und "Innerlichkeit" oder "Zugänglichkeit" des Wiedergegebenen (VON RONCADOR 1988:5). In dieser Dimension eingeschränkt umfasst der Begriff indirekte Rede lediglich die nichtdirekte Wiedergabe von mündlichen oder schriftlichen Äußerungen, die physisch wahrgenommen werden können und deren Inhalt durch die sprachliche Formulierung zugänglich sind. Die Wiedergabe oder Repräsentation von nicht versprachlichten figuralen Gedanken, Einstellungen, Plänen etc. gehören nicht dazu. So – als indirekte **Rede** im eigentlichen Sinne – verstanden steht unabhängiges indirektes Referat, d.h. berichtete Rede, sog. erlebter Rede (oder besser: erlebtem Denken) gegenüber, bei der an sich nicht zugängliche Gedanken, Vorstellungen, Wünsche u.ä. der Figur in syntaktisch selbständigen Sätzen ausgedrückt oder beschrieben werden. Und die von Äußerungsverben abhängige indirekte Rede (im engsten Sinne) findet ihre Entsprechung in der Wiedergabe oder Repräsentation von Gedanken, propositionalen oder emotionalen Einstellungen und Gefühlen in Form von Sätzen, die direkt unter ein entsprechendes Prädikat eingebettet sind, das einen entsprechenden kognitiven Akt oder Zustand beschreibt. Für diese Kategorie der "abhängigen erlebten Rede", die bisher keinen eigenen Namen hatte, wurde im Abschnitt 3.2 die Bezeichnung "indirektes Gedankenreferat" verwendet.

Die hier umrissene Begriffsbestimmung lässt sich schematisch wie in Abb. 1 veranschaulichen. Unter die Kategorie indirekte Rede (IR) fällt auf jeden Fall die syntaktisch abhängige nicht-direkte Wiedergabe figuraler Rede i.e.S. (als Gegensatz zu Gedanken etc.), die insofern den Begriffskern ausmacht.

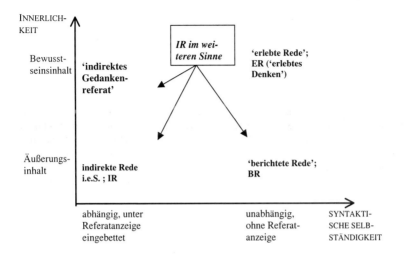

Abb. 1: Umfang des Begriffs "indirekte Rede" (modusunabhängig)

Die Abbildung soll dem Umstand gerecht werden, dass die Dimensionen 'Äußerlichkeit – Innerlichkeit', 'Unzugänglichkeit' und 'syntaktische Integration – syntaktische Selbständigkeit' des Wiedergegebenen beide als Kontinua aufzufassen sind. Zwischen der abhängigen indirekten Rede (IR i.e.S.) und der freien indirekten Rede ohne Redeanführung (BR) finden wir Übergangsformen wie Verbzweitsätze mit nachgehängter oder eingeschobener Referatanzeige; Entsprechendes trifft, wie wir gesehen haben, auf die Wiedergabe von Denk- und Einstellungsinhalten zu. Und die Unterscheidung zwischen Ausdrücken für wahnehmbare Rede mit zugänglichem, versprachlichtem Inhalt einerseits und Ausdrücken für nicht direkt zugängliche Bewusstseinsinhalte und Einstellungen andererseits ist schon deswegen nicht ganz klar, weil Bewusstseinsinhalte letzendlich nur in sprachlich veräußerlichter Form vermittelt werden können und einschlägige Prädikate wie *denken, glauben, hoffen, fürchten* dementsprechend auch oft als Äußerungsverben verwendet zu werden scheinen. Hier wie überhaupt in den marginaleren Bereichen des Begriffsspektrums kann der Konjunktiv als wichtiger Indikator für echte Redewiedergabe dienen.

Für die Explikation des jeweiligen Prototyps der Kategorien IR, BR und ER wurde im Abschnitt 2 auch das im Referattext realisierte Tempus-Modus-Muster herangezogen: Indirektheitskonjunktiv bei IR und BR, präteritaler Indikativ (Indikativ II) + *würde*-Konstruktion bei ER. Das formale Kriterium des Tempus-Modus scheint dabei für die traditionelle Unterscheidung von BR (IR i.w.S.) und ER mehr oder weniger entscheidend zu sein: Unter berichteter Rede wird wohl normalerweise unabhängiges nicht-direktes Referat im Konjunktiv und unter erlebter Rede unabhängiges nicht-direktes Referat im präteritalen Indikativ mit der *würde*-Konstruktion als markierter Futurform verstanden, egal ob es sich im einzelnen Fall um die 'Wiedergabe von Äußerungen oder von Gedanken handelt. Das hängt aber wiederum damit zusammen, dass eine funktionale Arbeitsteilung der angedeuteten Art in der Tat grundsätzlich zu bestehen scheint. Wenn nichts dagegen spricht, werden Textpassagen im Indirektheitskonjunktiv präferiert als Redewiedergabe, "Figurentext", der dem Muster der erlebten Rede folgt, hingegen präferiert als Repräsentation von nicht versprachlichten Gedanken etc. gedeutet; vgl. (38a, b).

(38)
Wedells Verteidiger Mario D. Otiz **war optimistisch**.
a *Der angebliche Beweis gegen seinen Mandanten **reiche** zu seiner Verurteilung bestimmt nicht aus. Die Argumente des Staatsanwalts **könne** man doch einfach nicht ernst nehmen.*
b *Der angebliche Beweis gegen seinen Mandanten **reichte** zu seiner Verurteilung bestimmt nicht aus. Die Argumente des Staatsanwalts **konnte** man doch einfach nicht ernst nehmen.*

Die umgekehrte Zuordnung kommt jedoch auch vor[25]. Und schließlich können in beiden Kontexttypen auch figural verankerte indikativische Tempora – wie im direkten Referat – eingesetzt werden (s. Abschnitt 3.1), wobei diese zuletzt genannte Variante im Hinblick auf den Gegensatz zwischen Rede- und Gedankenwiedergabe neutral zu sein scheint.

Dieselben drei Tempus-Modus-Muster sind im **abhängigen nicht-direkten Referat** zu beobachten (Abschnitt 3.2). Dabei kann als sicher gelten, dass der Indirektheitskonjunktiv ceteris paribus häufiger in eingebetteten Verbzweitsätzen als in eindeutig eingebetteten Verbletztsätzen vorkommt und dass die Wahl zwischen Indirektheitskonjunktiv und Indikativ bei gleicher Satzform u.a. von der Kategorie des übergeordneten Verbals abhängt. Fest steht auch, dass der indikativische Tempusgebrauch des direkten Referats die generelle, nicht zuletzt im mündlichen Register bevorzugte Alternative zum Indirektheitskonjunktiv darstellt. Unter welchen Bedingungen präteritale Indikativformen im abhängigen indirekten Referat (i.w.S.) nach dem Muster der erlebten Rede verwendet werden können und eventuell gegenüber den beiden anderen Optionen bevorzugt wird, ist jedoch weitgehend ungeklärt. Dies hat mindestens zwei Gründe: Zum einen haben empirische Untersuchungen zur Verteilung von Indikativ und Konjunktiv im indirekten Referat im großen und ganzen die beiden funktionalen Varianten präteritaler Indikativformen[26] in einen Topf geworfen. Zum anderen sind solche Untersuchungen nicht im hinreichenden Ausmaß mit Bezug auf das übergeordnete Prädikat relativiert worden. In diesem Bereich besteht mithin noch ein großer Bedarf an umfassenden empirischen Untersuchungen, denen präzise und differenzierte Fragestellungen zugrunde liegen.

Es sei zum Schluss daran erinnert, dass der präsentische Indirektheitskonjunktiv die illokutionäre und epistemische Verschiebung der Personenperspektive eindeutig markiert. Indikativformen hingegen sind von sich aus mit einer figuralen und einer narau-

---

25 Vgl. dazu auch VON RONCADOR (1988).
26 Siehe dazu vor allem SOLFJELD (1989).

toralen Perspektive verträglich. So wird letzten Endes erst der Kontext entscheiden, ob eine vorliegende Indikativform figural oder narautoral – oder eventuell als eine Überlagerung der einen durch die andere Perspektive – zu deuten ist. Der präteritale Konjunktiv kann andererseits auch "Irrealität" oder "Kontrafaktivität" u. dgl. ausdrücken – und ist dabei neutral im Hinblick auf die Personenperspektive. Um eine hinsichtlich der Modalität eindeutige Interpretation zu erhalten, wird deshalb oft der Konjunktiv gegenüber dem Indikativ und der präsentische Konjunktiv wiederum gegenüber dem präteritalen zu bevorzugen sein. Das heißt allerdings nicht, dass der (präsentische) Konjunktiv in solchen Fällen notwendigerweise gewählt wird. Die Hierarchie der funktionalen Optimalität kann durch Präferenzhierarchien anderer – dialektaler, soziolektaler, textsorten- und registerbedingter – Art, die hier nicht zur Debatte stehen, unterlaufen werden.

Literatur

Abusch, Dorit, 1997. Sequence of tense and temporal de re. *Linguistics & Philosophy* 20: 1-50.

d'Alquen, Richard, 1997. *Time, Mood and Aspect in German Tense*. Frankfurt a.M. etc.: Lang.

Andersson, Sven-Gunnar, 1994. Zum Indikativ in eingeleiteten Nebensätzen der indirekten Rede nach präteritalem Anführungsausdruck. In: Leirbukt, O. (ed.), *Modalität im Deutschen*. (= *Nordlyd* 22), 38-52.

Askedal, John Ole, 1996. Zur Regrammatikalisierung des Konjunktivs in der indirekten Rede im Deutschen. *Deutsche Sprache* 24: 239-304.

Bausch, Karl-Heinz, 1978. Der Konjunktiv im Deutschen – Ein Thema für die Linguistik oder die Soziolinguistik. (= *Kopenhagener Beiträge zur Germanistischen Linguistik* 13), 21-51.

Bausch, Karl-Heinz, 1979. *Modalität und Konjunktivgebrauch in der gesprochenen deutschen Standardsprache: Sprachsystem, Sprachsituation und Sprachwandel im heutigen Deutsch, Teil 1.* (= *Heutiges Deutsch* R.1; *Linguistische Grundlagen*, Bd.9). München: Hueber.

Behaghel, Otto (1899). *Der Gebrauch der Zeitformen im konjunktivischen Nebensatz des Deutschen.* Paderborn.

Buscha, Joachim / Zoch, Irene, 1984. *Der Konjunktiv. Zur Theorie und Praxis des Deutschunterrichts für Ausländer.* Leipzig: Verlag Enzyklopädie.

Bybee, Joan / Perkins, Revere / Pagliuca, William, 1994. *The Evolution of Grammar. Tense, Aspect, and Modality in the Languages of the World.* Chicago / London: Cambridge University Press.

Carlsen, Laila, 1994. Redewiedergebende Sätze mit präpositionalen Quellenangaben. *Neuphilologische Mitteilungen* 95:467-492.

Carlsen, Laila, 1998. Redewiedergabe mit redeeinleitendem wie-Satz. *Deutsche Sprache* 4:63-88.

Confais, Jean-Paul, 1990. *Temp – mode – aspect. Les approches des morphèmes verbaux et leurs problèmes á l'éxemple du français et de l'allemand.* Toulouse: Presses universitaires du Mirail.

Coulmas, Florian, 1986. Reported speech: Some general issues. In: Coulmas, F. (ed.), *Direct and Indirect Speech.* Berlin: de Gruyter, 1-28.

Drosdowski, Günther et al., 1995. DUDEN *Grammatik der deutschen Gegenwartssprache.* 5., neu bearbeitete Auflage. Mannheim: Dudenverlag.

Eisenberg, Peter, 1997. Konjunktiv als Flexionskategorie im gegenwärtigen Deutsch. In: Debus, F. / Leirbukt, O. (eds.). *Aspekte der Modalität im Deutschen – auch in kontrastiver Sicht.* Hildesheim etc.: Olms, 37-56.

Eisenberg, Peter, 1999. *Grundriß der deutschen Grammatik.* Band 2: *Der Satz.* Stuttgart: Metzler.

Engel, Ulrich, 1988. *Deutsche Grammatik.* Heidelberg: Groos.

Fabricius-Hansen, Cathrine, 1989. Tempus im indirekten Referat. In: Abraham, W. / Janssen, Th. (eds.). *Tempus – Aspekt – Modus. Die lexikalischen und grammatischen Formen in den germanischen Sprachen.* Tübingen: Niemeyer, 155-182.

Fabricius-Hansen, Cathrine, 1994. Das dänische und norwegische Tempussystem im Vergleich mit dem deutschen. In: Thieroff, R. / Ballweg, J. (eds.). *Tense systems in European Languages.* Tübingen: Niemeyer, 49-68.

Fabricius-Hansen, Cathrine, 1997. Der Konjunktiv als Problem des Deutschen als Fremdsprache. In: Debus, F. / Leirbukt, O. (eds.). *Aspekte der Modalität im Deutschen – auch in kontrastiver Sicht.* Hildesheim etc.: Olms, 13-36.

Fabricius-Hansen, Cathrine (1999): "Moody time": Indikativ und Konjunktiv im deutschen Tempussystem. *LiLi* 113:119-146.

Fabricius-Hansen, Cathrine (2000): Die Geheimnisse der deutschen würde-Konstruktion. In: Thieroff, R. et al. (eds.). *Deutsche Grammatik in Theorie und Praxis.* Tübingen: Niemeyer, 83-96.

Fauconnier, Gilles, 1984. *Espaces mentaux. Aspects de la construction du sens dans les langues naturelles.* Paris: Éditions de Minuit.

Flämig, Walter, 1962. *Zum Konjunktiv in der deutschen Sprache der Gegenwart.* 2. Aufl. Berlin: Akademie-Verlag.

Fritz, Thomas A., 2000. *Wahr-Sagen. Futur, Modalität und Sprecher-Bezug im Deutschen.* Hamburg: Buske.

Glinz, Hans / Boettcher, Wolfgang / Sitta, Horst, 1971. *Deutsche Grammatik I. Satz – Verb – Modus – Tempus.* Bad Homburg: Athenäum.

Graf, Rainer, 1977. *Der Konjunktiv in gesprochener Sprache.* Tübingen: Niemeyer.

Haberland, Hartmut, 1986. Reported Speech in Danish. In Coulmas, F. (ed.). *Direct and Indirect Speech.* Berlin: de Gruyter, 219-248.

Heidolph, Karl-Erich et al., 1981. *Grundzüge einer deutschen Grammatik.* Berlin: Akademie-Verlag.

Helbig, Gerhard / Buscha, Joachim, 1988. *Deutsche Grammatik. Ein Handbuch für den Ausländerunterricht.* 9. Aufl. Leipzig: Enzyklopädie-Verlag.

Jäger, Siegfrid, 1972. *Der Konjunktiv in der deutschen Sprache der Gegenwart.* München: Hueber (= *Heutiges Deutsch* I/1).

Jørgensen, Peter, 1964. *Tysk Grammatik.* Bd. III. Kopenhagen: Munksgaard.

Kaufmann, Gerhard, 1976. *Die indirekte Rede und mit ihr konkurrierende Formen Redeerwähnung.* München: Hueber (= *Heutiges Deutsch* III/I).

Knobloch, Clemens, 1998. Wie man "den Konjunktiv" erwirbt. Universität–GH–Siegen (= *Siegener Papiere zur Aneignung Sprachlicher Strukturformen*: *SPASS* 2/1998).

Küffner, R., 1978. Schwierigkeiten mit der indirekten Rede. *Muttersprache* 88:145-173.

Lauridsen, Ole / Poulsen, Sven-Olaf, 1995. *Tysk Grammatik.* Kopenhagen: Munksgaard.

Letnes, Ole, 1997. *Sollen* als Indikator für Redewiedergabe. In: Debus, F. / Leirbukt, O. (eds.). *Aspekte der Modalität im Deutschen – auch in kontrastiver Sicht.* Hildesheim etc.: Olms, 119-134.

Letnes, Ole, 2002. Zum Bezug epistemischer Modalität in der Redewiedergabe. In diesem Band.

Palmer, Frank, 1986. *Mood and Modality.* Cambridge: Cambridge University Press.

Pankow, Alexander / Pankow Christiane, 1994. "He said he would bloody come back tomorrow!" Zur Verschiebung der Zeit- und Raumdeixis in indirekter und erlebter Rede. In: Todtenhaupt, M. / Valfridson, M. (eds.). *Sprache als lebendiger Kulturspiegel. Festschrift für Astrid Stedje.* Umeå universitet, 153-168.

Pittner, Karin, 1993. *So* und *wie* in Redekommentaren. *Deutsche Sprache* 4:305-325.

Plank, Frans, 1986. Über den Personenwechsel und den anderer deiktischer Kategorien in der wiedergegebenen Rede. *Zeitschrift für Germanistische Linguistik* 14:284-308.

Pütz, Herbert, 1989. Referat – vor allem Berichtete Rede – im Deutschen und Norwegischen. In: Abraham, W. / Janssen, Th. (eds.): *Tempus – Aspekt – Modus. Die lexikalischen und grammatischen Formen in den germanischen Sprachen.* Tübingen: Niemeyer, 183-226.

Pütz, Herbert, 1994. Berichtete Rede und ihre Grenzen. *Nordlyd* 22:24-37.

von Roncador, Manfred, 1988. *Zwischen direkter und indirekter Rede. Nichtwörtliche direkte Rede, erlebte Rede, logophorische Konstruktionen und Verwandtes.* Tübingen: Niemeyer.

Solfjeld, Kåre, 1989. *Indikativische Tempora in der indirekten Rede: Strukturvergleich Deutsch-Norwegisch.* Heidelberg: Groos (= *Deutsch im Kontrast* 9).

Thieroff, Rolf, 1992. *Das finite Verb im Deutschen. Tempus – Modus – Distanz.* Tübingen: Narr (*Studien zur deutschen Grammatik* 40).

Thieroff, Rolf, 1995. More on Inherent Verb Categories in European Languages. In: Thieroff, R. (ed.). *Tense Systems in European Languages* II. Tübingen: Niemeyer, 1-36.

Thieroff, Rolf, 2000. On the areal distribution of tense-aspect categories in Europe. In: Dahl, Ö. (ed.). *Tense and Aspect in the Languages of Europe.* Berlin etc.: de Gruyter, 265-308.

Vater, Heinz (ed.), 1997. *Zu Tempus und Modus im Deutschen.* Trier: Wissenschaftlicher Verlag Trier (= *FOKUS* 19).

Weider, Eric, 1992. *Konjunktiv und indirekte Rede / Subjonctiv et style indirect.* Göppingen: Kümmerle (= *Göppinger Arbeiten zur Germanistik* 569).

Weinrich, Harald, 1993. *Textgrammatik der deutschen Sprache.* Mannheim: Dudenverlag.

Wichter, Sigurd, 1978. *Probleme des Modusbegriffs im Deutschen.* Tübingen: Narr.

Zifonun, Gisela / Hoffmann, Ludger / Strecker, Bruno, 1997. *Grammatik der deutschen Sprache.* Bd. 3. Berlin etc.: de Gruyter.

Sven-Gunnar Andersson

Zum Tempus und Modus finaler *damit*-Sätze in Vergangenheitskontexten. Ein variationslinguistischer Ansatz

1. Einleitung

In den meisten Darstellungen wird für *damit*-Sätze in Vergangenheitskontexten eine gewisse Variabilität bezüglich Tempus und Modus des finiten Verbs angesetzt, wie in

(1) Er schickte den Brief schon anderthalb Wochen früher ab, *damit* er wirklich rechtzeitig ankam/ankomme/ankäme.

Die Variation wird, wenn überhaupt, entweder als diachronisch bedingt erklärt oder sie wird mit den jeweiligen allgemeinen Funktionen der Formen in Verbindung gebracht (vgl. BEHAGHEL 1928:653; FLÄMIG 1964:25-27; ZIFONUN et al. 1997:2318). Im ersteren Fall gilt der Präteritum Indikativ als die jüngere und der Konjunktiv (I und II) als die ältere Variante. Bei der funktional ausgerichteten Erklärung vertritt der Präteritum Indikativ den unmarkierten Fall, der Konjunktiv I die indirekte Redewiedergabe und die adhortative Funktion, während der Konjunktiv II Ersatzform für den Konjunktiv I sei oder kontrafaktische Funktion habe (vgl. FLÄMIG 1964:19-21).

Keine dieser Beschreibungen ist voll adäquat. Die Variation hat auch − wie näher zu zeigen sein wird − mit unterschiedlichen Perspektivierungen seitens des Sprechenden/ Schreibenden zu tun, die in gesprochener und geschriebener Sprache auf unterschiedliche Weise vorgenommen werden.

In diesem Beitrag werden die Ergebnisse von zwei empirischen Untersuchungen erörtert. Den Untersuchungen liegt geschriebensprachliches Material aus dem Mannheimer COSMAS-Korpus bzw. durch Lückentests elizitiertes mündliches Material zugrunde. Bei Letzterem fällt die häufige Verwendung des Präsens Indikativ im *damit*-Satz auf, vergleichbar (1a):

(1a) Er schickte den Brief schon anderthalb Wochen früher ab, *damit* er wirklich rechtzeitig ankommt.

In (1a) gehört wie in (1) die ganze Passage der Vergangenheit an, weshalb die Präsensform (*ankommt*) keine Gleich- oder Nachzeitigkeit im Verhältnis zu der für (1a) anzusetzenden Äußerungszeit angibt. In der Informantenuntersuchung ist dieser Gebrauch des Präsens Indikativ die weitaus am häufigsten vorkommende Ausdrucksvariante (vgl. unten Tab. 2). Allerdings gibt es dabei ein deutlich soziolinguistisch bedingtes Verteilungsmuster, auf das noch zurückzukommen sein wird. Auch in dem COSMAS-Material wurden einige wenige Belege mit dem Präsens gefunden (7 von 105). In der Literatur zum finalen *damit*-Satz im Deutschen scheint dieser Gebrauch des Präsens nirgends Erwähnung zu finden.

2. Zum Stand der Forschung

Die bei weitem größte bisherige Studie ist FLÄMIG (1964). Hauptziel der Studie war die Herausarbeitung der Differenzen zwischen zwei Korpora geschriebener Texte der Zeit 1760-1820 bzw. 1900-1960 in Bezug auf Finalsätze (definiert als *damit-, auf dass-*, finale *dass-*Sätze, *um-zu* + Infinitiv). Das Material aus dem 20. Jh. umfasst u.a. 920 *damit-*Sätze. Es fehlen leider eine Anzahl wichtiger Angaben zum Korpus und zu den 920 *damit-*Sätzen. FLÄMIG unterscheidet zwar zwischen den Textgattungen dichterische Prosa, wissenschaftliche Prosa, volkstümliche Prosa, und Presse, aber weder der Gesamtumfang noch die gattungsmäßige Verteilung des Textmaterials wird angegeben, ebensowenig wie die Verteilung der 920 *damit-*Sätze auf die einzelnen Textgattungen. Es fehlt auch ein Verzeichnis der exzerpierten Texte und ihrer gattungsmäßigen Zuordnung. Bezüglich morphologisch modusambivalenter Verbformen vermitteln einige Beispiele den Eindruck, dass solche je nach Kontext auf einen Modus festgelegt und in die Statistik aufgenommen wurden, was als ein sehr fragwürdiges Vorgehen bezeichnet werden muss. Nur für die Gattung dichterische Prosa wird nach der Tempusform des übergeordneten Satzes aufgegliedert. Die Resultatkategorie Indikativ im *damit-*Satz ist nicht nach Tempora weiter unterteilt. FLÄMIGs Art der Darstellung erklärt sich z.T. aus dem von ihm verfolgten Erkenntnisinteresse. Dieses gilt der relativen Verteilung von Indikativ, Konjunktiv I und Konjunktiv II in den beiden zeitlich getrennten Korpora, mit besonderer Berücksichtigung der Verhältnisse in den unterschiedlichen Textgattungen. Die prozentualen Angaben entsprechen dieser Zielsetzung, lassen sich aber aus den angeführten Gründen zu anderen Zwecken schlecht verwenden. Besonders negativ für den Vergleich mit dem unten dargestellten Befund wirkt sich die Zusammenführung der indikativischen Tempusformen zu einer gemeinsamen Klasse "Indikativ" aus. Selbstverständlich wird jedoch im Folgenden überall dort, wo es möglich ist, mit FLÄMIGs Angaben verglichen.

3. *Damit-*Sätze in geschriebenen Texten aus dem COSMAS-Korpus

Es wurde eine Stichprobe von *damit-*Sätzen aus fiktionalen und nichtfiktionalen Texten der Zeitspanne 1950-1990 exzerpiert, wobei für den *damit-*Satz zusätzlich zwei Beschränkungen galten: Das Finitum musste in Bezug auf Tempus und Modus morphologisch eindeutig sein (d.h. modusambivalente Formen wurden ausgeschlossen) und der *damit-*Satz musste im Vergangenheitskontext (vgl. oben) stehen. Mit diesen Beschränkungen ergaben sich 105 Belege.

Die Verteilung der Finita des *damit-*Satzes nach Tempus und Modus geht aus der Tabelle 1:1 hervor. In der Tabelle 1:2 wird im Bereich der fiktionalen Prosa mit FLÄMIGs Angaben verglichen. Für sowohl 1:1 als auch 1:2 gilt, dass das Verhältnis zwischen den Formkategorien (Prät.) Indikativ, Konjunktiv I, Konjunktiv II den Angaben der Grammatiken entspricht. Wie aus Tab. 1:1 hervorgeht, gibt es aber im COSMAS-Material auch 7 Belege mit dem Präsens Indikativ. Diese werden im Abschnitt 6 besprochen, nach der Erörterung des Auftretens des Präsens Indikativ in dem von Informanten produzierten Material.

31

Für literarische Texte ist ein Vergleich der Prozentzahlen mit denen bei FLÄMIG möglich. Wie aus Tab. 1:2 hervorgeht, ist das relative Verhältnis zwischen den drei Verbformklassen dasselbe. Die zahlenmäßigen Unterschiede können auf den zeitlichen Unterschied zwischen den Korpora (1950-1990 für das COSMAS-Material, 1900-1960 für FLÄMIGs Material) und/oder auf die geringe Anzahl der Belege aus dem COSMAS-Korpus zurückzuführen sein.

1:1 **Belege aus dem COSMAS-Korpus (n = 105)**

	Präs. Ind.	Prät. Ind.	Präs. Konj.	Prät. Konj.	Gesamt
Fiktionale Prosa	4 (= 6,3%)	42 (= 65,6%)	14 (= 21,8%)	4 (= 6,3%)	= 64 (= 100%)
Nicht-fiktionale Prosa	3 (= 8%)	27 (= 66%)	7 (= 17%)	4 (= 9%)	= 41 (= 100%)
	7 (= 6,5%)	69 (= 66%)	21 (= 20%)	8 (= 7,5%)	= 105 (= 100%)

1:2 **Prozentzahlen für literarische Texte (COSMAS und FLÄMIG)**

	Indikativ	Präs. Konj.	Prät. Konj.	Gesamt
COSMAS-Korpus (n = 64)	71,9%	21,8%	6,3%	= 100%
FLÄMIG (1964) (n = ?)	48%	36%	16%	= 100%

Tab. 1: Geschriebene Texte. Tempus und Modus in *damit*-Sätzen im Vergangenheitskontext.

4. FLÄMIGs Modusbeschreibung und die COSMAS-Belege

FLÄMIGs Darstellung der Funktionen der Formkategorien Indikativ, Konjunktiv I und Konjunktiv II im *damit*-Satz (FLÄMIG 1964:19-21) soll im Folgenden mit dem Auftreten dieser Formen in einigen Belegen aus dem COSMAS-Material verglichen werden.

Der Indikativ als die unmarkierte Grundform der Modusbezeichnung füge, FLÄMIG zufolge, über den Inhalt der Konjunktion *damit* hinaus dem Satzsinn keinen weiteren Wert im Sinne der Modalität hinzu. Der Inhalt das *damit*-Satzes ist daher als die beabsichtigte Folge des im Obersatz bezeichneten Sachverhalts aufzufassen.

Der Konjunktiv I signalisiert laut FLÄMIG indirekte Rede, falls die ganze Passage indirekte Rede ist, sonst werde dadurch ein heischender (adhortativer) Sinn vermittelt. Im letzteren Fall gelte zusätzlich zu der mit *damit* verbundenen Bedeutung 'beabsichtigte Folge' der Inhalt des *damit*-Satzes als eine von dem Gliedsatzsubjekt zu verwirklichende Forderung, die von dem Sprecher oder jemand anderem herrühren könne. Die Spezifikation, dass die Forderung von dem Gliedsatzsubjekt (d.h. von dem Subjekt des *damit*-Satzes) zu verwirklichen sei, geht offenbar zu weit (vgl. unten).

Der Konjunktiv II hat, so FLÄMIG, Ersatzfunktion für den Konjunktiv I, wenn Letzterer mit dem Indikativ zusammenfallen würde. Sonst drücke er Kontrafaktizität aus, besonders wenn eine ganze Passage im Konjunktiv II steht.

In dichterischer Prosa – nur für diese Gattung rechnet Flämig damit, dass alle drei Formkategorien noch vorkommen können – bleibe die Moduswahl dem Ermessen des Schreibenden anheimgestellt, der dadurch Sinnvarianten zur Verfügung habe, um eine Feindifferenzierung vornehmen zu können. Verschiedene Autoren würden unterschiedliche Präferenzen haben, was zu idiolektal begründeten Häufigkeitsunterschieden führen würde (FLÄMIG 1964:24).

Diese Beschreibung soll jetzt auf einige Belege aus dem COSMAS-Material angewendet werden. Da markierte Fälle aufschlussreicher sind als unmarkierte, bilden Belege mit dem Konjunktiv den Ausgangspunkt.

(2) Er war bester Laune, denn sein Beauftragter, den er nach Kirchbach geschickt hatte, *damit* er dort das Terrain erkunde, war mit allerlei interessanten Nachrichten heimgekommen. (COSMAS-Beleg: *Die Magd von Zellerhof*)

Der Kontext liefert die Information, dass die im *damit*-Satz ausgedrückte Absicht vollständig und zur Zufriedenheit verwirklicht wurde: *Er war bester Laune, denn sein Beauftragter [...] war mit allerlei interessanten Nachrichten heimgekommen*. Der Auftrag und dessen Ergebnis werden beide in der Retrospektive (mit dem Plusquamperfekt) dargestellt. Dem Konjunktiv I im *damit*-Satz kann eine heischende Funktion zugeschrieben werden, was bedeutet, dass der Erzähler den Inhalt als einen Plan darstellt, dessen Verwirklichung verlangt wird. Indem er das tut, steigt er von der Position des allwissenden Erzählers herunter und wählt statt dessen als Erzählstandpunkt die Situation der Er-Figur beim Entsenden des Beauftragten. Auch für die folgenden Belege (3) und (4) scheint dieselbe Interpretation zuzutreffen: Die Absicht wird als ein Plan dargestellt, dessen Verwirklichung gefordert wird.

(3) Schließlich zündete er verzweifelt ein Haus an und alarmierte sofort die Feuerwehr, *damit* niemand verletzt werde. (COSMAS-Beleg: *Der Spiegel*)

(4) Auch gab man ihm nach drei Wochen ein Bett, zwei weiße Hemden und Tücher, *damit* er im Unrat nicht verderbe. (COSMAS-Beleg: Biographie über Schiller)

FLÄMIG beschreibt die heischende Funktion des Konjunktiv I in *damit*-Sätzen als eine durch das Gliedsatzsubjekt zu verwirklichende Forderung. Diese Beschreibung trifft für (2) durchaus zu, für (3) und (4) jedoch nur, wenn "X muss die Forderung verwirklichen" in sehr abstrakter Weise und nicht als normale Verpflichtung verstanden wird. Und ein *damit*-Satz ohne Subjekt kann in keinerlei Weise die Subjektsbedingung erfüllen, vgl. Beispiel (2a), das vollkommen akzeptabel ist:

(2a) Er hatte ihn nach Kirchbach geschickt, *damit* am Ort erkundet werde.

Die Spezifikation des die Forderung Verwirklichenden sollte also nicht in die Beschreibung eingehen. Die Charakteristik "eine zu verwirklichende Forderung" (FLÄMIG) bzw. "ein Plan, dessen Verwirklichung gefordert wird" (von mir favorisierte Alternative) passt für (2), (2a), (3) und (4); die letztere Generalisierung erscheint in semantischer Hinsicht angemessener als die erstere.

Für den Konjunktiv II enthält das COSMAS-Material nur ein einziges Beispiel außerhalb der Ersatzfunktion:

(5) "Komm", sagt sie, "mach es dir bequem." [...] "Komm", sagt sie, "setz dich." [...] "Walter", sagt sie "warum setzt du dich nicht?" Mein Trotz, zu stehen –. [...]; sie räumte Bücher aus den Sesseln, *damit* ich mich setzen könnte. "Walter", fragt sie, "hast du Hunger?" (Max Frisch, *Homo Faber*)

FLÄMIGs Hinweis auf Kontrafaktisches scheint für (5) zuzutreffen. Die Ich-Figur (Walter Faber) weigert sich hartnäckig, sich zu setzen.

Wenn der Inhalt des *damit*-Satzes nicht als eine zu verwirklichende Forderung oder ein auszuführender Plan gilt, tritt er eher in den Hintergrund. Die Funktion scheint dann lediglich die zu sein, über die beabsichtigte Folge dessen zu informieren, was in dem übergeordneten Satz vermittelt wird, genau wie es FLÄMIG als Funktion des Indikativs angibt. Wenn die beabsichtigte Folge offenbar eintritt, würde der Indikativ die geeignete Wahl sein wie in:

(6) Höchst erschrocken bastelte der Mann aus Tübingen, *damit* er noch vor Einbruch der Dunkelheit sein Fahrzeug einigermaßen beieinander hatte. Als der Gast aus Südwestdeutschland endlich seine Fahrt fortsetzte, beunruhigte ihn ein merkwürdiges Klappern im Kofferraum. (COSMAS-Beleg: *Die Welt*)

In (6) bildet der Inhalt des *damit*-Satzes ein Glied einer Kette aufeinanderfolgender Ereignisse. Die im *damit*-Satz ausgedrückte Absicht wird im Folgetext dargestellt als mit vollkommener Sicherheit verwirklicht, weil der Sachverhalt "sein Fahrzeug einigermaßen beieinanderhaben" eine notwendige Vorbedingung der Textfortsetzung ist.

Es erscheint vielleicht auf den ersten Blick naheliegend, in Fällen wie (6) den Indikativ zu wählen. Bei der Verwendung des Konjunktivs (*beieinander habe*) würde die Ereigniskette erst mit *Als der Gast ...* einsetzen. Dabei würde die vorgängige Reparaturphase (*Höchst erschrocken ...[habe]*) als isolierter Sachverhalt und der Inhalt des *damit*-Satzes als etwas Ersehntes und hoffentlich zu Verwirklichendes dargestellt. Eine solche Perspektivierung des Geschehens wäre indessen m.E. durchaus denkbar, weil der Textproduzent mit *Höchst erschrocken ...* die Situation aus der Perspektive der Figur *der Mann aus Tübingen* darstellt und deshalb auch in dem *damit*-Satz dieselbe Perspektive hätte beibehalten können, wobei sich der Ausgangspunkt bei der Figur befunden hätte.

Eine solche Perspektivierung mit Verwendung des Konjunktiv I liegt bei (2) vor (vgl. oben). Es wird dort die Gefühlslage der Figur geschildert (*Er war bester Laune*) mit einer darauffolgenden Begründung in Form einer in der Retrospektive dargestellten Ereigniskette, die einen *damit*-Satz im Konjunktiv enthält. Ein *damit*-Satz, dessen Intention aus dem Kontext als verwirklicht gesichert ist, kann also, wie (6) und (2) zeigen, durch die Moduswahl unterschiedlich perspektiviert werden, einmal aus der Erzählerperspektive mit dem Indikativ wie in (6), einmal aus der Figurenperspektive wie in (2).

Als unmarkierte Modusform kann der Indikativ im *damit*-Satz auch dort auftreten, wo eine markierte Form angemessen ist, zwar mit der Bedeutungsnuance, dass – wie FLÄMIG sagt (vgl. oben) – zu der durch *damit* bezeichneten Intentionalität keine weitere Modusbedeutung hinzugefügt wird.

Ein Beispiel für den Präteritum Indikativ bei eindeutig nicht verwirklichter Intention des *damit*-Satzes liegt in (7) vor:

(7) Nein, ich hatte da keinen Ehrgeiz. Oskar wollte nicht heilig gesprochen werden. Ein kleines privates Wunderchen wollte er, **damit** er hören und sehen konnte, **damit** ein für allemal feststand, ob Oskar dafür oder dagegen trommeln sollte, **damit** laut wurde, wer von den beiden Blauäugigen Eineiigen sich in Zukunft Jesus nennen durfte. (COSMAS-Beleg: Günter Grass, *Die Blechtrommel*)

Die ganze Passage bezieht sich auf keine reale, sondern auf eine bloß gedachte Situation. Die Erzählfigur "ich", alias Oskar Matzerath, gibt allerdings eigene Gedanken wieder. Diese Perspektive der Nähe – an sich ein den Indikativ fördernder Faktor – wird jedoch mit dem Sprechen über sich selbst in der dritten Person (*Oskar*) durch eine Perspektive der Distanz ersetzt, weshalb der einleitenden Ich-Perspektive als Faktor für die Moduswahl keine größere Bedeutung zukommt.

Als Ergebnis der Diskussion zu (2)-(7) lässt sich für das COSMAS-Material feststellen, dass der Befund mit den von FLÄMIG angegebenen Funktionen des Präteritum Indikativ, Konjunktiv I und Konjunktiv II gut übereinstimmt. Allerdings musste FLÄMIGs Beschreibung des Konjunktiv I in Bezug auf die Subjektsbedingung revidiert werden (vgl. oben). Es sei noch einmal daran erinnert, dass FLÄMIG sich über das Auftreten des Präsens Indikativ, wofür es im COSMAS-Material sieben Belege gibt, nicht äußert. (Zu diesen Belegen vgl. unten, Abschn. 6).

Was die Verteilung der Modusformen auf Textsorten betrifft, ist zu bemerken, dass FLÄMIG die Konjunktivformen als nur in der Textgattung "dichterische Prosa" verfügbar beschreibt, während sie im COSMAS-Material auch in nicht-fiktionalen Texten auftreten. Dieser Unterschied kann verschiedene Gründe haben. Es könnte z.B. sein, dass FLÄMIG für das Prädikat "verfügbar" eine verhältnismäßig hohe Gebrauchsfrequenz im Material voraussetzt, oder dass eine unterschiedliche Zusammensetzung des Teilkorpus der nicht-fiktionalen Prosa eine Rolle spielt. Es könnte aber natürlich auch der Fall vorliegen, dass in dem COSMAS-Material, das jünger ist als das von FLÄMIG, die vereinzelten Konjunktivformen Reflexe nicht eines älteren Sprachgebrauchs, sondern eines Synkretismus von Textsortenstilen sind, d.h. Fiktionalstil in nichtfiktionalen Texten. Es gibt jedoch wenig Anhaltspunkte für eine abgesicherte Wahl zwischen diesen Möglichkeiten einer Erklärung.

5. *Damit*-Sätze im mündlichen Informantentest

Die Informantenbefragung wurde 1995 in Berlin, Bamberg und Salzburg von drei Göteborger Germanistikstudentinnen der höheren Semester im Rahmen ihrer Seminararbeiten durchgeführt. In jeder der drei Städte wurde eine Liste (s. Anhang) von 13 Testsätzen angewendet. Die Testsätze wurden in variierter Reihenfolge jeweils 20 Informantinnen und Informanten mit und ohne Abitur dargeboten mit der Aufgabe, sie um eine Form des im Infinitiv angegebenen Verbs mündlich zu vervollständigen. Die Antwort wurde von der Testleiterin schriftlich festgehalten. Es entstanden durch diese Vorgehensweise 752 bearbeitbare Informantenreaktionen mit temporal und modal eindeutigen Finita.

Die Testsätze wurden auf der Grundlage gewisser Hypothesen zusammengestellt bezüglich der Wahl von Tempus und Modus in finalen *damit*-Sätzen im Vergangenheitskontext und auf der Grundlage allgemeiner Hypothesen über Faktoren, welche den Indikativ bzw. den Konjunktiv fördern. Es wurden dabei folgende Umstände beachtet: eindeutige Erfüllung/Nicht-Erfüllung der Intention, informeller/ formeller Stil, direkte/ indirekte Rede, erste/dritte Person Singular. Die beiden Glieder jedes Paars würden den Indikativ bzw. den Konjunktiv (in dieser Reihenfolge) fördern. Da sich die Testsätze und ihre kontextuelle und situative Einbettung im Großen und Ganzen in FLÄMIGs Kategorie volkstümliche Prosa einfügen, wurde ein sehr hoher Prozentsatz Indikative erwartet. Der Konjunktiv würde, wenn überhaupt, in den Sätzen auftreten, die eigens dazu formuliert waren.

Das Ergebnis war aber ein völlig anderes und völlig unerwartetes Muster der Verteilung:

1. Der Indikativ und der Konjunktiv wurden fast gleich häufig verwendet: 434 bzw. 318 Beispiele (57% bzw. 43%).
2. Von den 434 Indikativbeispielen wiesen nicht weniger als 334, d.h. 77% den Indikativ Präsens auf, und diese Form lag in 44% der insgesamt 752 eindeutigen Fälle vor. Die Befragten wählten den Indikativ Präteritum nur sehr selten, was im völligen Gegensatz zum Vorkommen der Finita in geschriebenen Texten steht. Außerdem ist bei dem Präteritum Indikativ ein lexikalischer Faktor deutlich erkennbar: Von diesen 100 Beispielen enthalten über die Hälfte (59) *konnte(n)*. (Das Verb *können* wurde nur bei einem der Testsätze als Infinitiv aufgeführt, manche Informanten haben es aber auch bei anderen Sätzen hinzugefügt, weshalb das Gesamtvorkommen von *können* 60 bei weitem übersteigt.)
   Die Verwendung des Präsens Indikativ im Finalsatz im Vergangenheitskontext, wenn die Proposition vorzeitig ist im Verhältnis zum Sprechzeitpunkt, ist m. W. in

der grammatischen Literatur nicht erwähnt. FLÄMIG bringt weder diesbezügliche Angaben noch Beispiele. Wie oben angegeben, enthält das exzerpierte COSMAS-Material 7 Belege mit dem Präsens Indikativ (von insges. 105). Davon sind nur drei (aber immerhin drei) völlig eindeutige Fälle der Vorzeitigkeit im Verhältnis zum Sprechzeitpunkt (vgl. Abschn. 6).

3. Die Hypothesen über Faktoren, die die Moduswahl beeinflussen würden, erhielten durch den Test keinerlei Stütze, da die Verteilung der Formkategorien des Finitums in allen Testsätzen ungefähr die gleiche war. Es gibt keine Häufungen des Konjunktivs bei bestimmten Testsätzen oder bei bestimmten Informanten (dagegen bei Informantengruppen, vgl. unten).

4. Die Distribution der Formkategorien bildet ganz deutlich ein soziolinguistisch bedingtes Muster, wie aus der Tabelle 2 hervorgeht. Dieses Muster wird im Anschluss an die Tabelle besprochen.

Verbformen — Informanten	Präs. Ind.	Prät. Ind. *(konnte(n)*	Prät. Ind. Außer *konnte(n)*	Präs. Konj.	Prät. Konj.	Gesamt
m + (n = 18)	79	18	7	87	36	= 227
	34,8%	8%	3%	38,4%	15,8%	100%
		11%		54,2%		
w+ (n = 13)	58	17	9	32	46	= 161
	38,8%	9,2%	5,5%	20%	26,5%	= 100%
		14,7%		46,5%		
w- (n = 18)	106	13	21	47	39	= 227
	46,6%	5,9%	9,2%	20,7%	17,6%	= 100%
		15,1%		38,3%		
m - (n = 11)	91	11	4	15	16	= 137
	66,4%	8,1%	2,9%	11%	11,6%	= 100%
		11%		22,6%		
(n = 60)	334	59	41	181	137	= 752
		100		318		
	44%	13%		24%	19%	= 100%
				43%		
Informanten	**Präsens Indikativ**	**Prät. Indikativ**		**Konjunktiv**		**Gesamt**

(Abkürzungen : m = männlich; w = weiblich; +/- = mit/ohne Abitur; n = Anzahl Informant/innen)

Tabelle 2: Informantentest. Tempus und Modus in finalen *damit*-Sätzen im Vergangenheitskontext. 13 Testsätze mit je 20 Informantinnen und Informanten in Berlin, Bamberg und Salzburg.

6. Zur Verteilung der Tempus- und Modusformen im Informantentest

Die Verteilung der vier Formkategorien Präsens Indikativ, Präteritum Indikativ, Konjunktiv I und Konjunktiv II ergibt ein Muster, das der Verteilung von Tempus und Modus bei Wiedergabe von Bewusstseinsinhalten in der sog. indirekten Rede in informellen sprachlichen Registern sehr ähnlich ist.

Der Präsens Indikativ wird bei Frauen und Männern ohne Abitur wesentlich häufiger gewählt als bei Frauen und Männern mit Abitur. Der größte Unterschied besteht bei Männern ohne Abitur im Vergleich zu Männern mit Abitur: Eine Verwendung des Präsens Indikativ in 66,4% gegen 34,8% aller Fälle der jeweiligen Informantengruppe. Bei dem Konjunktiv (I + II) ist das Gewichtsverhältnis umgekehrt: 22,6% gegen 54,2%. Der Status des Konjunktiv I als formeller als der Konjunktiv II spiegelt sich in der Verteilung wider: Der Konjunktiv I wird bei Männern ohne Abitur in 11% der Fälle verwendet, verglichen mit 38,4% bei Männern mit Abitur. Bei dem Konjunktiv II ist der Unterschied wesentlich geringer: 11,6% gegen 15,8%.

Bei den Frauen sind die Unterschiede nach dem Parameter ohne und mit Abitur ziemlich gering. Beim Präsens Indikativ 46,6% gegen 38,8%, beim Konjunktiv (insgesamt) 38,3 gegen 46,5%, Der Konjunktiv I hat bei Frauen ohne Abitur sogar eine etwas höhere Prozentzahl: 20,7% gegen 20%. Bei dem Konjunktiv II ist das Verhältnis 17,6% gegen 26,5%.

Das Muster der Verteilung entspricht dem soziolinguistischen Befund, dass bei Männern der Parameter der unterschiedlichen Ausbildungshöhe mit wesentlich größeren Unterschieden korreliert als bei Frauen. Das Aussehen des Verteilungsmusters insgesamt und in den Einzelheiten ist ein Indiz dafür, dass der Informantentest eine einigermaßen realistische Abbildung der tatsächlichen Präferenzen der Befragten darstellt (vgl. dazu weiter unten).

Dass Tempus und Modus im Finalsatz in Anlehnung an den Gebrauch bei Redewiedergabe in informellen Registern verwendet werden, lässt sich durch die Affinität des Finalsatzes zu der Wiedergabe von Bewusstseinsinhalten erklären. Mit einer Angabe über jemandes Absicht schreibt man auch jemandem eine Absicht als Bewusstseinsinhalt zu. Auch das sehr spärliche aber doch an allen drei Erhebungsorten (Berlin, Bamberg, Salzburg) belegte Vorkommen des Präteritum Indikativ fügt sich in diese Erklärung ein. Bei der Wiedergabe von Bewusstseinsinhalten kann der Wiedergebende eine Außenperspektive anlegen und jemandes Bewusstseinsinhalt als Tatsache hinstellen, zu der er auf welche Weise auch immer Zugang hat und die er mit dem indikativischen Haupttempus beschreibt. Beim Vergangenheitskontext ist dies der Präteritum Indikativ. Mit dem Präsens Indikativ im Vergangenheitskontext sowie mit dem Konjunktiv wird dagegen die Innenperspektive derjenigen Figur gewählt, deren Absicht geschildert wird. Der im Verhältnis zu geschriebener Sprache höhere Grad der Engagiertheit bei mündlicher Darstellung bewirkt, dass die Informanten die Außenperspektive in nur sehr geringem Ausmaß gewählt haben. Der Präteritum Indikativ im Informantenmaterial könnte an sich auch als Reflex des Gebrauchs in geschriebener Sprache ausgelegt werden, wobei die außerordentlich niedrige Frequenz als ein Hinweis auf den entsprechend geringen Grad der Überlappung mit dem schreibsprachlichen Gebrauch aufzufassen wäre.

Beide Erklärungsansätze lassen sich allerdings mit der Dichotomie "Perspektive von innen/von außen" und deren unterschiedlicher Verteilung in geschriebener und gesprochener Sprache vereinbaren.

Gegen die oben gegebene Deutung des Befunds ließe sich – theoretisch – anführen, dass die Konjunktive im Informatenmaterial nicht durch die Einstufung als indirekte Redewiedergabe, sondern, wie in geschriebenen Texten, als Bezeichnungen der Intentionalität gewählt worden wären. Die hohen Prozentzahlen verglichen mit dem Konjunktiv im COSMAS-Material wären entweder durch den Unterschied der Materialgröße oder durch eine aufgrund von Hyperkorrektheit zustandegekommene testbedingte Frequenzerhöhung im mündlichen Material hervorgerufen. Es erscheint jedoch sehr unwahrscheinlich, dass eine markierte Form der geschriebenen Sprache (der Konjunktiv als Exponent der Intentionalität) eine künstliche Frequenzerhöhung erfahren würde, während gleichzeitig der umgangssprachliche Präsens Indikativ in allen vier soziolinguistischen Gruppen des Tests so ausgiebig verwendet wird.

7. Präsens Indikativ im Vergangenheitskontext in geschriebenen Texten des COSMAS-Korpus

Von den 105 *damit*-Satzbelegen aus dem COSMAS-Korpus enthalten 7 einen Präsens Indikativ. In 3 davon ist die Proposition des *damit*-Satzes ganz deutlich zum Zeitpunkt der Textproduktion noch gültig und bezieht sich folglich nicht auf eine vorzeitige Situation. Ein Beleg ist mehrdeutig im Hinblick auf die Zeitreferenz:

(8) Und wenn sie ihm beim Robben zuriefen, daß er die Hacken einziehen sollte, fragte er ziemlich bescheiden: warum? Er wußte aber warum. *Damit* der Feind ihm nicht den Knöchel zerschießt. Dann traten sie ihm mit den schweren Schuhen die Knöchel flach, und er sagte: ach so. (Uwe Johnson, *Das dritte Buch über Achim*)

Der *damit*-Satz könnte sich auf einzelne Übungen des Robbens zur Zeit des Wehrdiensts der Figur beziehen. Da aber die Proposition einen Sachverhalt bezeichnet, der auch Allgemeingültigkeit beansprucht, stellt (8) keinen deutlichen Fall der Vorzeitigkeitsreferenz dar.

Die übrigen drei Belege, alle aus dem Roman "Homo Faber" von MAX FRISCH (Erscheinungsjahr 1957), sind jedoch mit den Testsätzen der Informantenbefragung völlig vergleichbar:

(9) Als ich in die Kabine zurückkehrte, rasiert, so daß ich mich freier fühlte, sicherer – ich vertrage es nicht, unrasiert zu sein – hatte er sich gestattet, meine Akten vom Boden aufzuheben, *damit* niemand drauf tritt, und überreichte sie mir, seinerseits die Höflichkeit in Person.

(10) Ich brauchte nur daran zu denken – und es tippte plötzlich wie von selbst, im Gegenteil, ich mußte auf die Uhr sehen, *damit* mein Brief noch fertig wird, bis der Helikopter startet. Sein Motor lief bereits.

(11) Es amüsierte sie, aber das änderte nichts daran, daß Sabeth eigentlich verschwinden mußte. Ich saß, ich hatte ihren Unterarm gefaßt, *damit* sie nicht davonläuft. "Bitte", sagte sie, "bitte".

In *Homo Faber* wird alles aus der Ich-Perspektive der Hauptfigur Walter Faber geschildert. Auf der Ausdrucksseite gibt es vieles, was an informelles mündliches Erzählen erinnert. Ein Beispiel dafür ist die Art, wie Tempus und Modus verwendet werden.

8. Bemerkungen zum Gesamtergebnis

Der Konjunktiv in Finalsätzen war ursprünglich ein Fall unter mehreren, bei denen der Konjunktiv in einem untergeordneten Satz verwendet wurde, dessen Inhalt in irgendeiner Weise nicht-faktisch war (nur vorgestellt, hypothetisch, in Frage gestellt, erwünscht, erhofft usw.). Intentionalität ist eine Variante der Nichtfaktizität. In präsentischen Kontexten ist der Ersatz der Konjunktivs durch den Indikativ in untergeordneten Sätzen nichtfaktischen Inhalts so weit durchgedrungen, dass in vielen diesbezüglichen Typen von Sätzen der Konjunktiv nicht mehr verwendet werden kann. In *damit*-Sätzen im präsentischen Kontext (dieser Fall wurde hier nicht behandelt) kommt der Konjunktiv heute nur noch sehr selten vor. FLÄMIG gibt (1964:29) für literarische Texte der Zeitperiode 1900-1960 allerdings 20% Konjunktive (allein der Konj. I ist belegt) bei einer nicht angegebenen Anzahl Belege für *damit*-Sätze im präsentischen Kontext an.

In präteritalen Kontexten besteht, dem hier dargestellten Befund zufolge, ein Unterschied zwischen geschriebener und informeller gesprochener Sprache. In geschriebener Sprache ist der Konjunktiv zugunsten des Präteritum Indikativ, d.h. des unmarkierten indikativischen Tempus für präteritale Kontexte, zurückgegangen. In informeller gesprochener Sprache scheinen finale *damit*-Sätze als eine Unterart der indirekten Wiedergabe von Bewusstseinsinhalten, d.h. als eine Unterkategorie der indirekten Redewiedergabe, interpretiert zu werden, was einerseits zu einer im Verhältnis zur geschriebenen Sprache erhöhten Frequenz des Konjunktivs, vor allem des Konj. II, andererseits zu einer ausgiebigen Verwendung des Präsens Indikativ statt des Präteritum Indikativ geführt hat.

Finale *damit*-Sätze im präteritalen Kontext zeigen demzufolge eine synchrone Variation in Bezug auf den Gebrauch von Tempus und Modus, die eine Vorbedingung für denkbare weitere Veränderungen darstellt. Die Variation ist mit einer Variation in der Perspektivierung der Proposition des *damit*-Satzes verbunden, wobei die in unterschiedlichen soziolinguistischen Gruppierungen unterschiedlichen Präferenzen der Perspektivenwahl sich deutlich abzeichnen.

Die Unterschiede in Bezug auf Perspektivierung, auf die aus den Unterschieden in der Tempus-/Moduswahl geschlossen wird, hängen mit allgemeineren Unterschieden zwischen gesprochener und geschriebener Sprache zusammen, was die Einstellung des Senders betrifft. In spontaner Sprechsprache bekundet der Sprecher in der Regel eine Einstellung des Engagements, der Nähe und der Empathie den behandelten Sachverhalten gegenüber, während geschriebene Sprache eher mit einer Einstellung der Distanziertheit und Analyse einhergeht. In englischsprachiger Literatur ist diese Dichotomie als die Opposition "involvement vs. detachment" bekannt (vgl. CHAFE 1982, CHAFE/DANIELEWICZ 1987, BIBER 1988). BÜHLER hat schon in seiner Sprachtheorie auf derartige Erscheinungen hingewiesen und mit dem Begriff "Deixis am Phantasma" als einem Kennzeichen der "anschaulich erzählenden Rede" eine Klammerformel aufgestellt, die sehr weit trägt (1934:121-140; vgl. auch ANDERSSON 2000:26-29).

Die Verwendung eines *damit*-Satzes als eine, wenn auch indirekte, Wiedergabe von jemandes Bewusstseinsinhalt, die in gesprochener Sprache vorzuliegen scheint, hat offenbar einen höheren Grad an Empathie als die Festellung der beabsichtigten Folge des Geschehens im Obersatz, die in geschriebener Sprache vorliegt. Innerhalb der gesprochenen Sprache hängt die Wahl zwischen dem Präsens Indikativ und dem Konjunktiv mit unterschiedlichen Graden der Empathie zusammen (vgl. dazu ANDERSSON 2000).

Anhang

Testsätze für die Informantenbefragung

(umkippen) 1. Der Chemielehrer sagte dem Schüler, daß er aufpassen müsse, damit sein Glaskolben nicht _____.

(umkippen) 2. Der Chemielehrer mahnte den Schüler im strengen Ton, ja nur aufzupassen, damit sein Glaskolben nicht _____.

(können) 3. Sie hatte den Braten ordentlich weggestellt, damit ihn der Hund nicht anrühren _____.

(fallen) 4. Sie hatte das Kalbskotlett ordentlich weggestellt, damit es nicht dem Hund zum Opfer _____.

(behalten) 5. Ich brachte meinen Wellensittich zur Großmutter, damit sie ihn für einige Zeit _____.

(behalten) 6. Fritz brachte seinen Wellensittich zur Großmutter, damit sie ihn für einige Zeit _____.

(einschlafen) 7. Das Kind konnte nicht einschlafen. Die Mutter las dem Kind ein Märchen vor, damit es _____, und es ist dann auch eingeschlafen.

(schreiben) 8. Er schenkte ihr Briefpapier, damit sie ihm öfter _____, und das tat sie auch.

(schreiben) 9. Er schenkte ihr Briefpapier, damit sie ihm öfter _____.

(schreiben) 10. Er schenkte ihr Briefpapier, damit sie ihm öfter _____, das hat aber nichts geholfen.

(einschlafen) 11. Das Kind konnte nicht einschlafen. Die Mutter las dem Kind ein Märchen vor, damit es _____, aber das hat nichts geholfen.

(zugehen) 12. Freilich gab es bestimmte vornehme Frauen, unter ihnen die Rätin Seideleben, die es gerade für ihre Pflicht erachteten, bei diesen Gelegenheiten anwesend zu sein, damit es recht _____.

(zugehen) 13. Na, klar hat's auch Frauen gegeben, die meinten, dabei sein zu müssen, damit es recht _____.

Literatur

Andersson, Sven-Gunnar, 1999. Register-motivated Variation of Tense and Mood in German Final Clauses Introduced by *damit*. In: Beedham, C. (ed.). *Langue and Parole in Synchronic and Diachronic Perspective: Selected Proceedings of the XXXIst Annual Meeting of the Societas Linguistica Europaea, St. Andrews 1998.* Oxford: Elsevier, 241-251.

Andersson, Sven-Gunnar, 2000. Zur Kategorie der sogenannten indirekten Rede beim volkstümlichen Erzählen. In: Wåghäll Nivre, E. / Johansson, E. / Westphal, B. (eds.). *Text im Kontext. Beiträge zur 2. Arbeitstagung schwedischer Germanisten. Växjö, 5.-6. Februar 1999.* Växjö: Växjö University Press (= *Acta Wexoniensia* 4), 17-30.

Behaghel, Otto, 1928. *Deutsche Syntax.* Bd 3. Heidelberg: Winter.

Biber, Douglas, 1988. *Variation Across Speech and Writing.* Cambridge: Cambridge University Press.

Bühler, Karl, 1934. *Sprachtheorie. Die Darstellungsfunktion der Sprache.* Jena: Fischer.

Chafe, Wallace L., 1982. Integration and involvement in speaking, writing and oral literature. In: Tannen, D. (ed.). *Spoken and Written Language: Exploring Orality and Literacy.* Norwood: Ablex, 35-53.

Chafe, Wallace L. / Danielewicz, J., 1987. Properties of spoken and written language. In: Horowitz, R. / Samuels, S. J. (eds.). *Comprehending Oral and Written Language.* San Diego: Academic Press, 83-113.

Flämig, Walter, 1964. *Untersuchungen zum Finalsatz im Deutschen. (Synchronie und Diachronie).* Berlin: Akademie-Verlag (= *Sitzungsberichte der Deutschen Akademie der Wissenschaften zu Berlin. Klasse für Sprachen, Literatur und Kunst.* Jahrgang 1964, 5).

Zifonun, Gisela et al., 1997. *Grammatik der deutschen Sprache.* Bd 3. Berlin etc.: de Gruyter (= *Schriften des Instituts für deutsche Sprache*, Bd. 7.3).

Thomas Haraldsen

Semantische und pragmatische Aspekte direktiv verwendeter Konditionalgefüge mit indikativischem *wenn*-Satz

1. Gegenstand und Problemstellung

Diese Arbeit versteht sich als eine Weiterführung und Präzisierung zu WUNDERLICH (1976) hinsichtlich semantisch-pragmatischer Deutungen von Konditionalgefügen. WUNDERLICH (1976:165, 274) nennt die hier zu beschreibenden Bildungen **bedingte Aufforderungen** (Näheres im Abschn. 7). Im folgenden kommen bestimmte von den prototypischen Konditionalgefügen abweichende Konstruktionen unter semantisch-pragmatischem Blickwinkel zur Sprache, deren Eigenschaften unter Konfrontation mit anderen nicht-prototypischen Bildungen verdeutlicht werden müssen.

Als Beispiel für das prototypische Konditionalgefüge kann folgendes Gebilde dienen:

(1) Wenn er sich morgen anstrengt, (dann) kann er die Prüfung bestehen. (von mir konstruiertes Beispiel)[1]

Das prototypische Konditionalgefüge ist durch ein Bedingung-Folge-Verhältnis zwischen den Sachverhalten in den beiden Teilsätzen gekennzeichnet, d.h. das vorgestellte Zutreffen des Sachverhalts im Bedingungssatz impliziert das vorgestellte Zutreffen des Sachverhalts im Folgesatz in dem Sinne, daß das vorgestellte Zutreffen des Sachverhalts im Bedingungssatz eine hinreichende Bedingung für das vorgestellte Zutreffen des Sachverhalts im Folgesatz ist (vgl. STALNAKER 1975:178f, VAN DER AUWERA 1986:200).

Allerdings wurde bereits vor einiger Zeit erkannt, daß es Konditionalgefüge gibt, die sich sowohl formal wie auch semantisch von dem eben illustrierten Typ unterscheiden. So spricht HERMODSSON (1978) von "quasi-konditionalen *wenn*-Gefügen", deren Hauptsatzaussage "auch ohne den Nebensatz gültig und verständlich ist" (1978:51). Als Beispiele führt er folgende Gefüge an:

(2) Wenn du mich morgen treffen willst, bin ich im Büro.

(3) Vögel gibt es nicht viele hier, wenn man überhaupt welche sieht.

(4) Sie kommt erst nächste Woche zurück, wenn du das unbedingt wissen willst.

---

1 Weiter unten werden Belege mit Quellenangabe zitiert. Wenn keine Quelle angegeben ist, handelt es sich um von mir manipulierte Originalbelege. Konstruierte Beispiele werden als solche extra gekennzeichnet.

Als Beispiel für Konditionalgefüge ohne Finitum an erster Stelle im Hauptsatz kann folgende Konstruktion dienen:

(5) Wenn du Hilfe brauchst, ich bleibe den ganzen Nachmittag zuhause. (KÖPCKE/ PANTHER 1989:687)

Beispiele desselben Typs finden Erwähnung auch bei z.B. METSCHKOWA-ATANASSOWA (1983), BRANDT (1990), PEYER (1997), ZIFONUN et al. (1997), DUDENGRAMMATIK (1998), GÜNTHNER (1999) sowie WEGENER (2000). Hier kann man mit KÖPCKE/ PANTHER (1989:696) von "Relevanzkonditionalen" sprechen, in denen "the speaker presents the consequent clause as being a relevant continuation of the antecedent". Ferner gilt, daß "the truth of the apodosis […] is maintained, irrespectively of the truth or falsity of the protasis" (ebd.). Solche Konstruktionen bleiben bei den weiteren Ausführungen ausgeklammert. Von den prototypischen Konditionalgefügen muß man m.E. nicht nur Relevanzkonditionale abheben, sondern auch einen Typ, den ich als "Validierungskonditional" bezeichnen möchte. Im folgenden soll der letztere Typ genauer beschrieben werden.

Das Folgende versteht sich als ein Beitrag zur Pragmatik, Semantik und Syntax von Konditionalgefügen (KG) mit indikativischem *wenn*-Satz. Die *wenn*-Sätze der zu untersuchenden Gefüge – die von temporalen und konzessiven Gebilden abgehoben werden müssen – sind gekennzeichnet durch [+indikativisch], [-faktiv] und [-vergangen].

Bei den hier interessierenden Konstruktionen wird Direktivität als Untertyp der deontischen Modalität ausgedrückt. Ein Konditionalgefüge, das die soeben erwähnten Kriterien erfüllt und den (direktiven) Illokutionstyp Aufforderung realisiert, wäre das folgende:

(6) Wenn du Peter siehst, sag ihm, er soll auf mich warten. (KLEIN 1993:432)

Zwischen dem prototypischen Konditionalgefüge, wie es etwa in (1) vorliegt (bei KLEIN 1993 Okkurrenzkonditional genannt) und dem Validierungskonditional ist m.E. grundsätzlich zu unterscheiden. Im ersteren Typ liegt ein Bedingung-Folge-Verhältnis zwischen den Teilsätzen vor, im Unterschied zum letzteren Typ, wo das Zutreffen der Nebensatzproposition vielmehr Voraussetzung für die Gültigkeit der im Hauptsatz ausgedrückten Illokution ist, in (6) die Aufforderung. Dieses Verhältnis sei im folgenden "Validierung" genannt. Für die Nebensatzproposition eines Validierungskonditionals sei der Terminus "Voraussetzung" reserviert; den Terminus "Bedingung" verwende ich ausschließlich mit Bezug auf prototypische Konditionalgefüge. In der einschlägigen Literatur werden Konstruktionen, die von mir Validierungskonditionale genannt werden, gemeinhin unter den sogenannten Relevanzkonditionalen subsumiert. Wenn im folgenden von Relevanzkonditionalen die Rede ist, sind Gefüge gemeint, wo weder ein Bedingung-Folge-Verhältnis noch ein Validierungsverhältnis anzunehmen ist, sondern wo der *wenn*-Satz lediglich die Relevanz der Äußerung des Hauptsatzes sichern soll.

Hier als Validierungskonditionale bezeichnete Konstruktionen sind in der Literatur berührt worden, ohne daß sie einem eigenen Typ zugeordnet worden wären. KLEIN (1993:442) z.b. sieht in (6) ein Sprechaktkonditional vom Typ Aufforderung, ohne dabei auf das Verhältnis zwischen den Teilsätzen näher einzugehen. KÖPCKE/PANTHER (1988) bringen keine direktiven Beispiele, wohl aber ein kommissives (1988:687), das u.U. als Validierungskonditional interpretiert werden könnte:

(10) Wenn du Hilfe brauchst, bleibe ich den ganzen Vormittag zuhause.

(11) Wenn du Hilfe brauchst, ich bleibe den ganzen Vormittag zuhause.

Beispiel (10) könnte man dahingehend interpretieren, daß die Illokution, das Versprechen, nur dann gültig ist, wenn der Sachverhalt im Nebensatz zutrifft. Interessant ist, daß (11) kein Validierungskonditional, sondern ein Relevanzkonditional ist, da die Illokution im Hauptsatz unabhängig vom Zutreffen des Sachverhalts im Nebensatz ist. KÖPCKE/ PANTHER unterziehen (10) und (11) keiner näheren Analyse hinsichtlich der Unterscheidung zwischen Validierungs- und Relevanzkonditionalen. AUCH KÖNIG/ VAN DER AUWERA (1988:109ff.) beschreiben Sprechaktkonditionale, ohne auf Bildungen des von mir angesetzten Typs Validierungskonditional einzugehen.

Für mein Material, das aus einem Korpus ausgewählter Texte (s.u.) stammt, läßt sich eine Differenzierung von Befehl, Aufforderung und Ratschlag versuchen; diese ist aber nur aufgrund des – nicht leicht fixierbaren – Stärkegrads der sprecherseitigen Einflußnahme auf den Rezipienten in Richtung einer bestimmten Handlung möglich. Für diese Dreiteilung, bei der natürlich fließende Übergänge Probleme bereiten, lassen sich keine geeigneten Formkriterien angeben, da die Nuancierung der Direktivität in Richtung Aufforderung, Befehl und Ratschlag eine pragmatische Angelegenheit ist. Andererseits kann mein Material primär von bestimmten grammatischen oder lexikalischen Eigenschaften des konditionalen Hauptsatzes her gegliedert werden: a) Realisierung des Prädikats als Imperativform, Modalverbfügung oder Vollverb im Indikativ, b) Ausgestaltung des Hauptsatzes ohne Rekurs auf ein verbales Element und c) Wahl der Satzart (Fragesatz).

In den nachfolgenden Abschnitten werden neben den Nuancierungen von [+direktiv] auch z.B. Höflichkeitsnuancen als eine besondere pragmatische Schattierung Erwähnung finden.

Die belegten Serialisierungsphänomene im Hauptsatz von Gefügen mit vorangestelltem *wenn*-Satz werden auch zur Sprache kommen, wobei gleich bemerkt werden muß, daß sie sich nur sehr beschränkt mit generalisierbaren pragmatischen Zügen der betreffenden Konditionalgefüge in Verbindung bringen lassen. Unter dem Aspekt der Serialisierung im Hauptsatz ist mit KÖNIG/VAN DER AUWERA (1988:107) für Gefüge mit vorangestelltem *wenn*-Satz zu unterscheiden zwischen Integration, Resumption und Nicht-Integration. Die drei Serialisierungsmöglichkeiten im Hauptsatz seien an folgenden (konstruierten) Beispielen illustriert:

(7) Wenn es regnet, bleibe ich zu Hause. (Integration)

(8) Wenn du mich fragst, so wird es morgen schneien. (Resumption)

(9) Wenn du mich fragst, morgen wird es schneien. (Nicht-Integration)

Mein Erkenntnisinteresse gilt schwerpunktmäßig folgender Problematik:

1. Inwiefern kann man auf semantisch-pragmatischer Grundlage neben prototypischen Konditionalgefügen und Relevanzkonditionalen einen eigenen Typ **Validierungskonditional** ansetzen?
2. Welche sprachlich greifbaren Indikatoren spielen eine Rolle für die Illokutionsfixierung in Richtung [+direktiv]? Welcher Stellenwert kommt etwa Serialisierung, Modalverben, Partikeln oder der lexikalischen Ausgestaltung bestimmter Satzglieder zu?
3. Inwiefern kann man mit einer Koppelung von Validierungskonditional und prototypischem Konditionalgefüge rechnen, d.h. mit Bildungen, die sowohl als prototypische Konditionalgefüge wie auch als Validierungskonditionale angesehen werden können?

Zur Klärung dieser Fragestellungen wird von einem aus schriftlichen Texten bestehenden Korpus ausgegangen. Es ist anzunehmen, daß die zu untersuchenden Bildungen hauptsächlich in der gesprochenen Sprache bzw. in mündlich gefärbter Sprache vorkommen; deswegen habe ich ein Korpus eigener Texte zusammengestellt, für das von vornherein anzunehmen ist, daß mündlich geprägte Äußerungen relativ häufig begegnen (s. Literaturverzeichnis). So habe ich z.B. Hörspiele untersucht, da diese fast ausschließlich aus Dialogen bestehen. Zusätzlich zu den eigenen Texten habe ich das allgemein bekannte LIMAS-Korpus, das aus vielen Textsorten besteht (vgl. dazu GLAS 1975), herangezogen.

Die Korpustexte wurden vollständig ausgewertet; bei den Romanen, Hörspielen und den Zeitschriften erfolgte eine rein manuelle Bearbeitung, beim LIMAS-Korpus wurde über eine Telnet-Verbindung auf die im Institut für Deutsche Sprache (Mannheim) befindlichen Texte zurückgegriffen.

Im Rahmen meiner Untersuchung wurden 8 deutsche Muttersprachler aus dem nördlichen Teil des Sprachraums zu der Akzeptabilität bzw. Nicht-Akzeptabilität von mir manipulierter Gefüge und zu Interpretationsmöglichkeiten hinsichtlich des illokutiven Wertes befragt. Vier Informanten haben linguistische Kenntnisse. Der Rest sind Sprecher, die für meinen Untersuchungsbereich über keinen linguistischen Begriffsapparat verfügen und deren Reflexionsfähigkeit bezüglich der eigenen Sprache begrenzt ist. Alle hatten an der Universität studiert bzw. waren zur Zeit der Durchführung der vorliegenden Untersuchung noch Studierende. Das Alter der Informanten variiert zwischen 19 und 50. Zwei der Informanten sind weiblich, sechs männlich.

Den Informanten wurden schriftlich fixierte, den Korpustexten entnommene und eventuell veränderte Beispielsätze vorgelegt. Sie wurden gebeten, diese im Hinblick auf die jeweils begegnende Serialisierung nach der Akzeptierbarkeit zu bewerten. Es war nicht möglich, alle Informanten zu denselben Beispielen zu befragen. Soweit möglich, sollten die Informanten auch versuchen, ihre Präferenzen bzw. Ablehnungen bestimmter Beispiele zu begründen und eventuelle Bedeutungsunterschiede zwischen den verschiedenen Realisierungen der ihnen vorgelegten Gefüge zu kommentieren.

2. KG mit Imperativ im Hauptsatz

In meinem Korpus gibt es 25 Belege für imperativische Gefüge des direktiven Typs. Daß in Bildungen wie:

(2.1) Wenn du Peter siehst, sag ihm, er soll auf mich warten.

ein Bedingung-Folge-Verhältnis wie jenes bei den prototypischen Konditionalgefügen kaum angenommen werden kann, liegt auf der Hand: Das vorgestellte Zutreffen des Sachverhalts im Nebensatz impliziert nicht, daß der Hörer die Aufforderung des Sprechers ausrichtet. Vielmehr validiert das vorgestellte Zutreffen des Nebensatz-Sachverhalts die Gültigkeit der im Hauptsatz ausgedrückten Aufforderung; diese tritt erst in Kraft, wenn der Sachverhalt im Nebensatz gegeben ist. Dieses Validierungsverhältnis liegt auch in den nachstehenden Belegen vor.

Außer dem Serialisierungstyp mit dem imperativischen Verb an erster Stelle begegnet auch der Typ mit resumptivem Korrelat in dieser Position des konditionalen Hauptsatzes:

(2.2) Wenn Sie also eventuell einen Flop riskieren wollen, Herr Humpert, dann stellen Sie sich ab zehn heute abend mit dem Auto vor den Eingang der Bohle-Villa am Böckler-Platz. (Sterben 112)

(2.3) [...] wenn du wieder deinen Urwalddialekt reden willst, dann geh bitte dahin, wo er herkommt. (Aufklärung 27)

(2.2) zeigt eine komplexe Struktur, vgl. die direkt vor dem Hauptsatz eingeschobene Nominalphrase *Herr Humpert*. Wegen dieses Einschubs scheint das resumptive Korrelat *dann* stilistisch präferiert zu sein; aufgrund des Abstandes zwischen der Information des Nebensatzes und dem Verb des Hauptsatzes wird die Information durch *dann* wiederaufgenommen[2]. Ein Weglassen des Korrelats kann also vorkommen, scheint aber

---

2 Darüber hinaus bemüht sich der Sprecher hier womöglich, korrektes Hochdeutsch zu reden; der Gebrauch des resumptiven Korrelats *dann* oder insbesondere *so* gilt anscheinend bei vielen Sprechern als "richtiger" bzw. gehobener als die Erststellung des finiten Verbs und die Nicht-Integration. Diese Erfahrung habe ich während der Durchführung der vorliegenden Studie immer wieder machen können. Besonders bei Sprechern, die vermutlich

nicht das Validierungsverhältnis als solches zu berühren. Wenn die eingeschobene Nominalphrase weggelassen wird, scheint die Erststellung des Hauptsatzfinitums mit Weglassung des Korrelats akzeptabler:

(2.4) Wenn Sie also eventuell einen Flop riskieren wollen, stellen Sie sich ab zehn heute abend mit dem Auto vor den Eingang der Bohle-Villa am Böckler-Platz.

Dies kann darauf zurückzuführen sein, daß die Distanz zwischen der *wollen*-Sequenz und der Hauptsatz-Sequenz kürzer wird, d.h., daß es nicht mehr so wichtig erscheint, die Information der Nebensatz-Proposition durch das Korrelat wiederaufzunehmen.

Auch bei (2.3) scheint die Resumption die bevorzugte Ausdrucksweise zu sein: Das resumptive Korrelat dient dazu, die Voraussetzung bzw. den Hintergrund/die Relevanz der durch den *wenn*-Satz validierten Aufforderung zu betonen. Das Ziel der Sprecherin ist es nicht, den Hörer zum Umzug in den Urwald zu bewegen, sondern ihn von der Benutzung seines Dialekts abzuhalten. Die Sprecherin und der Hörer wohnen in einer Wohngemeinschaft, und eine Einzugsbedingung für den Hörer war, daß er seinen Heimatdialekt, den die Sprecherin nicht ausstehen kann, nicht benutzt.

Wenn aber das Korrelat im Hauptsatz des Gesamtgefüges weggelassen wird, kann das Gefüge auch in Richtung eines echten Ratschlags/einer echten Aufforderung/Bitte interpretiert werden:

(2.6) [...] wenn du wieder deinen Urwalddialekt reden willst, geh bitte dahin, wo er herkommt.

Das Gefüge kann in dieser Fassung so gelesen werden, daß der Emittent den Rezipienten tatsächlich bittet, in den Urwald zu gehen. Es sei aber betont, daß dies nur eine der möglichen Lesarten ist, die bei (2.6) plausibler ist als bei (2.3). Beide Beispiele lassen aber im Prinzip dieselben Deutungen zu: eine Aufforderung an den Hörer, das Dialektsprechen zu unterlassen, oder auch die Aufforderung, er möge in den Urwald gehen.

Da die mit Hilfe des Imperativs realisierte Aufforderung in der Tendenz direkt und u.U. aufdringlich ist oder zu Gesichtsverlust des Emittenten führen könnte (vgl. WUNDERLICH 1984:112), werden häufig andere Mittel gewählt, um Direktiva auszudrücken. Wichtige Alternativen sind Konstruktionen mit Modalverb.

3. KG mit *können* im Hauptsatz

Mit Hilfe des Modalverbs *können* in deontischem Gebrauch kann über die Grundbedeutung 'Möglichkeit' die Dringlichkeit der Aufforderung reduziert werden. In meinem Material gibt es sechs direktive *können*-Belege, darunter den folgenden:

---

ein weniger reflektiertes Verhältnis zu ihrer eigenen Sprache haben, ist dies zu beobachten. Diese Frage muß aber anderen Untersuchungen überlassen werden.

(3.1) Wenn Sie etwas Wichtiges haben, können Sie es auch mir mitteilen. (Ruf 148)

Aufgrund meines Materials lassen sich – nicht unerwartet – Nuancierungen des direktiven Illokutionstyps festhalten. Bei (3.1) würde ich von einer Aufforderung sprechen, während bei anderen *können*-Belegen Ratschläge vorliegen. Der Ratschlag ist mit WUNDERLICH (1976:276) auf folgender Basis von der Aufforderung zu unterscheiden: Bei der Aufforderung wird erwartet, "daß sie befolgt wird, beim Ratschlag, daß er berücksichtigt wird". Im folgenden Beleg mit nachgestelltem Nebensatz kommt m.E. ein Ratschlag zum Ausdruck:

(3.3) Aber Sie können's ja bei der Verwaltung probieren, wenn das so eine wichtige Kiste ist! (Sterben 45)

Eine andere, viel schärfere direktive Nuance illustriert folgender Beleg:

(3.4) Und wenn's Ihnen nicht paßt, dann können Sie mich am Arsch lecken. (Nazi 150)

Das hier auftretende *können* ist mit einem *sollen* (vgl. DUDENGRAMMATIK 1998:93, 97) oder einem im Imperativ auftretenden Vollverb zu vergleichen. Allerdings sorgt wohl vor allem das lexikalische Material – vgl. *am Arsch lecken* – für diese besondere direktive Nuance. Ein solch derber Ausdruck ist mit Direktiva wie Aufforderung und Ratschlag kaum kompatibel.

Das Modalverb *können* begegnet auch in sogenannten Mischgefügen (vgl. DUDEN-GRAMMATIK 1998:801, KAUFMANN 1975:41ff.), in denen der *wenn*-Satz indikativisch ist und das Verb des konditionalen Hauptsatzes im Konjunktiv II steht, wie im folgenden Beispiel (für den Nebensatz unterstelle ich aufgrund des Kontextes [÷faktiv]):

(3.5) Wenn du soviel übrig hast, könntest du eigentlich einen ausgeben. (Noir 123)

Der Konjunktiv dient hier, zusammen mit dem Modalwort *eigentlich*, offenbar zum Ausdruck der Vorsichtigkeit. Dieses Beispiel hat einen weniger dringlichen Charakter als bei Wahl des Imperativs bzw. Indikativs, wie in (3.6) resp. (3.7):

(3.6) Wenn du soviel übrig hast, dann gib (doch) einen aus!

(3.7) Wenn du soviel übrig hast, kannst du eigentlich einen ausgeben.

Informantenaussagen ist zu entnehmen, daß es sich stets um Nuancierungen innerhalb des Untertyps Aufforderung handelt. Die Nuancen des direktiven Wertes werden sicherlich vom Kontext und von der Lexik des betreffenden Konditionalgefüges abhängig sein (vgl. etwa *am Arsch lecken*).

Was die Aussagekraft der Serialisierungsphänomene bezüglich der Analyse des Verhältnisses zwischen Hauptsatz und Nebensatz betrifft, so ist anzumerken, daß meine (nicht zahlreichen) Belege eine unsichere Basis für Generalisierungen abgeben. Es läßt sich immerhin am Beispiel von (3.1) zum relativen Gewicht des Nebensatz-Sachverhalts als Voraussetzung gegenüber dem Hauptsatz-Sachverhalt einiges andeuten: Es hat den Anschein, als ob bei der folgenden Umformung von (3.1):

(3.8) Wenn Sie etwas Wichtiges haben, dann können Sie es auch mir mitteilen.

hervorgehoben würde, daß der Sprecher nur dann zur Verfügung steht, wenn der Hörer tatsächlich etwas Wichtiges mitzuteilen hat (vgl. die naheliegende Betonung von *dann*). Hier wird also die Bedingtheit der Aufforderung in den Vordergrund gerückt. Dieses Moment scheint im korrelatlosen Ausgangsbeleg etwas heruntergespielt zu werden. Wir hätten es also mit einer Abstufung des Gewichts der Bedingung innerhalb einer Bedingung-Folge-Beziehung zu tun, die mit der Wahl des jeweiligen Serialisierungsmusters zusammenhängt.

Eine nach Angaben meiner Informanten noch deutlichere Reduktion des Gewichts der Bedingung ergibt sich bei Wahl der Nicht-Integration:

(3.9) Wenn Sie etwas Wichtiges haben, Sie können es auch mir mitteilen.

In diesem Beispiel geht es dem Sprecher nicht darum, daß der Hörer etwas Wichtiges haben muß, um es dem Sprecher sagen zu können, sondern daß er es auch ihm, dem Sprecher, sagen kann neben jemand anderem; hier ist demgemäß eine Betonung des Pronomens *mir* zu erwarten. Die Wahl der unterschiedlichen Serialisierungsmuster hat also in den vorliegenden Fällen jeweils eine andere Betonung des im Satz kommunikativ Wichtigen zur Folge.

Die Serialisierungsverhältnisse im nachstehenden Beleg lassen sich unter unterschiedlichen Gesichtspunkten diskutieren. Der Beleg sei hier mit zwei Umformungen konfrontiert:

(3.10) Wenn das ein Versuch sein soll, mir das Du anzubieten, den können Sie sich sparen. (Ruf 65)

(3.11) Wenn das ein Versuch sein soll, mir das Du anzubieten, können Sie sich den sparen.

(3.12) Wenn das ein Versuch sein soll, mir das Du anzubieten, dann können Sie sich den sparen.

Meinen Informanten zufolge sind die beiden Umformungen stilistisch weniger gut als der Originalbeleg, müssen aber als bildbar gelten.

Die Nicht-Integration im (3.10) ließe sich auch unter dem Blickwinkel der pragmatischen Nuancierung betrachten: Nach dem Urteil meiner Informanten ist die hier vorliegende Serialisierungsalternative mit einer abrupteren und schrofferen Ablehnung eines eventuellen Vorschlags des Gesprächspartners verbunden als die beiden anderen Serialisierungsmöglichkeiten, vgl. (3.11) und (3.12).

Der Beleg (3.10) wäre auch unter dem Aspekt der Topikalisierung von Interesse. An erster Stelle des konditionalen Hauptsatzes steht ein topikalisiertes Objekt, das in der Form eines Demonstrativpronomens auftritt. Hier geht die Topikalisierung offenbar mit einer kommunikativen Betonung des topikalisierten Objekts einher, die womöglich dem Zweck dient, den in Rede stehenden Versuch von anderen vorgestellten Versuchen abzuheben. Bei formal ähnlichen Relevanzkonditionalen nimmt WEGENER (2000:41) parallel zu meiner Annahme über die kommunikative Betonung an, daß es dem Emittenten "um den Inhalt des HSes [geht], dieser erhält also mehr Gewicht". Die Wahl des Serialisierungsmusters hat in (3.10) – (3.12) weder in bezug auf die logisch-semantische Beziehung noch in bezug auf die Nuancierung innerhalb von [+direktiv] funktionale Relevanz.

Bezüglich der funktionalen Relevanz der Serialisierungsverhältnisse sei folgendes festgehalten: 1. Sie leisten keinen Beitrag zur Klärung des Vorliegens bzw. des Nicht-Vorliegens einer Bedingung-Folge-Relation. 2. Bezüglich des direktiven Wertes an sich kommt ihnen keine Relevanz zu. Sie sind aber für Nuancierungen innerhalb von [+direktiv] von einiger Bedeutung, soweit man auf der Grundlage des Vergleichs von (3.10) mit seinen obigen Umformungen generalisieren darf.

Abschließend sei bemerkt, daß für die Variation des Stärkegrades der behandelten direktiven Äußerungen, z.B. für die Differenzierung Aufforderung vs. Ratschlag, offenbar andere Faktoren als die Serialisierung von Wichtigkeit sind. Hier wären etwa die Lexik und die Moduswahl zu nennen. Es ist allerdings hier der Vorbehalt zu machen, daß ich aufgrund des spärlichen Materials keine ganz zuverlässigen Verallgemeinerungen in dieser Richtung treffen darf.

4. KG mit *müssen* im Hauptsatz

Während *können* die Dringlichkeit der Aufforderung etwas herunterspielen kann, wird bei Gebrauch von *müssen* gerade die Notwendigkeit betont, daß der Rezipient der Aufforderung Folge leistet; d.h. es wird eine stärkere Beeinflussung des Rezipienten intendiert. In meinem Material gibt es 16 solche Belege, u.a. die folgenden:

(4.1) Wenn Sie Ihre Leute noch lebendig rausholen wollen, muß man jetzt handeln. (Spiegel)

(4.2) Wenn du noch nicht soweit bist, da mußt du schon selbst für sorgen. (Schiff 122)

(4.3) Wenn Sie das Wort "Wandern" hören, müssen Sie nicht gleich erschrecken und an stundenlange, schnelle, kraftraubende Märsche denken. LIM/LI1.00094

In (4.3) ist die direktive Illokution aus der Nicht-Notwendigkeit ableitbar (wobei der Handlungskontext sicher auch hier eine Rolle spielt): 'Erschrecken Sie nicht und denken Sie nicht an ...'. Das vorgestellte Hören validiert die indirekt ausgedrückte Aufforderung.

Was die beobachteten Serialisierungsverhältnisse betrifft, ist festzustellen, daß die Nicht-Integration bei Gefügen mit *müssen* im Hauptsatz im Material nicht belegt ist. Mir liegen nur Belege für Integration und Resumption vor. Der Wechsel dieser beiden Serialisierungsmöglichkeiten sagt nichts aus über das Vorliegen bzw. Nicht-Vorliegen einer Bedingung-Folge-Relation und ist auch für Abstufungen in bezug auf die Stärke der direktiven Illokution nicht relevant. Eine Skalierung in der letzteren Dimension ist mittels des Konjunktivs möglich, aber in meinem Material nicht belegt:

(4.4) Wenn Sie Ihr Ziel erreichen wollen, müßten Sie eigentlich jetzt schon handeln.

Dieses Gefüge wäre in Richtung eines Ratschlags zu interpretieren. Es handelt sich hier um einen bekannten abschwächenden Effekt des Konjunktivs 2 bei deontisch gebrauchten Modalverben. Eine andere Lesart wäre, daß die Äußerung mit einem leicht vorwurfsvollen Unterton verbunden ist: "Sie hätten jetzt schon handeln müssen" bzw. "Sie werden wohl doch nicht handeln".

Eine Rolle bei der Abstufung des Stärkegrades spielen sicherlich auch Differenzierungen wie *eigentlich* vs. *unbedingt* im Hauptsatz, ohne daß mein Material hier nähere Aussagen zuließe.

5. KG mit *sollen* im Hauptsatz

Im konditionalen Hauptsatz kann *sollen* sowohl im Indikativ wie im Konjunktiv auftreten. In meinem Material gibt es sechs *sollen*-Belege mit direktiver Lesart. Zu der indikativischen Gebrauchsweise sagt die DUDENGRAMMATIK (1998:97), daß sie allgemein (Auf)forderung ausdrückt, wie das im folgenden Beispiel der Fall ist:

(5.1) Wenn man das will, was mit dem Plan bezweckt wird, nämlich Gewinnabschöpfung und Umverteilung, so soll man das Kind beim Namen nennen: eine Sonderertragssteuer für (Groß-)Unternehmen. (LIM/LI1.00361)

Für den an diesem Beleg illustrierten Konstruktionstyp lässt sich m.E. eine Bedingung-Folge-Relation rekonstruieren. In (5.1) ist das vorgestellte Zutreffen des Wollens Bedingung für das vorgestellte Zutreffen des Sollens. Auf einer anderen Ebene ist das Wollen zusammen mit der Proposition im Relativsatz mit dem Attribut Voraussetzung für die Gültigkeit der Aufforderung: "Nenne das Kind beim Namen".

Das Modalverb in (5.1) fungiert als illokutiver Indikator, d.h. die Direktivität kommt anders als etwa bei den *können*- und *müssen*-Direktiva (vgl. Kap. 3 und 4) nicht indirekt zum Ausdruck. Das soeben Gesagte gilt mutatis mutandis auch für (5.2):

(5.2) Wenn Sie Europas Chancen zu Ihren eigenen machen wollen, sollten Sie mit uns über europäische Kapitalanlagen sprechen [...] (Spiegel)

Die für (5.1) und (5.2) vorgetragene Analyse ist ferner bei (5.3) durchführbar, auch wenn der hier auftretende *wenn*-Satz kein Modalverb enthält. Vereinfacht ausgedrückt: Das Zutreffen von 'die Haare nicht gleich lang sein' ist Bedingung für das Sollen, und dieses ist eng mit dem Spitzenpapier-Nehmen verbunden, zu dem direkt geraten wird.

(5.3) Auch hier sollten Sie Spitzenpapier nehmen, wenn die Haare nicht gleich lang sind. LIM/LI1.00060

Auch bei den *sollen*-Direktiva gibt es natürlich eine Abstufung des Stärkegrades. Beispielsweise bei (5.1) würde ich von einer Aufforderung sprechen, bei (5.3) dagegen von einem Ratschlag; zur Unterscheidungsgrundlage vgl. die Feststellung von WUNDERLICH (1976:276), bei der Aufforderung werde erwartet, "daß sie befolgt wird, beim Ratschlag, daß er berücksichtigt wird". Die Grenze ist aber nicht scharf; bei (5.2) ist eine klare Entscheidung kaum möglich. Der Konjunktiv II ist in der Tendenz gegenüber dem Indikativ Indiz für eine schwächere direktive Nuance – in Parallele zu den Verhältnissen bei *müssen* (s.o.).

Auf dem in Rede stehenden Konstruktionsgebiet begegnen, wie die angeführten Beispiele zeigen, die Abfolgen Hauptsatz – Nebensatz und Nebensatz – Hauptsatz. Im letzteren Fall treten im Material nur das integrative und das resumptive Serialisierungsmuster auf. Eine Umformung etwa von (5.2) in (5.4), d.h. Nicht-Integration, scheint nicht möglich zu sein:

(5.4) *Wenn sie Europas Chancen zu ihren eigenen machen wollen, sie sollten mit uns über europäische Kapitalanlagen sprechen [...] (Tendenz der Informantenurteile: Ablehnung)

Was die Variation der Serialisierungsmuster betrifft, ist festzustellen, daß für Gefüge mit *sollen* im Hauptsatz die Nicht-Integration im Material nicht belegt ist; mir liegen nur Belege für Integration und Resumption vor. Die Variation berührt die Bedingung-Folge-Beziehung nicht (diese liegt in allen obigen *sollen*-Belegen vor) und ist auch für Abstufungen in bezug auf die Stärke der direktiven Illokution nicht relevant.

6. KG mit indikativischem Finitum eines Vollverbs im Hauptsatz

Die deontische Modalität des Hauptsatzes der untersuchten Konstruktionen braucht nicht durch Modalverben oder die markierten Modusformen (Konjunktiv oder Imperativ) ausgedrückt zu werden. Direktiva von variablem Stärkegrad können auch in Bildungen mit dem unmarkierten Indikativ realisiert werden. In meinem Material finden sich vier Belege:

(6.1) Und wenn er Sie wieder fragt, dann bleibt es dabei: ich war bloß bei der Wehr-
macht. (Nazi 88)[3]

(6.2) Wenn Sie sie nicht ändern wollen, so bitte ich meinen Einspruch festzuhalten.
(LIM/LI1.00430)

(6.3) Wenn du jemals an das Schießeisen herankommst, schmeißt du es ins Wasser,
hörst du, Guschi? (LIM/LI1.00480)

In (6.1) wird die Aufforderung in der Form eines Deklarativsatzes realisiert, aber die
pragmatische Interpretation ist offensichtlich direktiver Natur. Bei einer Assertion wäre die Bedingung-Folge-Relation anzusetzen; hier scheidet diese Analyse aber deswegen aus, weil das im Hauptsatz genannte Aufrechterhalten eines Zustands keineswegs
aus dem vorgestellten Zutreffen des Nebensatz-Sachverhalts, dem Fragen, folgt. Der
Emittent fürchtet, daß das Eintreffen des Nebensatz-Sachverhalts das Gegenteil des
Sachverhalts im Hauptsatz herbeiführen könnte, und äußert die Aufforderung, um dieser unerwünschten Änderung des Zustandes vorzubeugen. Hier kann die Wahl des
Ausdrucks *es bleibt dabei* als Indikator für Direktivität angesehen werden, d.h. das lexikalische Material spielt eine entscheidende Rolle bei der Interpretation. Dies gilt
nicht zuletzt bei (6.2), wo das performativ gebrauchte Verb *bitten* die Deutung als Bitte
explizit macht. Hier liegt ebenfalls ein Validierungskonditional vor, indem das vorgestellte Nicht-Ändern-Wollen im *wenn*-Satz die Bitte gültig macht. Auch in (6.3) ist das
lexikalische Material für die genaue Interpretation der Direktivität von Bedeutung. Einerseits tritt der Hauptsatz als Deklarativsatz mit Indikativ auf – der Indikativ hat hier
eine stärkere direktive Wirkung als der Imperativ –, was eine Deutung als Befehl nahelegt; der Emittent läßt dem Rezipienten keine Optionen – die Waffe ist einfach ins
Wasser zu schmeißen. Hinzu kommt noch der Zusatz *hörst du, Guschi*, der den Be-
fehlscharakter noch eindeutiger macht. Hier wirkt also ein außerhalb des Konditionalgefüges befindliches lexikalisches Element auf die genaue pragmatische Interpretation
ein.

7. KG mit Fragesatz als Hauptsatz

In den bisher behandelten Konditionalgefügen wurde die Illokution durch Deklarativ-
sätze mit Indikativ und Konjunktiv oder durch Imperativsätze realisiert. Direktiva
kommen aber im Deutschen auch häufig durch Fragesätze zum Ausdruck, vgl. z.B.
Reichst du mir bitte das Salz? In meinem Material gibt es zwei Belege mit Fragesatz +
wenn-Satz:

(7.1) Rissa, Liebes, wenn du zur Toilette gehst, guckst du, ob das wirklich der Baselitz
ist? (Noir 107)

---

3   Der Sprecher ist ein nach dem Krieg untergetauchter SS-Mann, der eine Legende als
    Wehrmachtssoldat aufzubauen versucht. Bei (6.1) geht es darum, daß im Falle einer Be-
    fragung durch Dritte seine Version mit der der Hörerin im Einklang sein muß.

(7.2) Wenn du doch gehst, kannst du versuchen, mich da rauszuhalten? (Tötet 150)

Eine Bedingung-Folge-Beziehung scheidet in (7.1) und (7.2) aus, da das Gehen nicht als das Gucken in (7.1) oder das Raushalten in (7.2) implizierend angesehen werden kann. Vielmehr macht das vorgestellte Zutreffen des Nebensatz-Sachverhalts die Aufforderung gültig. Es liegen hier reine Validierungskonditionale vor; im Unterschied zu einigen der oben behandelten Direktiva mit Modalverb im Hauptsatz ist kein zusätzliches Bedingung-Folge-Verhältnis anzusetzen. Insofern ist der in diesem Abschnitt behandelte Konstruktionstyp durch eine einfachere semantisch-pragmatische Struktur gekennzeichnet.

Die Fragesätze in (7.1) und (7.2) drücken mehr als nur eine Frage aus. Der Rezipient kann auf die Äußerung, wenn er sich kooperativ verhalten will, nicht in der Weise reagieren, daß er dem Emittenten etwa eine Auskunft erteilt oder mit dem Kopf nickt, er muß vielmehr eine Handlung vollziehen bzw. unterlassen, um der im Fragesatz ausgedrückten Aufforderung zu entsprechen. Dies würde WUNDERLICH (1976) bedingte Aufforderungen nennen. Die Hauptsätze in (7.1) und (7.2) lassen sich leicht mit Imperativsätzen paraphrasieren:

(7.3) Rissa, Liebes, wenn du zur Toilette gehst, guck (mal)[4], ob das wirklich der Baselitz ist!

(7.4) Wenn du doch gehst, versuche, mich da rauszuhalten!

Die illokutive Kraft hat sich durch die Umformung in (7.3) und (7.4) nicht wesentlich geändert. In allen Fällen werden Aufforderungen realisiert, in den beiden Originalbelegen allerdings verkappte. Mit dem Gebrauch eines Fragesatzes bezweckt der Emittent, den dringlichen Charakter der Aufforderung herunterzuspielen, möglicherweise, um einen Gesichtsverlust auszuschließen (vgl. WUNDERLICH 1984:112); der Rezipient wird gefragt, ob er etwas tun kann bzw. will, statt das Gefühl vermittelt zu bekommen, daß er manipuliert wird. Dabei ist zu beachten, daß solche Fragen durchaus Scheinfragen sein können, indem ihnen der genannte direktive Charakter anhaftet.

8. KG mit verblosem Hauptsatz

Konditionale Hauptsätze sind auch ohne (finites) Verb anzutreffen; in meinem Material gibt es vier solche Belege. Daß kein Verb auftritt, kann darauf zurückzuführen sein, daß der Sprecher es für unnötig hält, ein schon im *wenn*-Satz geäußertes Verb im Hauptsatz zu wiederholen, wie das anscheinend in (8.1) der Fall ist, oder die Äußerung kann bündiger werden, wie in (8.2):

(8.1) Wenn Sie Ihr Kind schlagen müssen, dann bitte zu Hause. (Tötet 92)

---

4   Die Modalpartikel *mal* "modifiziert die Illokution vom Befehl zur höflichen Aufforderung und Bitte" (HELBIG 1994:175). Die Partikel wird hier deshalb eingefügt, weil sie regelmäßig in imperativischen Aufforderungen mit dem Verb *gucken* auftritt.

(8.2) Wenn Sie unbedingt darauf bestehen, meine Karte sehen zu wollen – bitte! (LIM/LI1.00127)

(8.3) Wenn Sie mir was anzubieten haben, dann los. (Vater 48)

(8.4) Aber wenn man so was anzettelt, dann richtig! (LIM/LI1.00003)

Daß wir es hier mit Direktiva zu tun haben, liegt auf der Hand. Ebenso klar ist, daß kein Bedingung-Folge-Verhältnis vorliegt. Allen Belegen ist gemeinsam, daß das vorgestellte Zutreffen des Sachverhalts im Nebensatz die Gültigkeit der jeweiligen Illokution involviert. Es liegen mit anderen Worten Validierungskonditionale vor.

Im illustrierten Konstruktionstyp scheidet aus natürlichen Gründen das Serialisierungsmuster mit finitem Verb in Anfangsposition des Hauptsatzes aus. Hinter dem *wenn*-Satz muß eine intonatorische Zäsur eingelegt werden. Das in den obigen Beispielen vorliegende Muster ist das der Resumption mit dem Korrelat *dann*, das nicht weglaßbar ist. Die Abfolge Hauptsatz – Nebensatz scheidet bei dem in Rede stehenden Konstruktionstyp offenbar aus. Die Serialisierung ist so erstarrt, daß sich aus ihr von vornherein keine Aussagekraft für etwaige Differenzierungen in der Stärke der Illokution ergeben kann. Wichtig scheint vor allem das lexikalische Material zu sein. So legt die Partikel *bitte* in (8.1) und (8.2) die Lesart auf [+direktiv] fest, genau wie *los* in (8.3) eindeutig direktiv ist (DUDEN-WÖRTERBUCH 1994: s.v. *los*). In (8.2) wie auch in (8.4) spricht die durch das Ausrufezeichen gekennzeichnete Intonation für die direktive Interpretation.

9. Zusammenfassung

In der bisherigen Literatur hat man gemeinhin zwischen prototypischen Konditionalgefügen und Relevanzkonditionalen differenziert, wobei dem letzteren Typ pragmatisch ziemlich unterschiedliche Bildungen zugeordnet wurden. Dazu gehören die hier als Validierungskonditionale bezeichneten Konstruktionen, deren semantisch-pragmatische Eigenart bisher kaum beachtet worden ist. Sie weisen Charakteristika auf, die es m.E. nahelegen, einen eigenen Typ von Konditionalgefügen anzusetzen.

Von den prototypischen Konditionalgefügen unterscheiden sich die Validierungskonditionale dadurch, daß das vorgestellte Zutreffen des Nebensatz-Sachverhalts nicht das vorgestellte Zutreffen des Hauptsatz-Sachverhalts impliziert, sondern als Voraussetzung für die Gültigkeit der im Hauptsatz ausgedrückten Illokution dient.

Aus der heterogenen Gruppe der bisherigen Relevanzkonditionale habe ich die Validierungskonditionale als eigenen Typ ausgesondert, ohne den Rest der nicht-prototypischen Konditionalgefüge näher zu beschreiben. Wenn man die Validierungskonditionale als eigenständigen Typ etabliert, läßt sich der Begriff Relevanzkonditional etwas enger fassen und dahingehend charakterisieren, daß "der NS nicht die Bedingung für das Zutreffen des HS-Sachverhaltes [...], sondern für dessen Äußerung" angibt (WE-GENER 2000:42).

Einen Sondertyp von Validierungskonditionalen bilden Konstruktionen mit dem Modalverb *sollen* im Hauptsatz, wo a) die durch *sollen* ausgedrückte Modalität im Hauptsatz vom vorgestellten Zutreffen eines Sachverhalts im *wenn*-Satz bedingt wird und b) das vorgestellte Zutreffen eines Sachverhalts die im Hauptsatz ausgedrückte Illokution validiert. Diese Bildungen sind insofern hybrider Natur, als sie Eigenschaften des prototypischen Konditionalgefüges und solche des Validierungskonditionals aufweisen.

Die Variation der Serialisierungsmuster gibt nach meinen Befunden für die Unterscheidung zwischen Konditionalgefügen mit und ohne Bedingung-Folge-Verhältnis weniger her als etwa von KLEIN (1993) angenommen. So können Konditionalgefüge mit Nicht-Integration durch die Bedingung-Folge-Relation gekennzeichnet sein, während integrative bzw. resumptive Gefüge auch Relevanz- resp. Validierungskonditionale sein können. Ferner ist die Variation der Serialisierungsmuster kein geeignetes Kriterium für die Illokutionsfixierung oder für die Unterteilung der Illokutionen nach dem Stärkegrad etwa in Befehl, Aufforderung und Ratschlag. Viel wichtiger für die Illokutionsfixierung und die Bestimmung der Stärkegrade der Illokutionstypen scheinen die Modusvariation, der Gebrauch von Modalverben als illokutive Indikatoren sowie die lexikalische Ausgestaltung bestimmter Satzglieder zu sein.

Literatur

Wissenschaftliche Literatur

Brandt, Margareta, 1990. *Weiterführende Nebensätze. Zu ihrer Syntax, Semantik und Pragmatik.* Stockholm: Almquist & Wiksell (= *Lunder germanistische Forschungen* 57).

Dudengrammatik, 1998[2]. *Grammatik der deutschen Gegenwartssprache.* Mannheim etc.: Dudenverlag (= *Der Duden* 4).

Duden-Wörterbuch, 1996[3]: *Duden Deutsches Universalwörterbuch.* Mannheim etc.: Bibliographisches Institut / F.A. Brockhaus.

Glas, Reinhold, 1975. Das LIMAS-Korpus, ein Textkorpus für die deutsche Gegenwartssprache. *Linguistische Berichte* 40:63-66.

Günthner, Susanne, 1999. *wenn*-Sätze im Vor-Vorfeld: Ihre Formen und Funktionen in der gesprochenen Sprache. *Deutsche Sprache* 27, Heft 3:209–235.

Helbig, Gerhard, 1994[3]. *Lexikon deutscher Partikeln.* Leipzig etc.: Langenscheidt.

Hermodsson, Lars, 1978. *Semantische Strukturen der Satzgefüge im kausalen und konditionalen Bereich.* Stockholm: Amquist & Wiksell (= *Studia Germanistica Upsaliensia* 18).

Kaufmann, Gerhard, 1975[2]. *Das konjunktivische Bedingungsgefüge im heutigen Deutsch.* Tübingen: Gunter Narr (= *Institut für deutsche Sprache, Forschungsberichte* 12).

Klein, Eberhard, 1993. Konditionalsätze und ihre pragmatischen Funktionen im Deutschen, Englischen und Französischen. In: Darski, J./Vetulani, Z. (eds.). *Sprache – Kommunikation – Informatik. Akten des 26. linguistischen Kolloquiums.* Tübingen: Niemeyer (= *Linguistische Arbeiten* 294), 431-436.

König, Ekkehard/Van der Auwera, Johan, 1988. Clause integration in German and Dutch conditionals, concessive conditionals, and concessives. In: Haiman, J./Thompson, S.A. (eds.) *Clause combining in grammar and discourse.* Amsterdam/Philadelphia: Benjamins (= *Typological Studies in Language* 18), 101-133.

Köpcke, Klaus-Michael/Panther, Klaus-Uwe, 1989. On correlations between word order and pragmatic functions of conditional sentences in German. *Journal of Pragmatics* 13:685-711.

Metschkowa-Atanassowa, Szdravka, 1983. *Temporale und konditionale "wenn"-Sätze. Untersuchungen zu ihrer Abgrenzung und Typologie.* Düsseldorf: Pädagogischer Verlag Schwann-Bagel (= *Sprache der Gegenwart* 58).

Peyer, Ann, 1997. *Satzverknüpfung – syntaktische und textpragmatische Aspekte.* Tübingen: Niemeyer (= *Reihe Germanistische Linguistik* 178).

Stalnaker, Richard, 1975. A Theory of Conditionals. In: Sosa, E. (ed.). *Causation and Conditionals.* London: Oxford University Press (= *Oxford Readings in Philosophy* 1975), 165-179.

Van der Auwera, Johan, 1986. Conditionals and Speech Acts. In: Closs Traugott, E. et al. (eds.). *On Conditionals.* Cambridge etc.: Cambridge University Press, 197-214.

Wegener, Heide, 2000. Koordination und Subordination – semantische und pragmatische Unterschiede. In: Lefèvre, M. (ed.). *Subordination in Syntax, Semantik und Textlinguistik.* Tübingen: Stauffenburg Verlag Brigitte Narr (= *Eurogermanistik* 15), 33-44.

Wunderlich, Dieter, 1976. *Studien zur Sprechakttheorie.* Frankfurt am Main: Suhrkamp Taschenbuch Verlag.

Wunderlich, Dieter, 1984. Was sind Aufforderungssätze? In: Stickel, G. (ed.). *Pragmatik in der Grammatik. Jahrbuch 1983 des Instituts für Deutsche Sprache.* Düsseldorf: Schwann (= *Sprache der Gegenwart* 60), 92–117.

Zifonun, Gisela et al., 1997. *Grammatik der deutschen Sprache*, 3 Bde. Berlinetc.: Walter de Gruyter (= *Schriften des Instituts für Deutsche Sprache* 7.1–3).

Belegquellen

(Kurztitel in Klammern hinter den bibliographischen Angaben.)

a) Romane, Hörspiele und Zeitschriften

Balke, Bärbel/Dorn, Thea/Goyke, Frank/Lau, Heiner/Wille, Carl, 1997. *Berlin Noir.* Berlin: Rotbuch Verlag. (= Noir)

Böldl, Klaus, 1997. *Studie in Kristallbildung. Roman.* Frankfurt a.M.: Fischer Taschenbuch Verlag. (= Studie)

Bergmann, Wolfgang, 1994. *Vater Mutter Tod.* Berlin: Schwarzkopf & Schwarzkopf Verlag. (Vater)

Der Spiegel 10/3.3.97. (= Spiegel)

Dorn, Thea, 1996[3]. *Berliner Aufklärung.* (O.O.): Rotbuch Verlag. (= Aufkl.)

Frisch, Max (1976): Rip van Winkle. In: Mayer, Hans (ed.). *Max Frisch. Gesammelte Werke in zeitlicher Folge.* Band III. Frankfurt a.M.: Edition Suhrkamp. 781-866. (= Rip)

Goyke, Frank, 1994. *Ruf doch mal an.* Berlin: Edition Monade. (= Ruf)

Hilsenrath, Edgar, 1994[3]. *Der Nazi & der Friseur.* Köln: Piper Verlag. (= Nazi)

Horváth, Ödön von, 1986. *Geschichten aus dem Wiener Wald.* Frankfurt a.M.: Suhrkamp Taschenbuch Verlag. (= Geschichten)

Köhler, Jörg, 1993. *Tötet Jack Daniels!* Berlin: Edition Monade. (= Tötet)

Kurbjuweit, Dirk, 1995. *Die Einsamkeit der Krokodile. Roman.* Frankfurt a.M.: Fischer Taschenbuch Verlag. (= Krokodil)

Mand, Andreas, 1997. *Das rote Schiff. Die Paul Schade-Bände III.* Roman. Berlin: Ullstein Buchverlage. (= Schiff)

Martin, Hansjörg, 1988. *Der Rest ist Sterben.* Reinbek bei Hamburg: Rowohlt Taschenbuch Verlag. (= Sterben)

b) LIMAS-Korpus (LIM)

Oddleif Leirbukt

Um zwei Uhr hätte unsere Schicht begonnen haben sollen.
Über Bildungen des Typs Modalverb im Konjunktiv Plusquamperfekt + Infinitiv II[1]

Gegenstand des vorliegenden Aufsatzes sind konjunktivische Modalverbfügungen mit Infinitiv II (Infinitiv Perfekt), wie sie in der Überschrift illustriert sind. Diese Bildungen, die hier von ihren verbalen Elementen her formal eingegrenzt werden, sind hinsichtlich ihrer Zeitbedeutung ganz grob dahingehend zu charakterisieren, daß das durch den Infinitiv bezeichnete Ereignis (Handlung, Vorgang oder Zustand) in der Vergangenheit oder in der Zukunft angesiedelt ist und die durch die Modalverbform ausgedrückte Modalität ebenfalls eine variable temporale Situierung zeigt. Das in der Überschrift angeführte Beispiel ist so zu verstehen, daß der Sachverhalt des Beginnens (oder Begonnen-Habens) wie auch die Modalität des Sollens in der Vergangenheit liegt. In der nachstehenden Konstruktion dagegen, für die ich keinen Originalbeleg anführen kann, die aber nach übereinstimmenden Angaben mehrerer befragter Informanten[2] bildbar ist, beziehen sich das Erledigt-Haben und das Können auf die Zukunft:

(1) Schade, daß Petra nicht mitmacht. Sonst hätten wir bis Ende Mai das meiste erledigt haben können.

Die hier interessierenden Fügungen haben – wie gleich gezeigt werden soll – in der Literatur wenig Aufmerksamkeit gefunden, sind aber unter sprachsystematischem Gesichtspunkt insofern interessant, als sie spezifische semantische Nuancierungen leisten. Das gilt etwa für das zuletzt angeführte Beispiel gegenüber dem einfacheren mit Infinitiv I (Infinitiv Präsens): *Sonst hätten wir bis Ende Mai das meiste erledigen können.* Die Abgeschlossenheit des Erledigens, die offenbar mit dem Auftreten des Partizips Perfekt als Bestandteil des Infinitivs II zusammenhängt, kommt bei Wahl des Infinitivs I nicht mehr zum Ausdruck.

---

1   Für hilfreiche Kritik an der Rohfassung dieses Beitrags sowie für die Bildung und/oder Analyse wichtiger Beispiele bin ich Bernhard Engelen und für die Diskussion allgemeinerer Fragen der Aspektualität sowie zahlreicher zum Untersuchungsbereich gehörender Beispiele Jörg Riecke zu besonderem Dank verpflichtet. Für ein paar kritische Bemerkungen allgemeinerer Art habe ich auch Cathrine Fabricius-Hansen zu danken.

2   Alle in dieser Arbeit angeführten Beispiele ohne Quellenangabe stammen von Informanten oder sind von mir gebildet und von Informanten auf ihre Akzeptabilität hin geprüft worden. Für diese Hilfe sei den betreffenden Sprachteilhabern, die mit Ausnahme der in Anm. 1 erwähnten deutschen Kollegen hier nicht namentlich zu nennen sind, herzlich gedankt. Befragt wurden nur linguistisch geschulte Personen, und zwar aus der Überlegung heraus, daß nur solche Informanten zwischen deskriptiver und präskriptiver Grammatik zu unterscheiden vermögen – eine Fähigkeit, die für die Klärung empirischer Fragestellungen dieser Untersuchung essentiell ist.

1. Zum Stand der Forschung

Im Grimmschen Wörterbuch (GRIMM/GRIMM 1905:Sp. 1468) gilt folgendes als "pleonastische ausdrucksweise" (Beleg aus Lessings "Emilia Galotti"):

(2) du hättest mir das sogleich sollen gemeldet haben

Dieses Beispiel wird (ebd.) der offenbar als nicht-pleonastisch betrachteten Fügung *hättest melden sollen* gegenübergestellt. Die Frage, ob das Auftreten der komplexeren Bildung eventuell Bedeutungsvariation involviert, bleibt unerörtert, was mit der Pleonasmus-Interpretation zusammenhängen könnte.

Anhand des Belegs

(3) Wissen Sie, was man mit Ihnen hätte gemacht haben sollen, als Sie ein Baby waren?

verweist ALDENHOFF (1962:215) auf das Vorkommen des sog. Ersatzinfinitivs der Modalverben auch bei deren Verbindung mit dem Infinitiv II, "genau wie in der üblicheren Wendung mit dem Inf. Präsens: ... hätte machen sollen". Auf die Frage, ob und wieweit mit dem Wechsel von Infinitiv I und Infinitiv II bei Modalverb im Konjunktiv Plusquamperfekt Bedeutungsunterschiede verbunden sein können, geht auch ALDENHOFF nicht ein.

Diese Problematik wird dagegen im Jahre 1959 (anläßlich einer Leser-Anfrage) von einem namentlich nicht genannten Mitarbeiter der Zeitschrift "Sprachpflege" berührt, wobei zwei Beispiele für Konjunktiv Plusquamperfekt + Infinitiv II zur Sprache kommen. Der als Ausgangspunkt der semantischen Analyse dienende Satz (ANONYMUS 1959:195):

(4) Er hätte zur Sache beitragen können.

wird folgendermaßen erläutert (Hervorhebungen im Original): "Die Form drückt auf der *Vergangenheitsstufe* die nichtgebrauchte Möglichkeit der Teilnahme an einer *ablaufenden* Handlung aus." Damit wird (5) kontrastiert:

(5) Er hätte zur Sache beigetragen haben können.

Für diesen Satz wird folgende Paraphrase gegeben (ebd., Hervorhebungen im Original vernachlässigt): 'Es wäre (ihm sehr wohl) möglich gewesen, daß er zur Sache beigetragen hätte.' Daran schließt sich folgende Erläuterung an (ebd., Hervorhebungen im Original): "Die Form drückt auf der Vergangenheitsstufe die *nichtgebrauchte* Möglichkeit der Teilnahme an einer *vollendeten* Handlung aus." Das nachstehende Passiv-Beispiel (das etwas konstruiert wirkt) erfährt eine entsprechende Deutung (ebd., Hervorhebungen im Original vernachlässigt): 'Es wäre sehr wohl möglich gewesen, daß die Arbeit gestern gemacht worden wäre.'

(6) Die Arbeit hätte gestern gemacht worden sein können.

Die zitierte Paraphrase bezieht *gestern* auf das vorgestellte Erledigen der Arbeit, das offenbar direkt von der Sprechzeit her als vorzeitig bestimmt wird, und für die Möglichkeit wird anscheinend dieselbe Situierung angenommen. Entsprechendes scheint für die Analyse von (5) zu gelten.

Die bislang ausführlichsten Angaben zu unseren Modalverbsyntagmen finden sich bei LITVINOV/RADČENKO (1998). Unter Rekurs auf die Darstellung von FOLSOM (1966:29f.), der sich auf die formale Struktur dieser Bildungen konzentriert und ihre Semantik nicht beschreibt, belegen die beiden Autoren nicht nur das Auftreten von *können, müssen, sollen, dürfen* und *wollen*, sondern auch – anhand von (9) – das Vorkommen des Fügungstyps im Bereich des Passivs (1998:154). An dieser Stelle seien auch Belege für *dürfen* und *wollen* herangezogen (LITVINOV/RADČENKO 1998:153):

(7) Euer zweites, nachträgliches Angebot mit dem Paperback-Band, was mich sehr reizt, ist eben zu spät gekommen, ich hätte dann mit dem Aufbau[-Verlag] nicht schon verhandelt haben dürfen.

(8) Merkwürdigerweise haben mir deine kleinen Geschichten, obwohl sie manche Hemingwaysche Wendung enthalten, fast alle gut gefallen. Von denen hätte ich [...] fast jede selber gemacht haben wollen.

(9) Wann aber war das? Wären damals nur vierzehn Jahre verflossen gewesen, so hätten in diesen vierzehn, richtiger: in den letzten sieben davon, alle zwölf Kinder, einschließlich Dinas und Josephs und nur ausschließlich Benjamins, ihm müssen geschenkt worden sein [...]

Die Autoren setzen für das infinitivisch ausgedrückte Ereignis eine grundsätzliche Differenzierung "vorzeitig" vs. "resultativ" an. Das letztere Bedeutungsmoment wird an (10) illustriert (LITVINOV/RADČENKO 1998:154), ohne daß das Verhältnis von Vorzeitigkeit und Resultativität in diesem und den (neun) vorangehenden Belegen für Modalverb im Konj. Plusq. + Infinitiv II (1998:153) eine nähere Erörterung erfährt; so bleibt unklar, welche Relevanz dieser Distinktion für die semantische Beschreibung solcher Bildungen zukommt.

(10) Wieviel Gläser [...] hätte er getrunken haben müssen, um einen solchen Satz richtig sagen zu können?

Bei LITVINOV/RADČENKO wird die offensichtlich unterschiedliche Bedeutung der Vollverben, die in ihren Belegen für den in Rede stehenden Fügungstyp auftreten, nicht kommentiert; damit könnte zusammenhängen, daß sie die Frage nicht stellen, ob und wieweit in ihrem Material differente, eventuell durch die Art des Vollverbs (mit) bestimmte Untertypen anzusetzen sind. So bleibt z.B. unbeachtet, daß ein Beispiel wie das folgende (das mit dem oben aus dem Deutschen Wörterbuch zitierten *sollen*-Beispiel vergleichbar scheint) in bezug auf die zeitliche Situierung der im Infinitiv genannten Handlung von (10) nicht unwesentlich abweicht (hier wäre *dabei gewesen sein* mit *dabei sein* zeitreferentiell gleichwertig):

(11) Gert hätte bei dieser Besprechung dabei gewesen sein müssen. Er hat besser reden können als du. (Beleg von LITVINOV/RADČENKO 1998:153)

Auf die Art des Modalverbgebrauchs in den fraglichen Bildungen (z.B. die Differenzierung "subjektiv"/"objektiv") gehen LITVINOV/RADČENKO nicht ein, und für die Modalität (Bezeichnung der Autoren: "modale Einstellung") wird anscheinend nur Vergangenheitsbezug angenommen (1998:154); die mögliche Zukunftsreferenz – wie sie etwa in (1) vorliegt – bleibt unerwähnt.

Syntagmen vom Typ Modalverb im Konj. Plusq. + Infinitiv II sind nach LITVINOV/ RADČENKO (ebd.) "ihrer Bildung nach zweifellos den DPF [doppelten Perfektformen] verwandt, aber nicht mit diesen identisch". In diesem Zusammenhang weisen die Autoren – unter Anführung von (9) – darauf hin, daß die deutschen DPF anders als die ersteren Bildungen nicht im Passivbereich vorkommen. Nähere Angaben zu Gemeinsamkeiten bzw. Unterschieden werden nicht gemacht.

Interessante Hinweise zu *wollen* als Ausdruck der Redewiedergabe finden sich bei ENGELEN (1973). Ohne auf die zeitliche Situierung des infinitivisch ausgedrückten Ereignisses explizit einzugehen (sie wird nur per Paraphrase angedeutet), bildet er zwei komplizierte Beispiele für *wollen* in "Tertiäräußerungen", von denen eines hier zitiert sei (ENGELEN 1973:57):

(12) Er hat doch tatsächlich behauptet, du hättest zu dem fraglichen Zeitpunkt in London gewesen sein wollen.

Dieses Beispiel umschreibt ENGELEN (ebd.) mit 'Er hat behauptet, du hättest behauptet, du seist zu dem fraglichen Zeitpunkt in London gewesen.' Daran wird deutlich, daß das In-London-Sein der Äußerung der angeredeten Person vorausliegt.

Die Sichtung der bisherigen Darstellungen, in denen der Syntagmentyp Modalverb im Konj. Plusq. + Infinitiv II zur Sprache kommt, ergibt, daß seine semantischen Eigenschaften nicht hinreichend genau untersucht sind. Allgemein läßt sich zunächst feststellen, daß über die Art der im Infinitiv II vorkommenden Vollverben keine Klarheit besteht. Ferner ist das durch diesen Infinitiv ausgedrückte Ereignis als "vollendet" charakterisiert und einem "ablaufenden", durch den einfachen Infinitiv angezeigten Ereignis gegenübergestellt worden, ohne daß der Charakter dieser Vollendetheit geklärt wäre; unklar ist z.B., wieweit die genaue Ausprägung dieser Eigenschaft mit der Art des im Infinitiv II begegnenden Vollverbs im Zusammenhang steht.

Der in Rede stehende Fügungstyp ist in der Literatur durchweg an Beispielen mit Vergangenheitsbedeutung veranschaulicht worden. Die Möglichkeit des Zukunftsbezugs, wie sie am Beispiel (1) illustriert wurde, hat m.W. in keiner der bisherigen Darstellungen Erwähnung gefunden.

Die Verwendungsweise der in den hier interessierenden Bildungen begegnenden Modalverben ist in der bisherigen Forschung nicht genau untersucht worden, und dasselbe gilt für die zeitliche Lokalisierung der Modalität.

2. Problemstellung

1. Bezüglich der allgemeinen zeitlichen Struktur des Syntagmas Konj. Plusq. + Infinitiv II stellen sich folgende Fragen: Welcher Zeitbezug ist für die Komponenten Modalverbform und Infinitiv anzusetzen? Lassen sich auf temporaler Basis Untertypen des Syntagmas – fortan: "Fügungsvarianten" – aufstellen?
2. Welche Vollverbtypen treten im Infinitiv II auf? Gibt es Zusammenhänge zwischen der Art des Vollverbs und eventuell zu etablierenden Fügungsvarianten?
3. Welche Modalverben werden mit dem Infinitiv II verbunden, und welche Verwendungsweisen sind anzutreffen?
4. Inwiefern lassen sich Charakteristika der zu untersuchenden Bildungen mit allgemeinen Regularitäten des Deutschen hinsichtlich der Bedeutungsdifferenzierung im temporalen Bereich in Verbindung bringen? In welcher Hinsicht bestehen Parallelitäten zu doppelt zusammengesetzten Konjunktivformen des Typs *hätte erledigt gehabt*?

3. Allgemeines über die Temporalität der Modalverbfügungen und deren Klassifizierung

Zur Erfassung der zeitlichen Bedeutung unserer Modalverbfügungen muß man natürlich sowohl den Beitrag der Modalverbform als auch den des Infinitivs II berücksichtigen. Bei der temporalen Analyse der Modalverbformen muß zunächst dem Umstand Rechnung getragen werden, daß die objektive Modalität anders beschaffen ist als die subjektive: Etwa bei Gebrauch von *müssen* als Ausdruck einer Annahme ist diese bekanntlich im Prinzip an die Sprechzeit gebunden (im Unterschied zum Sachverhalt, auf den sie sich bezieht), während die durch dieses Verb anzeigbare objektive Notwendigkeit z.B. in der Vergangenheit oder in der Zukunft angesiedelt werden kann.[3] Für den zukunftsbezogenen Konj. Plusq. des objektiv verwendeten Modalverbs unserer Fügungen ist generell anzunehmen, daß er derselben Vorkommensbedingung unterliegt wie bei seiner Verbindung mit Infinitiv I: Es muß im Kontext ein Sachverhalt vorliegen, der die Kontrafaktizität determiniert. Diese Funktion erfüllt beispielsweise in (1) das als Tatsache verstandene Nicht-Mitmachen der betreffenden Person (Weiteres zum zukunftsbezogenen Konj. Plusq. in kontrafaktischem Gebrauch bei LEIRBUKT 1991).

Die durch den Infinitiv der zu untersuchenden Modalverbsyntagmen bezeichneten Ereignisse liegen in der Vergangenheit oder in der Zukunft. Eine Lokalisierung in der Gegenwart scheidet aus, was vermutlich auf die Kombination zweier Faktoren zurück-

---

3 Der Terminus "Sprechzeit" bezieht sich in dieser Arbeit auf das sog. Autoren-Jetzt. Bei Berücksichtigung des sog. Figuren-Jetzt kann man mit Annahmen in der Vergangenheit (etwa im Rahmen erlebter Rede) rechnen. Davon wird hier und im folgenden abgesehen.

zuführen ist: Die Gegenwartsbedeutung kann beim Konj. Plusq. überhaupt selten (nur unter besonderen Kontextbedingungen) Ausdruck finden, und das mit dem Partizip II aktivischer Bildungen verknüpfte Merkmal der Abgeschlossenheit dürfte ein weiteres Hindernis darstellen. Aufgrund dieses Bedeutungsmoments wird der Vergangenheitsbezug des Partizips II in aktivischen Bildungen generell als Standardinterpretation zu gelten haben, von der nur unter speziellen Bedingungen abgewichen wird.

Es soll nun versucht werden, auf der Grundlage ausgewählter temporaler Charakteristika der durch den Infinitiv II ausgedrückten Ereignisse Fügungsvarianten aufzustellen. Dabei müssen natürlich verschiedene mit ihm verbundene Größen mit einbezogen werden; daher seien hier unter der Bezeichnung "Infinitiv" bequemlichkeitshalber auch Syntagmen mit Infinitivform als Bestandteil subsumiert (etwa *das meiste erledigt haben*). Wird im folgenden auf die Infinitivform als solche Bezug genommen, findet der Terminus "Infinitiv II" (bzw. "Infinitiv I") Verwendung.

Bei der temporalen Beschreibung der durch den Infinitiv bezeichneten Ereignisse sollen die Sprechzeit und die variable Referenzzeit, die etwa in (1) – vgl. *bis Ende Mai* – nach ihr liegt, grundsätzlich voneinander unterschieden werden. Beide Intervalltypen dienen als Ausgangspunkt für die zeitliche Lokalisierung der durch den Infinitiv ausgedrückten Handlungen, Vorgänge oder Zustände und lassen sich unter dem Begriff Orientierungszeit zusammenfassen.[4] Auf eine nähere Diskussion der Begriffe Sprechzeit und Referenzzeit muß hier verzichtet werden (für eine Übersicht über unterschiedliche Begriffsfassungen vgl. FABRICIUS-HANSEN 1991).

Das Zusammenwirken verschiedener Faktoren der zeitlichen Situierung (einschließlich temporaler Adverbiale) sei zunächst an einem ambigen Beispiel mit transformativem Verb und sog. absolutem Zeitadverbial (vgl. etwa BREUER/DOROW 1996:36, mit Literatur) veranschaulicht, an dem zugleich deutlich wird, daß bei der Klassifizierung unserer Modalverbfügungen auch die Art des Vollverbs Berücksichtigung finden muß:

(13) Es ist jetzt Viertel nach. Und um zwei hätte unsere Schicht begonnen haben sollen.

Dieses Beispiel läßt die Deutung zu, daß *um zwei* eine in der Vergangenheit liegende Referenzzeit anzeigt, vor welcher der (vorgestellte) Beginn angesiedelt wird; es läßt sich aber auch so interpretieren, daß der Beginn auf die durch *um zwei* fixierte Zeit festgelegt wird.[5] Die erstere Lesart kann man durch Adverbiale wie *längst* oder *schon*

---

4 Diese Begriffsbildung beansprucht keine generelle Geltung; "Orientierungszeit" soll hier nur als ein handliches Etikett für die Konzepte Sprechzeit und Referenzzeit dienen, die für die temporale Analyse der interessierenden Modalverbfügungen von besonderer Relevanz sind.

5 Wir haben es hier mit einer Ambiguität zu tun, die auch beim Indikativ Plusquamperfekt transformativer Verben in Kombination mit absoluten Zeitadverbialen beobachtbar ist, wie u.a. FABRICIUS-HANSEN (1986) gezeigt hat. Für eine entsprechende Analyse von ambigen Beispielen wie *Er war gestern abgereist* und *Maria war um drei Uhr abgefahren* vgl. auch z.B. THIEROFF (1992:194f.) und BREUER/DOROW (1996:37f.).

längst verdeutlichen. Bei solcher Interpretation des Beispiels lassen sich die Sprechzeit, die Zeit des Beginns (als Zustandsveränderung) und die durch *um zwei* fixierte Zeit, der das Begonnen-Haben (als Nachzustand) zuzuordnen ist, als drei voneinander unterscheidbare Intervalle verstehen. Das durch den Infinitiv Ausgedrückte zerfällt hier, was natürlich mit dem transformativen Charakter des Vollverbs zu tun hat, in zwei Ereignisse: Zustandsveränderung und Nachzustand (zum Grundsätzlichen vgl. etwa KLEIN 1994). Dies hängt offenbar mit der Präsenz des Infinitivs II zusammen, der hinsichtlich der Thematisierbarkeit des zuständlichen Moments zu Perfektformen desselben Verbtyps (Beispiel: *Jetzt haben Sie das Problem gelöst*) eine systematische Verwandtschaft zeigt.

Bei der zweiten Deutung von (13) ist der Infinitiv II in rein zeitreferentieller Hinsicht mit dem hier auch möglichen Infinitiv I zu vergleichen und unterscheidet sich davon allein durch das Merkmal der Abgeschlossenheit: *begonnen haben* läßt sich bei dieser Lesart durch *beginnen* ersetzen, ohne daß sich die Relation des Geschehens zur Sprechzeit oder zu der durch das Adverbial angezeigten Zeit wesentlich ändert. Bei dieser Interpretation von (13) ist eine sprachliche Differenzierung von Zustandsveränderung und Nachzustand nicht mehr erkennbar.[6] Dieselbe Struktur liegt in (2) vor: Auch in diesem Beleg ist das durch das transformative Verb (*melden*) bezeichnete Ereignis ein einheitliches Ganzes. Derartige Modalverbsyntagmen seien hier als Typ I eingeordnet.

Als Typ II sollen solche Bildungen geführt werden, in denen ein durch den Infinitiv bezeichnetes Ereignis relativ zu einer vor der Sprechzeit angesiedelten Referenzzeit vorzeitig ist. Letztere wird durch ein Adverbial angezeigt oder ist dem Kontext (Kotext oder Situation) zu entnehmen. Von der – variablen – Art des Vollverbs hängt der genaue Charakter des durch den Infinitiv Ausgedrückten ab. Es ist in Bildungen mit nicht-transformativem Verb ein Ereignis, das zur Gänze vor der Referenzzeit liegt, vgl. etwa Beispiel (12), wo das In-London-Sein der Zeit der Äußerung der angeredeten Person (als Referenzzeit) vorausgeht. Bei Transformativa liegt die Zustandsveränderung immer vor der Referenzzeit, während der Nachzustand etwas anders situiert sein kann (Weiteres in 4.2.).[7]

---

6 In diesem Zusammenhang sei darauf hingewiesen, daß die Unterscheidung von Zustandsveränderung und Nachzustand u.U. auch beim Indikativ Perfekt von Transformativa entfällt, nämlich in solchen Fällen, wo die Form grundsätzlich dieselbe Vergangenheitsbedeutung ausdrückt wie der Indikativ Präteritum.

7 Im Hinblick auf die Unterscheidbarkeit von Zustandsveränderung und Nachzustand bei den meisten Fügungen der Struktur Konj. Plusq. + transformatives Verb im Infinitiv II wäre es m.E. nicht unproblematisch, bei deren temporaler Analyse den in der Literatur gängigen Begriff Ereigniszeit anzuwenden und nur auf das erstere Ereignis zu beziehen (für eine entsprechende Herangehensweise bei der Beschreibung von indikativischen Plusquamperfektformen solcher Verben in bestimmten Kontexten vgl. etwa BREUER/DOROW 1996); man müßte strenggenommen mit zwei Ereigniszeiten operieren. Um diese deskriptive Komplikation zu vermeiden, charakterisiere ich im folgenden die unterschiedliche Lokalisierung von Zustandsveränderung und Nachzustand, ohne den Terminus "Er-

Hinzu kommt noch der in (1) und folgendem Beispiel illustrierte Fall, in dem ein obligatorisches Adverbial eine in der Zukunft angesiedelte Referenzzeit angibt; es handelt sich hier um Bildungen mit transformativem Verb:

(14) Glücklicherweise läßt uns der Chef mehr Zeit. Sonst hätten wir schon bis Ende nächster Woche diese Arbeit erledigt haben müssen.

In solchen Fällen dient die Sprechzeit als die erste Orientierungszeit. Beim Infinitiv kann man im Prinzip Zustandsveränderung und Nachzustand einander gegenüberstellen, wobei der Fokus auf letzterem zu liegen scheint. Die Zustandsveränderung ist relativ zur Referenzzeit vorzeitig, während der Nachzustand ihr vollständig vorausliegen oder partiell mit ihr zusammenfallen kann (Weiteres dazu in 4.3.). Das durch den Infinitiv Ausgedrückte wird m.a.W. von zwei Orientierungszeiten her lokalisiert, deren eine durch das obligatorische Adverbial Ausdruck findet. Die auf solcher Grundlage aufstellbare Fügungsvariante sei als Typ III eingeordnet.

Bei der nachstehenden Behandlung der Typen I–III sollen die lexikalisch-semantische, d.h. vom Vollverb her greifbare Aktionsart, die Situierung des Infinitivs relativ zur Sprechzeit und anderen temporalen Bezugspunkten sowie die Art und zeitliche Charakteristik der durch die Modalverbformen ausgedrückten Modalität näher besprochen werden.

Die aktionale Qualität des Infinitivs wurde schon oben unter Rückgriff auf die etwas grobe Unterscheidung "transformativ"/"nicht-transformativ" berührt. Als ganz generelle aktionsartbezogene Distinktion soll hier im Anschluß etwa an LEHMANN (1992:177) "telisch"/"atelisch" (vgl. auch "grenzbezogen"/"nicht-grenzbezogen" bei ANDERSSON 1972) zugrunde gelegt und zur genaueren Charakterisierung der Vollverben auf die Trias Transformativität – Kursivität – Intransformativität (FABRICIUS-HANSEN 1975) rekurriert werden. Es ist grundsätzlich davon auszugehen, daß diese Aktionsarten der jeweiligen Verbalphrase zukommen, auch wenn sie in starkem Maße von der lexikalisch-semantischen Spezifik des Vollverbs her determiniert sind. In verkürzter Redeweise wird in der vorliegenden Arbeit von telischen vs. atelischen sowie von transformativen, kursiven und intransformativen Verben (oder auch Transformativa, Kursiva und Intransformativa) gesprochen, d.h. auch dann, wenn es eigentlich um Eigenschaften von Verbalphrasen geht.

4. Genauere Beschreibung der Typen I–III

4.1. Charakteristika des Typs I
Der Infinitiv ist durch Telizität gekennzeichnet, wobei in aller Regel Transformativa auftreten; Intransformativa scheiden aus, und Kursiva kommen nur bei besonderer zeitlicher Eingrenzung des Ereignisses in Frage.

---

eigniszeit" zu benutzen. Das gilt auch für die temporale Analyse von Modalverbfügungen wie der in (14).

Der für Transformativa charakteristische Übergang eines Vorzustandes in einen Nachzustand ermöglicht bei Typ I eine temporale Begrenzung des durch den Infinitiv ausgedrückten Ereignisses (hier: Handlung oder Vorgang), die dessen Geschlossenheit und Zusammenfall mit der in der Vergangenheit liegenden Referenzzeit bedingen wird. Diese kann durch ein eigenes sprachliches Mittel (typischerweise ein Zeitadverbial) Ausdruck finden oder aus dem Kontext hervorgehen, vgl. z.B. (2). Eine Gegenüberstellung von Zustandsveränderung (Prozeß) und Nachzustand ist (wie schon in Abschnitt 3 festgestellt) bei Typ I nicht durchführbar; fokussiert wird eher ein Prozeß ohne Thematisierung eines Zustandes. Hier ein Beispiel mit *wollen*:

(15) Am 14. Mai war Fritz in einer sehr schwierigen Lage. Er hätte längst die wichtigste Arbeit erledigt haben wollen, es war aber eine Menge dazwischengekommen, und jetzt wollte der Chef plötzlich alle Unterlagen haben.

Neben Transformativa begegnen bei Typ I auch Kursiva wie *dabeisein* und *beitragen*. Im *dabeisein*-Beleg (11) und im *beitragen*-Beispiel (5) ist die Kursivität "aktzeitbegrenzt" im Sinne von FABRICIUS-HANSEN (1986:Kap. IV). Die zeitliche Eingrenzung des Ereignisses wird im ersteren Fall durch das Adverbial *bei dieser Besprechung* angezeigt, während sie im letzteren keinen solchen Ausdruck findet.

Der bei Typ I anzutreffende – immer objektive – Modalverbgebrauch zeigt relativ wenig Variation. Neben *wollen* als Ausdruck des eigenen Willens des Subjektsreferenten tritt *sollen* als Ausdruck eines fremden Willens (o.ä.) auf. Ferner begegnet *müssen*, das eine Notwendigkeit anzeigt, die bei dieser Fügungsvariante zumindest in der Tendenz ein Willensmoment mit einschließt, vgl. (11). Hinzu käme noch ein *können*, für das vom Kontext her eine gewisse volitive Nuance eruierbar wäre: Das *sehr wohl* in der in Abschnitt 1 zitierten Paraphrase von (5) scheint auf eine Forderung zu verweisen, die sich aus der vorliegenden Möglichkeit ableitet; die Möglichkeitsbedeutung des Modalverbs wird m.a.W. vom gegebenen Sprechakttyp her volitiv interpretiert. Zwischen dem volitiven Moment und der Tatsache, daß das durch den Infinitiv ausgedrückte Geschehen unter dem Blickwinkel des Abschlusses betrachtet wird, dürfte ein innerer Zusammenhang bestehen: Das Willensmoment wäre eine notwendige (aber nicht ausreichende) Bedingung für diese Perspektivierung des Geschehens (in ähnlicher Richtung ließen sich auch Bildungen mit präsentischem oder präteritalem *wollen* in volitivem Gebrauch + Infinitiv II deuten, s.u.).

Bei Typ I ist die Modalverbform auf Vergangenheitsbezug beschränkt. Die Modalität und das durch den Infinitiv ausgedrückte Ereignis überschneiden sich, wobei letzteres der Zeitspanne der Modalität nicht vorausliegen kann. Die temporale Gesamtstruktur von (13) in der prozessualen Interpretation (Beginn der Schicht um zwei Uhr) ließe sich wie in (16) skizzieren. Es seien folgende Symbole benutzt: "Y" = durch den Infinitiv ausgedrücktes Ereignis, "$\approx$" = Modalität, "RZ" = Referenzzeit, "S" = Sprechzeit.

(16) Und um zwei hätte unsere Schicht begonnen haben sollen.

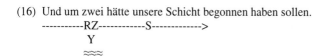

Hier fällt das für den Beginn geltende Intervall mit der Referenzzeit zusammen, wobei diese direkt von der Sprechzeit her lokalisierbar ist. Dieses Beispiel und (2) zeigen eine relativ einfache kontextuelle Einbettung. Eine komplexere Struktur weist (15) auf: Hier liegt eine erste, vor der Sprechzeit angesiedelte Referenzzeit vor, der eine zweite (durch *längst* indizierte) vorausgeht, mit der das Erledigen zusammenfällt. Dieses Ereignis wird, analog zum Melden in (2) und Beginnen in (16), prozessual gefaßt; ein Zustandsmoment ist nicht erkennbar. Für den Typ I, wie er in (15) vorliegt, wäre folgende Strukturskizze naheliegend:

(17) Er hätte längst die wichtigste Arbeit erledigt haben wollen.
```
-----------RZ2------RZ1------S------------->
           Y
           ~~~
```

Die für Typ I charakteristische Perspektive auf das infinitivisch bezeichnete Ereignis, die zunächst von dessen temporalem Zusammenfall mit der Referenzzeit her erfaßbar ist, würde ich als eine aspektähnliche Erscheinung interpretieren: Das Ereignis wird ganzheitlich und unter dem Gesichtspunkt der Abgeschlossenheit betrachtet; es geht um seine interne zeitliche Struktur, und zwar prinzipiell unabhängig von der von der Sprechzeit oder einer anderen Orientierungszeit aus bestimmten Situierung.[8] Diese Perspektivierung wird besonders deutlich, wenn man Bildungen mit Infinitiv II solche mit Infinitiv I gegenüberstellt, etwa *Das hättest du mir sogleich gemeldet haben sollen* vs. *... sogleich melden sollen.* In derartigen Fällen wird ein und dasselbe Geschehen mal in bezug auf seinen Abschluß, mal ohne Betonung dieses Bedeutungsmoments dargestellt. Von solcher Differenzierung bleibt die Transformativität (bzw. Telizität) des Vollverbs als solche unberührt.

Hier ist nicht der Ort, auf die umstrittene Frage einzugehen, ob und wieweit für das Deutsche mit dem grammatischen Begriff Aspekt zu operieren ist. Es sei nur kurz auf Unterschiede und Gemeinsamkeiten zwischen dem Typ I und anerkannten Aspektformen in anderen Sprachen als dem Deutschen hingewiesen. Faßt man etwa mit BUSS-MANN (1990:103) Aspekt als eine morphologisch gekennzeichnete Kategorie auf, so kann eine Differenzierung wie die eben exemplifizierte natürlich nicht als eine aspektuelle gelten. Von anerkannten Aspektformen weicht der Typ I ferner darin ab, daß er ein sehr beschränktes Vorkommensgebiet aufweist (er unterliegt Restriktionen nicht

---

8 Vgl. die Bemerkung bei COMRIE (1993:5): "Aspect is not concerned with relating the time of the situation to any other time-point, but rather with the internal temporal constituency of the one situation [...]." Ähnlich äußert sich VATER (1991:65), der (ohne auf die in unserem Zusammenhang interessierenden Modalverbfügungen einzugehen) auch auf die ganzheitliche Betrachtung von Ereignissen hinweist, die für sog. perfektive Aspektformen charakteristisch ist.

nur hinsichtlich des Modalverbs, sondern auch hinsichtlich der Art des Vollverbs, vgl. das Ausscheiden von Intransformativa). Andererseits hat er mit ihnen die schon erwähnte besondere Sicht des verbal ausgedrückten Ereignisses gemeinsam, ebenfalls die Eigenschaft, daß diese Perspektivierungsmöglichkeit mit der Aktionsart im Zusammenhang steht. Darin läge eine Parallele zu der etwa bei RIECKE (1997:121) erwähnten Erscheinung, daß "die den Verben a priori innewohnenden Aktionsarten" das Material liefern, mit dem "ein bestimmter Verbalaspekt ausgedrückt werden kann" (vgl. auch BUßMANN 1990:103). Der aspektähnliche Charakter des Typs I ist weiter insofern grammatisch verankert, als er mit der Opposition von Infinitiv II und Infinitiv I zusammenhängt. Insgesamt gesehen erscheint es berechtigt, für die Spezifik dieser Fügungsvariante den hier gewählten Ausdruck "aspektähnlich" zu benutzen. Durch diese Spezifik hebt sie sich deutlich von den Typen II und III ab. Diese Fügungsvarianten weisen zwar auch einen in Opposition zum Infinitiv I stehenden Infinitiv II und das damit verbundene Merkmal der Abgeschlossenheit auf, dieses ist aber rein temporal zu verstehen. In diesem Zusammenhang wäre grundsätzlich an die Unterscheidung zwischen temporaler und aspektueller Abgeschlossenheit im Sinne von ANDERSSON (1978) anzuknüpfen, auch wenn er auf die Typen I bis III nicht eingeht und die erstgenannte Fügungsvariante m.E. nur aspektähnlichen Charakter hat.

An dieser Stelle sei ein Exkurs zu einer Konstruktion erlaubt, bei der eine mit der Opposition von Infinitiv I und II zusammenhängende Perspektivierung des durch den Infinitiv bezeichneten Ereignisses erfolgt, die sich mit der bei Typ I vergleichen läßt. Ein Beispiel ist volitives *wollen* + Infinitiv II in Fällen wie dem folgenden (vgl. die Nuancierung gegenüber dem hier auch möglichen einfachen *erinnern*):

(18) Verehrter Herr Kollege Apel, auch Sie reizen zu einer Bemerkung durch einen Satz, den Sie an unseren Verteidigungsminister gerichtet haben. Könnte es nicht sein, daß Sie als sein Vorgänger einige der Dinge, die Sie ihm heute glauben vorwerfen zu müssen, mit eingeleitet haben? Ich wollte nur daran erinnert haben. (Nachrüstungsdebatte 1984:202)

Hier scheinen sich die Modalität des Wollens und die Handlung des Erinnerns in derselben Weise zu überschneiden wie die Modalität und das infinitivisch ausgedrückte Ereignis bei Typ I. Die temporale Überlappung in dem an (18) illustrierten Konstruktionstyp (die hier nicht genauer zu untersuchen ist) wird schon bei BRAUNE (1900:32) festgestellt: Von mittelhochdeutschen Bildungen wie *si wolden Volkêren ze tode erslagen hân* ausgehend, bemerkt er, hier werde "die vollendete handlung des verbums in ihrer beziehung auf die zeit des regierenden verbums als gegenwärtig hingestellt"; so wird auch ein Beispiel wie *Ich wollte das einmal deutlich ausgesprochen haben* (ebd.) gedeutet. Das volitive Moment – der etwa in (18) vorliegende eigene Wille, der eine Kontrolle über das Geschehen ermöglicht – wird bei *wollen*- wie auch bei *möchte*-Bildungen (s.u.) den Hintergrund für die besondere Perspektivierung der Handlung bilden. Ein solcher Zusammenhang wird im Grimmschen Wörterbuch berührt, indem mit (20) vergleichbare *wollen*-Beispiele angeführt werden, "wo durch den perf. inf. ausgedrückt wird, dasz sich der willensakt auf das vollzogensein der gewollten handlung richtet, wo also dadurch eine steigerung der willensenergie zum ausdruck kommt"

(GRIMM/GRIMM 1960:Sp. 1334f.). Das volitive Moment dürfte auch bei derartigen Fügungen, die mitunter – vgl. (19) – in relativ festen Wendungen auftreten, in starkem Maße zur aspektähnlichen Schattierung beitragen. Diese scheint davon unabhängig zu sein, ob das Wollen in der Gegenwart oder in der Vergangenheit liegt:

(19) Das möchte ich mir sehr verbeten haben.

(20) Das wollte/will ich ein für allemal festgestellt haben. (Sprecher Agens)

Ähnlich wie bei Typ I erfolgt die aspektähnliche Nuancierung mit Hilfe solcher Modalverbfügungen auf einem sehr speziellen Gebiet; es bestehen starke Beschränkungen nicht nur hinsichtlich des Modalverbs (so scheiden etwa *können* und *dürfen* aus), sondern auch hinsichtlich des Vollverbs (Kursiva z.B. sind in den fraglichen Fügungen nicht zu verwenden). Wir haben es also auch hier mit einem wesentlichen Unterschied der Reichweite gegenüber morphologisch markierten Differenzierungen in Sprachen mit ausgebildetem Aspektsystem zu tun.

4.2 Charakteristika des Typs II

Typ II ist eindeutig die dominierende Fügungsvariante. Die hier als Partizip II auftretenden Verben zeigen eine erhebliche Bedeutungsvariation; sie drücken nicht nur Handlungen, sondern auch Vorgänge – vgl. (21) – und Zustände aus. Neben Transformativa (s. auch Belege in Abschnitt 1) kommen auch Kursiva vor, vgl. (22).

(21) Ernst Weiß [...] hat geschrieben: "Die deutsche Sprache aber, in der unsereins dachte, hoffte [...] und träumte, das war eigentlich die verbotene Sprache (im Exil!), etwas, das uns nicht mehr gehörte und das uns hätte fremd geworden sein müssen. Und war es doch nicht!" (*Kulturpolitische Korrespondenz* 25.10. 1981: 31f.)

(22) Onkel Albert war gern ein Schweizer. Onkel Albert konnte sich nicht vorstellen, etwas anderes gewesen zu sein. Wenn er etwas anderes hätte gewesen sein müssen, dann hätte ihm dies das Leben gründlich verleiden gemacht. (Jung 1982:18)

Denkbar ist auch das Vorkommen von Intransformativa:

(23) Sie hätte ja nach der Flucht der anderen noch ein paar Tage im Dorf geblieben sein können.

Bei Bildungen mit kursivem oder intransformativem Verb gilt das durch den Infinitiv bezeichnete Ereignis als abgeschlossen und relativ zu der in der Vergangenheit liegenden Referenzzeit als vorzeitig. Bei Bildungen mit transformativem Verb hingegen ist die temporale Situierung des durch den Infinitiv Ausgedrückten weniger klar. Etwa in (24) wird wohl eher ein Zustand (Abgefahren-Sein) als ein Prozeß (Abfahren) fokussiert, wobei der Zustand sich partiell mit der Referenzzeit überschneidet. In einem Fall wie (25) dagegen kann der Zustand der Referenzzeit vorausliegen, was wohl mit der Art des diese Orientierungszeit anzeigenden Adverbials zu tun hat (*bis* grenzt einen

Zeitabschnitt ein, vor dessen Ende etwas abgeschlossen sein kann). Mein Material reicht nicht aus, um die Faktoren zu klären, die für die genaue Lokalisierung des Zustandes in Bildungen des Typs II mit transformativem Verb bestimmend sind (Schemata zur temporalen Gesamtstruktur ausgewählter Beispiele weiter unten).

(24) Er kam fünf Minuten später. Um diese Zeit hätte der Zug längst abgefahren sein müssen.

(25) Um für diesen Job in Frage zu kommen, hätte sie spätestens bis Ende Februar 1997 ihr Studium abgeschlossen haben müssen.

Die Art der Modalität variiert bei Typ II ganz erheblich: Es läßt sich sowohl der objektive wie auch der subjektive Modalverbgebrauch belegen. Auf dem letzteren Gebiet, das hier zuerst besprochen werden soll, würde ich Annahmen gegen Redewiedergabe und Verstellung – eine besondere *wollen*-Verwendung[9] – absetzen. Im Vorbeigehen sei angemerkt, daß nicht nur die Angabe von HELBIG/BUSCHA (1996:136), generell seien "die Modalverben mit subjektiver Modalität nur im Präsens und Präteritum möglich" (dieselbe Generalisierung bei HELBIG 1993:49), sondern auch die von DIEWALD (1993:227), daß der epistemische Gebrauch bei zusammengesetzten Modalverbformen ausscheide, korrekturbedürftig ist. Gegenbeispiele finden sich bei Konj. Plusq. + Infinitiv I – vgl. etwa (26), wo *sollen* eine Schlußfolgerung indiziert – wie auch bei Konj. Plusq. + Infinitiv II (Belege unten). In meinem Material begegnet der sog. objektiv epistemische Modalverbgebrauch (Grundsätzliches dazu bei DIEWALD 1999:79ff., mit Literatur).[10]

(26) Da vom endenden 6. bis ins 9. Jh. in Friaul und in Kärnten die einander benachbarten heimischen Siedler die Romanen und die Slawen waren, ist es schwer vorstellbar, wie das mutmaßlich inzwischen rom. gewordene spätgot. *Maut*-Wort spätestens in der 2. Hälfte des 8. Jh. über slaw. Gebiet zu den Baiern hätte gelangen sollen, wo sich doch außerdem im altbair. Siedelgebiet *Zoll* als das ursprüngliche heimische Wort erweist. (*Beiträge zur Erforschung der deutschen Sprache* 6 [1986]:118).[11]

---

9 Vgl. dazu den Beitrag von LETNES in diesem Band.

10 Daß diese Verwendungsweise bei Modalverb im Konj. Plusq. + Infinitiv I und II auftritt, ist sicher kein Zufall: Sie steht der traditionell als "objektiv" bezeichneten Modalität näher als die sog. subjektiv epistemische Verwendungsweise (im Sinne etwa von DIEWALD 1999). Diese ist kaum bei den beiden in Rede stehenden konjunktivischen Syntagmentypen möglich.

11 Das Zitat ist Teil einer Auseinandersetzung des Autors (P. Wiesinger) mit einer im Vortext referierten Mutmaßung (bei E. Kranzmayer) zur Herleitung von bair. *Maut*, derzufolge ein spätgotisches Wort über bestimmte romanische Dialekte ins Bairische gelangt sein soll. Hier sei angemerkt, daß die in (26) vorliegende *sollen*-Verwendung nicht nur eine Schlußfolgerung involviert; es wird außerdem zu einer Aussage Stellung genommen. Insofern hätte man es auch mit einem Moment der Redewiedergabe zu tun.

Im Rahmen des Typs II zeigen vor allem *können* und *müssen* Annahmen an (hier und im weiteren soll zum leichteren Verständnis des Gebrauchs relativ extensiv zitiert werden):

(27) [Die Leiche einer jungen Frau ist gefunden worden.] Das stille, finstere und nicht einmal schöne Geschöpf hatte offenbar seinen freien Tag dazu benützt, einen Ausflug mit einem Verehrer zu machen, eine Kahnfahrt auf dem See. [...] Ob das Paar vor dem entsetzlichen Ende seines Ausflugs bei dem Wirt Antonio noch eingekehrt war, war mit Gewißheit nicht zu sagen, da ja nicht nur der Kopf, sondern auch die Kleider fehlten. Der Bootsverleiher hatte an dem Nachmittag an viele junge Paare Boote vermietet und sie alle zurückbekommen. Darauf zu achten, ob einer etwa in Begleitung wegfuhr und allein wiederkam, war ihm nicht möglich gewesen; es hätte ja auch die zweite Person irgendwo, zum Beispiel bei Antonios hübschem Restaurant, ausgestiegen sein können. Von einem Soldaten war eine Zeitlang die Rede, auch von einem Matrosen, aber die Nachforschungen in den Kasernen und auf den Schiffen ergaben nichts. (Kaschnitz 1977:51f.)

(28) Und dann jener Vorfall, der zu den rätselhaftesten der ganzen Zeit gehört. Ich habe meine Erinnerung daran niedergeschrieben, bevor ich fast vierzig Jahre nach 1945 mit Mutter darüber sprach, und gebe zunächst meine Notiz wörtlich wieder: [neuer Abs.] "In den letzten Tagen vor der Flucht geschah etwas Gespenstisches. An einem dieser Tage, gegen Abend, rasselten plötzlich mehrere Panzer ins Dorf. [...] Mehrere Soldaten sahen aus den Luken: so seltsam stumm, fast bewegungslos. Plötzlich winkte Mutter; doch darauf reagierte nur ein einziger: Er winkte andeutungsweise zurück. Dann waren sie vorüber, zum anderen Ende des Dorfes hinaus. [neuer Abs.] *Deutsche* Panzer? Was denn sonst für welche? Es kam aber die Vermutung auf, daß es keine Deutschen waren; niemand will ein Nationalitätszeichen gesehen haben. Aber dann hätten es Russen gewesen sein müssen. Tage vor dem 22. Januar, als Allenstein ihnen in die Hände fiel, in Windtken Russen? Das ist doch wohl wenig wahrscheinlich." (Reinoß o.J.:85, Hervorh. im Orig.)

In (28) ist *will gesehen haben* Indikator für Autorenrede und involviert eine sprechzeitorientierte Sicht auf das zurückliegende Geschehen. Der Schreibende nimmt hier nicht die Perspektive der Zuschauer ein, und die anschließende konjunktivische Passage ist m.E. als Autorenrede zu deuten. Dafür spricht auch die Aussage am Ende des Zitats, wo der Autor den Grad der Wahrscheinlichkeit des fraglichen Sachverhalts einschätzt.

Beispiele für Typ II mit *können* als Ausdruck einer Annahme sind mitunter in Kontexten anzutreffen, wo auch der Indikativ Präteritum (von *können*) + Infinitiv II in Frage kommt. In solchen Fällen kann – was sicher damit zusammenhängt, daß der Konjunktiv II im allgemeinen eine größere Distanz zur Realität signalisiert als der Indikativ – mit der Wahl des Konj. Plusq. eine etwas geringere Wahrscheinlichkeit des infinitivisch ausgedrückten Ereignisses angedeutet werden. Das würde etwa für *hätten hinterlassen haben können* in folgendem Beleg gegenüber dem hier auch möglichen *hinterlassen haben konnten* gelten:

(29) Der kleine Donald hatte nun schon mehrere Reisen zum Kontinent und hierher zurück gemacht, entweder mit seiner Mutter, oder von Kate Thürriegl begleitet. Denn die Schulferien verbrachte er ja bei seinen Eltern, teils in der Prinzenallee zu Wien, teils in österreichischen Sommerfrischen, die von jenen gerne aufgesucht wurden (sie haben auch später ein Haus am Attersee gekauft). Nichts jedoch war aus dem Buben heraus zu bringen von irgendwelchen Eindrücken, die ihm solche, damals noch etwas langwierige Reisen ja immerhin hätten hinterlassen haben können. Nichts von London, von Dover, von der Überfahrt, von der langen Reise mit der Eisenbahn [...] und schon garnichts von Wien. (von Doderer 1972:138f.)

Neben *können* und *müssen* kann bei Typ II auch *sollen* – analog zu dem in (26) belegten Gebrauch – eine Annahme indizieren:

(30) Die Form war in diesem Teil des Sprachgebiets erst am Ende des 14. Jahrhunderts üblich. Es ist daher schwer vorstellbar, wie sie hier schon etwa 150 Jahre vorher hätte eingedrungen sein sollen.

In anderen Kontexten anzutreffende Modalverben mit solcher Funktion scheiden bei dieser Fügungsvariante aus, was auf morphologische Gegebenheiten zurückzuführen ist: *dürfen* als Ausdruck einer Annahme ist bekanntlich auf den Konjunktiv Präteritum beschränkt, und weder bei *mögen* noch bei *brauchen* ist bei subjektivem Gebrauch der Konj. Plusq. bildbar. Ein vergleichbares morphologisches Phänomen bedingt das Ausscheiden von *sollen* als Kennzeichen von Redewiedergabe: In solcher Verwendung läßt das Verb von vornherein keine zusammengesetzte Form des Konjunktivs II zu.

Das Auftreten von *wollen* als Ausdruck der Redewiedergabe wurde schon oben veranschaulicht (s. ENGELENS Beispiel in Abschnitt 1). Den Gebrauch von *wollen* als Verstellungsindikator illustriert folgender Beleg:

(31) In diesem zugleich glücklichen und allerunglücklichsten Moment traten Claudio und Maria, die er mit aller Mühe versöhnt und bewogen hatte, nochmals zu ihm zu kommen, um "Romana auszustechen", ins Zimmer. Claudio sah Romana an Francescos Brust liegen, und – wir wollen es nicht ganz ableugnen – vielleicht hatten sich die beiden in diesem Augenblick wirklich geküßt, sie "kannten ja einander von früher her", kurz: hätte Claudio auch noch so sehr nichts gesehen haben wollen, er hätte es, vor Maria, nun nicht mehr können, und er warf Romana und Francesco [...] hinaus – auch aus der Küche. Daß aber Claudio und Maria, Francesco und Romana glückliche Paare geworden sein mögen, wollen wir hoffen. (Reinoß 1972:179)

Was die bei Typ II anzutreffenden objektiv gebrauchten Modalverben betrifft, so läßt sich zunächst feststellen, daß das (volitive) *möcht-*, das kein Partizip II besitzt, von vornherein ausscheidet. Ferner ist das ohnehin periphere volitive *mögen* in dieser Fügungsvariante nicht verfügbar.[12] Es bleiben *können, müssen* (eingangs dieses Abschnitts belegt), *sollen, dürfen* und *wollen* (für die drei letztgenannten Verben Belege in Abschnitt 1). Hier Belege für *können*:

(32) Auf den massiven Fundamenten [...] entstand ein Genesendenheim für Herz- und Kreislaufgeschädigte. Herrn Bolles Initiative wurde insofern Rechnung getragen, als ein kleines Terrassencafé ins bauliche Ensemble einbezogen war. Wir dürften nun sagen: Die Erwartungskurve schwingt aus, geht mählich in eine ausgeglichene Hochebene über, wenn, ja wenn von abenteuerlicher Bewegtheit hierorts [in Ruhin] jemals die Rede hätte gewesen sein können. Das war in keiner Phase der Fall. Ein abgeteilter Raum, eine heckenumfriedete Spielwiese für gewisse Daseinsweisen [...] war dieses Ruhin, mehr nicht. (Köhler 1978:354)

(33) [Der Flößer Koljaiczek, der früher ein mehrfacher Brandstifter war, hat die Identität des braven, ertrunkenen Wranka übernommen und führt jetzt ein ganz anderes Leben.] Koljaiczek war als Wranka ein guter und vom hitzigen Laster so kurierter Ehemann, daß ihn der bloße Anblick eines Streichholzes schon zittern machte. Streichholzschachteln, die frei und selbstgefällig auf dem Küchentisch lagen, waren vor ihm, der das Streichholz hätte erfunden haben können, nie sicher. Zum Fenster warf er die Versuchung hinaus. (Grass 1962:20)

Für den in (33) veranschaulichten Gebrauch von vergangenheitsbezogenem *können* + Infinitiv II gibt es eine häufiger anzutreffende Parallele bei gegenwartsbezogenem *können* + Infinitiv II:

(34) [...] wenn die Petra Kelly mal Bundeskanzler wird, dann geht sie auch zum Maßschneider. So sind die Menschen. Wenn einer erst mal geschnuppert hat, was Macht ist, dann ist es schon zu spät. [*Brigitte:*] Deine letzten Sätze könnten auch Punks oder linke Alternative gesagt haben. Trotzdem liefert ihr euch Straßenschlachten mit denen. (*Brigitte* 19.09.1984:113)

Im angeführten Grass-Beleg wird die Fähigkeit/Möglichkeit des Erfindens im Falle Koljaiczeks als gegeben dargestellt, trotz der Tatsache, daß jemand anders das Streichholz erfunden hat.[13] Entsprechendes gilt für (34); nur die zeitliche Situierung der Möglichkeit oder Fähigkeit ist verschieden. Für die in (33) vorliegende *können*-Fügung als Typ ist ferner charakteristisch, daß der infinitivisch bezeichnete Sachverhalt eindeutig als kontrafaktisch gilt (im Gegensatz zur Möglichkeit bzw. Fähigkeit). Darin liegt ein markanter Unterschied gegenüber subjektiv gebrauchtem *können* + Infinitiv II; bei die-

---

12 Der Konj. Plusq. von *mögen* ist bekanntlich in einigen anderen Konstruktionen möglich, beispielsweise in Verbindung mit Infinitiv I in Fällen wie *Er hätte weinen mögen.*

13 Die Tatsache, daß die Erfindung des Streichholzes in (33) vor der Referenzzeit liegt, bringt es übrigens mit sich, daß *hätte erfunden haben können* hier nicht durch *hätte erfinden können* ersetzbar ist. Das letztere Syntagma würde die vom Kontext her erforderliche Abgeschlossenheit nicht ausdrücken. Entsprechendes träfe für *hätten sein können* gegenüber *hätten gewesen sein können* in (36) zu.

ser Fügung bleibt nämlich offen, ob der betreffende Sachverhalt zutrifft oder nicht, vgl. z.B. (27).

Zu objektiv gebrauchtem *können, müssen, sollen, dürfen* und *wollen* gesellt sich möglicherweise negiertes *brauchen*; ich habe allerdings keinen Originalbeleg anzuführen, und aufgrund nur bedingter Akzeptanz des folgenden Beispiels seitens einiger befragter Informanten muß es mit einem Fragezeichen versehen werden (völlig regulär wäre dagegen *hätte ... gearbeitet haben müssen*):

(35) ?Um zu diesem Job zu kommen, hätte er ja nicht sechs Jahre im Ausland gearbeitet zu haben brauchen.

Der Typ II läßt sich sowohl in direkter wie auch in indirekter Rede belegen. Die Konjunktiv-Passage in (36) deute ich als Wiedergabe einer Äußerung von Alfons Rogalla:

(36) Meta [ein schwangeres Mädchen] wimmerte, es sprach allein Alfons Rogalla, mein Großvater [...]. Zuerst wollte er wissen, wo es passiert ist, ob in der Kiesgrube oder am Tataren-See oder überm Pferdestall, dann nannte er ihr drohend Namen von Burschen auf der Domäne, die es ebenso gut hätten gewesen sein können wie er, dann kam er auf Metas Mutter zu sprechen. (Lenz 1978:89)

Wir können uns jetzt der zeitlichen Gesamtstruktur von Bildungen des Typs II zuwenden. Dabei ist von vornherein die Bindung von Annahmen an die Sprechzeit zu berücksichtigen, wodurch sie sich nicht nur von allen bei dieser Fügungsvariante vorkommenden Ausprägungen der objektiven Modalität abheben, sondern auch von der durch *wollen* ausgedrückten Redewiedergabe bzw. Verstellung. Diese beiden Verwendungsweisen von *wollen* lassen, wie wir gesehen haben, auch Vergangenheitsbezug zu. Im Hinblick auf diese Gegebenheiten müssen für Typ II unterschiedliche Strukturschemata aufgestellt werden. Die objektive Modalität weist eine nicht immer leicht zu bestimmende zeitliche Ausdehnung auf, über ihre genaue Plazierung im Rahmen der temporalen Gesamtstruktur läßt sich also zum Teil streiten.

Ferner ist der bei Transformativa möglichen Unterscheidung zwischen Zustandsveränderung (Prozeß) und Nachzustand und damit verknüpften temporalen Differenzen Rechnung zu tragen. In folgendem Beispiel bezieht sich *längst* auf das Aufsetzen und *fünf Minuten nach zwei* auf den Nachzustand (das Aufgesetzt-Haben):

(37) Fünf Minuten nach zwei hätte er die Kartoffeln längst aufgesetzt haben müssen.

Es hat aber den Anschein, als ob die Differenzierung Zustandsveränderung vs. Nachzustand nicht bei allen Beispielen für Typ II mit Transformativum relevant wäre. Etwa in (27) scheint mir der Fokus so stark auf dem vorgestellten Aussteigen zu liegen, daß ein Nachzustand (d.h. ein Ausgestiegen-Sein) nicht mehr erkennbar ist. Für das Verhältnis von Prozeß und Zustand bezüglich deren relativer Fokussierung und die Antwort auf die damit verbundene Frage, ob und wieweit beide Bedeutungsmomente des transformativen Verbs auf der Zeitachse zu unterscheiden sind, könnte die jeweilige lexikalische Bedeutung von Relevanz sein, ebenfalls der Charakter der valenzbedingten Elemente (z.B. Objekte). Diese Problematik läßt sich aber hier wegen meines spärlichen Materials nicht endgültig klären, weshalb nicht versucht werden kann, eine vollständige Übersicht über die Strukturschemata zu geben, die bei Vorkommen der in Rede stehenden Verbklasse innerhalb des Typs II aufzustellen wären. Die zu präsentierenden Skizzen müssen sich auf ausgewählte Beispiele beziehen, was übrigens auch bei anderen Vollverbtypen notwendig erscheint.

In den beiden ersten der nachstehenden Schemata für Typ II mit transformativem Verb wird die unterschiedliche Position von Zustandsveränderung und Nachzustand auf der Zeitachse markiert. Es seien folgende Symbole benutzt: "S" = Sprechzeit, "RZ" = Referenzzeit, "◊" = Zustandsveränderung, "=" = Zustand, "≈" = objektive Modalität. Diese Modalität scheint hier regelhaft Prozeß und Zustand zu umschließen.

Für das Beispiel *Um zwei Uhr hätte die Schicht schon längst begonnen haben sollen* sei folgendes Schema vorgeschlagen (RZ = um zwei Uhr):

```
             = = =
(38)  -----------RZ------------S------->
            ◊
         ≈≈≈≈≈≈≈
```

Es sind noch komplexere Beispiele denkbar, in denen eine relativ weit zurückliegende Referenzzeit die Grundlage für die Situierung des Nachzustandes abgibt. In (39) bildet *im Jahre 1998* (RZ1) den Ausgangspunkt für die Rückschau auf die durch *schon Ende 1996* bezeichnete Referenzzeit (RZ2), zu der das Beendet-Haben in Beziehung steht:

(39)   Im Jahre 1998 war die Stelle als stellvertretender Abteilungsleiter neu zu besetzen. Um für diesen Job in Frage zu kommen, hätte Peter schon Ende 1996 die nötige Spezialausbildung beendet haben müssen.

Hier wäre folgendes Schema naheliegend:

```
             = = =
(40)  -----------RZ2------RZ1---S------->
            ◊
         ≈≈≈≈≈≈≈
```

Bei Typ II mit transformativem Verb und Modalverb als Ausdruck einer Annahme ist deren Bindung an die Sprechzeit zu berücksichtigen. Etwa für *Es hätte ja die zweite Person irgendwo ausgestiegen sein können* (wo m.E. ein Nachzustand nicht erkennbar ist, s.o.) ließe sich folgendes ansetzen (RZ hier – wie auch in weiteren Beispielen unten – nur kontextuell fixiert, "A" = Annahme):

```
(41)  -----------RZ-----------S------->
            ◊                 A
```

Bei Typ II mit Kursiva entfällt naturgemäß die Unterscheidung Prozeß – Nachzustand. Das infinitivisch bezeichnete Ereignis sei mit einer waagerechten Linie markiert. Für *Er hätte beim Bund gewesen sein müssen* (mit objektiv gebrauchtem Modalverb) gälte folgendes:

(42) -----------RZ------------S------->
      _____
      ~~~~~~~

Bei Typ II mit kursivem Verb und Modalverb als Ausdruck einer Annahme wie in *Dann hätten es Russen gewesen sein müssen* scheint folgendes Schema angemessen zu sein:

(43) -----------RZ------------S------->
      _____   A

Bei Typ II mit Intransformativa endlich – etwa für *Sie hätte ja nach der Flucht der anderen noch ein paar Tage im Dorf geblieben sein können* (objektive Modalverb-Lesart unterstellt) – scheint es notwendig, für die Zeitspanne des unverändert gebliebenen Zustandes einen Anfangs- und Endpunkt anzunehmen (beides hier mit einem Schrägstrich markiert):

(44) ----------RZ------------S------->
      /—/
      ~~~~~

Bei Fügungen aus intransformativem Verb und Modalverb als Ausdruck einer Annahme ist A im Schema unterzubringen, was etwa für *Sie hätte ja nach der Flucht der anderen noch ein paar Tage im Dorf geblieben sein können* (subjektive Lesart) folgendes ergäbe:

(45) ----------RZ------------S------->
      /——/   A

4.3 Charakteristika des Typs III

Hier dürften nur Transformativa auftreten. Das Modalverb scheint nicht subjektiv gebraucht zu werden. Die objektive Verwendung ist jedenfalls bei *können* und *müssen* möglich; hinzu kämen wohl auch *sollen* und *wollen*. Ich habe leider keinen Originalbeleg anzuführen:

(46) Schade, daß Petra nicht mitmacht. Sonst hätten wir Ende Mai die Arbeit erledigt haben können.

(47) Gut, daß der Chef uns mehr Zeit läßt. Sonst hätten wir bis Ende Mai die Arbeit erledigt haben müssen.

(48) Hätte er die Arbeit bis Ende Mai erledigt haben wollen, dann hätte er ganz andere Vorbereitungen getroffen. (Zukunftsbezug des Erledigens unterstellt)

(49) Hätte er die Arbeit bis Ende Mai erledigt haben sollen, dann hätte er ganz andere Vorbereitungen getroffen. (Zukunftsbezug des Erledigens unterstellt)

Die bei Typ III vorliegende Lokalisierung des durch den Infinitiv Ausgedrückten von zwei Orientierungszeiten her wurde schon in Abschnitt 3 erwähnt. Hier wären außerdem die Zustandsveränderung (der Prozeß) und der Nachzustand im Prinzip auseinanderzuhalten.

Bei dieser Fügungsvariante bleibt naturgemäß – wie auch bei Typ II mit Transformativa – die relative Position von Prozeß und Nachzustand konstant. Die genaue Lokalisierung des letzteren Ereignisses relativ zur Referenzzeit scheint – ähnlich wie bei solchen Beispielen für Typ II mit transformativem Verb, in denen die beiden Bedeutungsmomente unterscheidbar sind – mit der Art des obligatorischen Adverbials zu variieren. So wäre bei *bis Ende Mai* und *Ende Mai* in (47) bzw. (46) mit Differenzierungsmöglichkeiten zu rechnen: *bis* markiert einen Zeitabschnitt und der Nachzustand könnte eventuell als vor dessen Ende liegend verstanden werden, während der andere Ausdruck möglicherweise eine längere Erstreckung des Zustandes nach rechts signalisieren würde. Das erstere Zeitadverbial ließe für das Erledigt-Haben mehrere mögliche Lokalisierungen zu, während das letztere eher das Monatsende in den Vordergrund rückt. Die Einzelheiten lassen sich jedoch hier nicht vollständig klären. Auch bei Typ III kann also keine erschöpfende Übersicht über die mögliche Lokalisierung von Prozeß und Nachzustand angestrebt werden; ich begnüge mich mit der Analyse ausgewählter Beispiele.

In (46) ließe sich der Nachzustand so deuten, daß er zur Referenzzeit weiterbesteht:

```
                            = = =
(50)  ----------S------------------------RZ--->
                             ◊
          ≈≈≈≈≈≈≈≈≈≈≈≈≈≈≈≈≈≈≈≈
```

Bei Interpretation des Nachzustandes in (47) als zur Gänze vor der Referenzzeit liegend ergäbe sich folgendes Schema:

```
                          = = =
(51)  ----------S-------------------------RZ--->
                           ◊
          ≈≈≈≈≈≈≈≈≈≈≈≈≈≈≈≈≈≈≈≈
```

Typ III weist hinsichtlich der temporalen Situierung von Zustandsveränderung bzw. Nachzustand eine deutliche Parallelität zum zukunftsbezogenen Indikativ Perfekt und zu *würde* + Infinitiv II als Ausdruck von Zukunft in der Vergangenheit auf: Der Zeitbezug muß bekanntlich auch bei diesen Verbalsyntagmen durch eine obligatorisch ausgedrückte Referenzzeit gesichert werden (Beispiele: *Bis Montag haben sie die Sache geklärt. Bis dahin würden sich alle in Sicherheit gebracht haben*). Eine weitere Gemeinsamkeit ist die allgemeine semantische Qualität des partizipial auftretenden Verbs.

5. Vergleich der untersuchten Modalverbfügungen mit den sog. doppelten Perfektformen

Bei LITVINOV/RADČENKO wurde der Syntagmentyp Modalverb im Konj. Plusq. + Infinitiv II ohne Berücksichtigung von Varianten mit den sog. doppelten Perfektformen (DPF) verglichen (vgl. Abschnitt 1). Es lassen sich nunmehr etwas genauere Vergleiche anstellen, wobei indikativische und Konjunktiv I-Bildungen (*hat/hatte/habe erledigt gehabt*) ausgeklammert bleiben müssen ("konjunktivisch" meint daher im folgenden DPF im Konj. Plusq.).

Das von diesen Autoren (1998:154) erwähnte Auftreten unserer Modalverbfügungen auf dem Gebiet des Passivs ist zwar als allgemeiner Unterschied gegenüber den konjunktivischen DPF zu verbuchen, dessen Stellenwert sollte aber nicht überbetont werden. Es ist in diesem Zusammenhang nicht uninteressant, daß der Gebrauch des passivischen Infinitivs nur einmal, nämlich anhand von (9), wo Typ II vorliegt, belegt worden ist. Auf der anderen Seite lassen sich vergleichbare Beispiele dieser Art relativ leicht bilden:

(52) Sie hatten Glück. Der Chef hatte ihnen mehr Zeit gelassen. Sonst hätte diese Arbeit schon bis Ende Mai erledigt worden sein müssen.

Mit einer entsprechenden Vorkommensmöglichkeit wäre, soweit Beispiele wie (6) – *Die Arbeit hätte gestern gemacht worden sein können* – als akzeptabel gelten können, ebenfalls bei Typ I zu rechnen. Insgesamt wird jedoch das mögliche Auftreten der Fügung Modalverb im Konj. Plusq. + passivischer Infinitiv II als eine relativ periphere Differenz gegenüber den von der Modusform her vergleichbaren DPF zu gelten haben.

Typ I hebt sich durch seinen aspektähnlichen Charakter markant von den konjunktivischen DPF ab, bei denen kein temporaler Zusammenfall der durch das partizipiale Vollverb ausgedrückten Handlungen oder Vorgänge mit der in der Vergangenheit liegenden Referenzzeit möglich ist. Zu den letzteren Formen zeigt dagegen Typ II eine klare Verwandtschaft, und zwar hinsichtlich der Vorzeitigkeit der betreffenden Ereignisse relativ zur Referenzzeit. Diese Verwandtschaft kann am folgenden, von LITVINOV/RADČENKO (1998:123) übernommenen Beleg veranschaulicht werden:

(53) Aber wie hätte Rosa sich verhalten, wenn sie ihn als Blinden kennengelernt hätte? Er hätte viele Bücher nicht gelesen gehabt, hätte nicht von Farben sprechen können; er wäre Rosa als ein anderer begegnet.

Hier zeigen die beiden ersten Konjunktivformen eine Referenzzeit an, vor der die als abgeschlossen dargestellte Lektüre situiert ist. Die temporale Lokalisierung des Gelesen-Habens ist grundsätzlich vergleichbar mit jener des durch den Infinitiv etwa in (21) ausgedrückten Ereignisses (*... etwas, das uns nicht mehr gehörte und das uns hätte fremd geworden sein müssen*).

Bei Typ III endlich kann die Nachzeitigkeit von Prozeß und Zustand relativ zur Sprechzeit als ein wichtiger Unterschied gegenüber den konjunktivischen DPF gelten. Diese Bildungen können sich nur vereinzelt auf Zukünftiges beziehen. Ein solcher Bezug wäre bei *verdienen* denkbar (vgl. LITVINOV/RADČENKO 1998:125f.); diese Möglichkeit wird aber die generelle Regularität des Nicht-Auftretens von Zukunftsbedeutung bei den DPF nicht aufheben können:

(54) Sie hätte eigentlich auch morgen einen freien Tag verdient gehabt.[14]

Insgesamt gesehen leisten sowohl die konjunktivischen DPF wie auch die hier als Typ II und III eingeordneten Bildungen in je verschiedener Weise eine temporale Feindifferenzierung, durch die sich das Deutsche von mehreren anderen germanischen Sprachen unterscheidet, u.a. dem Englischen und dem Norwegischen. Bei Typ I kommt noch die aspektähnliche Nuancierung gegenüber Konj. Plusq. + Infinitiv I als ein funktionales Spezifikum hinzu, für das in den beiden letztgenannten Sprachen ebenfalls keine genaue Parallele existiert.

6. Schlußbemerkungen

Es sei zunächst festgestellt, daß man die gängige Unterscheidung von subjektivem und objektivem (bzw. epistemischem und nicht-epistemischem) Modalverbgebrauch im Hinblick auf das Vorkommen der ersteren Verwendungsweise bei Typ II in noch geringerem Maße auf formale Kriterien stützen kann als bisher angenommen.

In bezug auf den Modusgebrauch ist die bei LITVINOV/RADČENKO (1998:154) für Bildungen mit Modalverb in plusquamperfektischer Form + Infinitiv II zu Recht hervorgehobene Dominanz des sog. irrealen Konjunktivs festzuhalten. Am Originalbeleg (55) illustrieren die Autoren (ebd.) auch formal korrespondierende indikativische

---

14 Gegenüber der einfacheren Bildung *Sie hätte eigentlich auch morgen einen freien Tag verdient,* die die Deutung zuläßt, daß ein zusätzlicher freier Tag nicht ganz ausgeschlossen ist, betont die mit *hätte verdient gehabt* die Kontrafaktizität des freien Tages. Hier scheint mir die doppelt zusammengesetzte Form stärker der Wahrscheinlichkeitsabstufung des fraglichen Sachverhalts zu dienen als dessen zeitlicher Lokalisierung, die offenbar durch *morgen* deutlich gemacht wird. Die angeführten Konjunktivformen indizieren übrigens keine Kontrafaktizität bzw. Potentialität der durch *verdienen* ausgedrückten Modalität (diese wird als real gegeben verstanden); sie zeigen vielmehr den Wahrscheinlichkeitsgrad des vorgestellten freien Tages an (Näheres zu solchen Konstruktionen und zur Stellvertreter-Funktion von Konjunktivformen verschiedener modalitätsbezeichnender Verben bei LEIRBUKT 1995).

Konstruktionen. Diese sind selten anzutreffen, wären aber grundsätzlich bildbar, worauf auch Beispiel (56) hinweist:

(55) Ursprünglich hatte er die Reise schon am 21. November beendet haben wollen.

(56) Am 14. Mai war Fritz in einer schwierigen Lage. Er hatte längst die wichtigste Arbeit erledigt haben wollen, es war aber eine Menge dazwischengekommen, und jetzt wollte der Chef plötzlich alle Unterlagen auf einmal haben.

Hier wäre noch hinzuzufügen, daß auch der Konjunktiv der Redewiedergabe bei Modalverb im Konj. Plusq. + Infinitiv II in Frage kommt, vgl. etwa neben dem Beispiel (12) in Abschnitt 1 auch folgendes:

(57) Sie glaubt, ursprünglich hätte er die Reise schon am 21. November beendet haben wollen.

Zur Abrundung meiner Bemerkungen zum Syntagmentyp Modalverb im Konj. Plusq. + Infinitiv II sei darauf hingewiesen, daß noch komplexere Bildungen für einige Sprachteilhaber akzeptabel sind:

(58) Sie hatten Glück. Der Chef hatte ihnen mehr Zeit gelassen. Sonst hätten sie diese Arbeit schon bis Ende Mai erledigt gehabt haben müssen.

Gegenüber der Fügung *hätten erledigt haben müssen*, die eine klare Unterscheidung von Prozeß und Zustand – Erledigen vs. Erledigt-Haben (oder Erledigt-Sein der Arbeit) – nicht leistet, fokussiert die mit dem extra hinzugefügten Perfekt-Auxiliar den Prozeß. Wir hätten es also hier mit einer Konstruktion zu tun, mit deren Hilfe die für transformative Verben charakteristische Zustandsveränderung explizit gemacht werden kann. Ich habe keinen Originalbeleg anzuführen, und Modalverbfügungen wie die in (58) sind nicht für alle Sprachteilhaber akzeptabel; es ist auch nicht auszuschließen, daß derartige Bildungen regional beschränkt sind. Sie scheinen mir aber einen Ansatz zu einer temporalen Feindifferenzierung im Vergangenheitsbereich zu reflektieren, die sich in gewisser Weise als Weiterentwicklung derjenigen bei Modalverb im Konj. Plusq. + Infinitiv II interpretieren ließe. Die mit den noch komplizierteren Syntagmen verbundene Nuancierungsmöglichkeit findet (soweit ich sehe) keine Entsprechung etwa im Englischen oder Norwegischen (oder anderen skandinavischen Sprachen) und wäre somit in bezug auf den Ausbau des Inventars an verbalen Formen und Fügungen ein weiteres Indiz für besondere funktionale Prioritätensetzungen des Deutschen innerhalb der Gruppe der germanischen Sprachen. Die Klärung der Einzelheiten muß natürlich späteren empirischen Untersuchungen vorbehalten bleiben.

Literatur

Wissenschaftliche Literatur

Aldenhoff, Jules, 1962. Der Ersatzinfinitiv im heutigen Deutschen. *Revue des langues vivantes* 28:195–217.

Andersson, Sven-Gunnar, 1972. *Aktionalität im Deutschen. Eine Untersuchung unter Vergleich mit dem russischen Aspektsystem*, Bd. 1. Uppsala: Almquist & Wiksell (= *Studia Germanistica Upsaliensia* 10).

Andersson, Sven-Gunnar, 1978. *Aktionalität im Deutschen. Eine Untersuchung unter Vergleich mit dem russischen Aspektsystem*, Bd. 2. Uppsala: Almquist & Wiksell (= *Studia Germanistica Upsaliensia* 17).

Anonymus, 1959. Sprachfragen, die Ausländer stellten. *Sprachpflege* 12:194f.

Braune, Wilhelm, 1900. Die handschriftenverhältnisse des Nibelungenliedes. *Beiträge zur Geschichte der deutschen Sprache und Literatur* 25:1–222.

Breuer, Christoph/Dorow, Ralf, 1996. *Deutsche Tempora der Vorvergangenheit*. Trier: Wissenschaftlicher Verlag Trier (= *Fokus* 16).

Bußmann, Hadumod, 1990[2]. *Lexikon der Sprachwissenschaft*. Stuttgart: Alfred Kröner Verlag.

Comrie, Bernard, 1993. *Aspect. An introduction to the study of verbal aspect and related problems*. Cambridge: Cambridge University Press.

Diewald, Gabriele, 1993. Zur Grammatikalisierung der Modalverben im Deutschen. *Zeitschrift für Sprachwissenschaft* 12:218–234.

Diewald, Gabriele, 1999. *Die Modalverben im Deutschen. Grammatikalisierung und Polyfunktionalität*. Tübingen: Niemeyer (= *Reihe Germanistische Linguistik* 208).

Engelen, Bernhard, 1973. Überlegungen zu Syntax, Semantik und Pragmatik der Redewiedergabe. In: *Linguistische Studien IV. Festgabe für Paul Grebe zum 65. Geburtstag*. Düsseldorf: Schwann (= *Sprache der Gegenwart* 24), 46–60.

Fabricius-Hansen, Cathrine, 1975. *Transformative, intransformative und kursive Verben*. Tübingen: Niemeyer (= *Linguistische Arbeiten* 26).

Fabricius-Hansen, Cathrine, 1986. *Tempus fugit. Über die Interpretation temporaler Strukturen im Deutschen*. Düsseldorf: Schwann (= *Sprache der Gegenwart* 64).

Fabricius-Hansen, Cathrine, 1991. Tempus. In: Stechow, A. von/Wunderlich, D. (eds.). *Semantik. Ein internationales Handbuch der zeitgenössischen Forschung*. Berlin/New York: de Gruyter (= *Handbücher zur Sprach- und Kommunikationswissenschaft* 6), 722–748.

Folsom, Marvin H., 1966. *The syntax of substantive and non-finite satellites to the finite verb in German*. The Hague/Paris: Mouton (= *Janua Linguarum, Series practica* 30).

Grimm, Jacob/Grimm, Wilhelm, 1905. *Deutsches Wörterbuch*, Bd. 10, Abt. 1. Leipzig: Hirzel.

Grimm, Jacob/Grimm, Wilhelm, 1960. *Deutsches Wörterbuch*, Bd. 14, Abt. 2. Leipzig: Hirzel.

Helbig, Gerhard, 1993[2]. *Deutsche Grammatik. Grundfragen und Abriß*. München: iudicium.

Helbig, Gerhard/Buscha, Joachim, 1996[17]. *Deutsche Grammatik. Ein Handbuch für den Ausländerunterricht*. Leipzig etc.: Langenscheidt / Verlag Enzyklopädie.

Klein, Wolfgang, 1994. *Time in Language*. London / New York: Routledge.

Lehmann, Christian, 1992. Deutsche Prädikatklassen in typologischer Sicht. In: Hoffmann, L. (ed.). *Deutsche Syntax. Ansichten und Aussichten*. Berlin / New York: de Gruyter (= *Jahrbuch des Instituts für Deutsche Sprache* 1991), 155–185.

Leirbukt, Oddleif, 1991. *Nächstes Jahr wäre er 200 Jahre alt geworden.* Über den Konjunktiv Plusquamperfekt in hypothetischen Bedingungsgefügen mit Zukunftsbezug. *Zeitschrift für germanistische Linguistik* 19:158–193.

Leirbukt, Oddleif, 1995. Über "reale" Modalitätskonstruktionen im Deutschen und Norwegischen. In: Faucher, E. / Métrich, R. / Vuillaume, M. (eds.). *Signans und Signatum. Auf dem Weg zu einer semantischen Grammatik. Festschrift für Paul Valentin zum 60. Geburtstag.* Tübingen: Narr (= *Eurogermanistik* 6), 141–155.

Letnes, Ole, 2002. *Wollen*: zwischen Referat und Verstellung. In diesem Band.

Litvinov, Victor P./Radčenko, Vladimir I., 1998. *Doppelte Perfektbildungen in der deutschen Literatursprache.* Tübingen: Stauffenburg (= *Studien zur deutschen Grammatik* 55).

Riecke, Jörg, 1997. Bemerkungen zur Aktionalität im Althochdeutschen. In: Vater, H. (ed.). *Zu Tempus und Modus im Deutschen.* Trier: Wissenschaftlicher Verlag Trier (= *Fokus 19*), 119–130.

Thieroff, Rolf, 1992. *Die Kategorien des finiten Verbs im Deutschen. Tempus – Modus – Distanz.* Tübingen: Narr (= *Studien zur deutschen Grammatik* 40).

Vater, Heinz, 1991[2]. *Einführung in die Zeit-Linguistik.* Hürth-Efferen: Gabel Verlag (= *Kölner Linguistische Arbeiten – Germanistik* 25).

Belegquellen (mit Ausnahme der zitierten Zeitschriften)

Doderer, Heimito von, 1972[2]. *Die Wasserfälle von Slunj.* München: Deutscher Taschenbuch Verlag (= *dtv* 752).

Grass, Günter, 1962. *Die Blechtrommel.* Frankfurt a.M. / Hamburg: Fischer Bücherei KG (= *Fischer Bücherei* 473/4).

Jung, Jochen (ed.), 1982. *Ich hab im Traum die Schweiz gesehn. 35 Schriftsteller aus der Schweiz schreiben über ihr Land.* Reinbek bei Hamburg: Rowohlt Taschenbuch Verlag (= *rororo* 5059).

Kaschnitz, Marie Louise, 1977[12]. *Lange Schatten.* München: Deutscher Taschenbuch Verlag (= *dtv* 243).

Köhler, Erich, 1978. *Hinter den Bergen.* Frankfurt a.M.: Suhrkamp (= *suhrkamp taschenbuch* 456).

Lenz, Siegfried, 1978. *Heimatmuseum.* Hamburg: Hoffmann und Campe.

Nachrüstungsdebatte, 1984. *Die Nachrüstungsdebatte im Deutschen Bundestag.* Reinbek bei Hamburg: Rowohlt Taschenbuch Verlag (= *rororo aktuell* 5433).

Reinoß, Herbert (ed.), 1972. *Fazit. Erzähler einer Generation.* München / Wien: Herbig.

Reinoß, Herbert (ed.), o.J. *Letzte Tage in Ostpreußen. Erinnerungen an Flucht und Vertreibung.* Gütersloh: Bertelsmann.

Ole Letnes

Zum Bezug epistemischer Modalität in der Redewiedergabe

1. Einleitung

In diesem Aufsatz gehe ich auf den Bezug epistemisch (oder subjektiv, inferentiell) verwendeter Modalverben und anderer epistemischer Ausdrücke in der Redewiedergabe ein. Es handelt sich um Sequenzen wie (1) bis (3):

(1) Hans sagt: "Peter muß krank sein."

(2) Hans sagt, daß Peter krank sein muß.

(3) Hans zufolge muß Peter krank sein.

Ich setze ohne weiteres voraus, daß die Modalverbverwendung in (1)-(3) – sowie in den weiteren herangezogenen Beispielen – epistemisch interpretiert wird, und zwar auch in den Fällen, wo neben einer epistemischen eine nichtepistemische Lesung denkbar und sinnvoll ist.

Hier wird mit anderen Worten die Frage im Mittelpunkt stehen, auf wen die Annahme (Vermutung, Schlußfolgerung) in Sequenzen vom Typ (1) bis (3) zurückzuführen ist. Hier gibt es offensichtlich zwei, eventuell drei Möglichkeiten: Derjenige, der – jeweils das ganze Gefüge – (1) bis (3) äußert (= der wiedergebende, referierende Sprecher; fortan auch: S2), Hans (= der wiedergegebene, referierte Sprecher; fortan auch: "S1") oder, als dritte Möglichkeit, beide.

Ich ziehe einen Teil der Fachliteratur heran, die sich mit dieser Problematik beschäftigt, vor allem PLANK (1986) und, wenn auch in geringerem Maße, DIEWALD (1993). Anschließend formuliere ich eine Hypothese, die ich auf ihre Haltbarkeit hin in Interviews mit deutschsprachigen Informanten überprüfe.

2. PLANKs deiktische Hierarchie

Gegenstand von PLANKs Artikel ist der Bezug der unterschiedlichen deiktischen Kategorien bei der Redewiedergabe. PLANKs Definition von Deixis ist "recht weit"; er fasse darunter "die sprachlichen Formen, mittels derer Äußerungen in der Sprechsituation verankert werden" (PLANK:1986:285). Als eine der deiktischen Kategorien betrachtet PLANK die epistemische Distanz. Auf der Ausdrucksseite handelt es sich dabei um

Ausdrucksformen, die anzeigen, auf welchem Wissenshintergrund der Wahrheitsgehalt von Aussagen beruht – also ob der Sprecher aus erster Hand weiß, was er behauptet (das Geschehen z.B. als Augenzeuge miterlebt hat), oder ob er es nur aus zweiter Hand (etwa vom Hörensagen) weiß, ob er auf Schlußfolgerungen auf der Basis der von ihm verfügbaren Evidenz angewiesen ist, ob er seine Folgerungen für mehr oder weniger begründet hält, und dergleichen Schattierungen mehr. Epistemische Ausdrücke in diesem Sinn sind beispielsweise bestimmte Adverbien (*wohl, scheinbar, vermutlich, sicher* usw.), Adjektive (*mutmaßlich*), Verben und entsprechende Substantive (*scheinen, vermuten* u.dgl.) und die Modalverben. (PLANK: 1986:294f.)

Nach PLANK (1986:296) hat die einzelne deiktische Kategorie ihren bestimmten Platz in einer Hierarchie, in der, neben durch Tempusformen ausgedrückte Zeitreferenz, die epistemische Distanz ganz oben figuriert (ich gebe die Terminologie PLANKs wieder):

Epistemische Distanz	Zeit (Tempus)
Raum	Zeit (Adverb)
Sprechaktrollen	
Soziale Distanz	Relationierung
Sprecherindexikalität	

Abb. 1: PLANKs deiktische Hierarchie

Bezogen auf die Redewiedergabe bedeutet der Umstand, daß die epistemische Distanz in dieser Hierarchie ganz oben zu finden ist, daß diese Kategorie diejenige ist, bei der der Bezug auf den wiedergegebenen Sprecher (oder wiedergegebenen Sprechakt) am stabilsten ist, d.h. S1-Bezug. S2-Bezug heißt dann entsprechend, daß die jeweilige deiktische Kategorie auf den wiedergebenden (referierenden) Sprecher – oder Sprechakt – beziehbar ist.

Der S1-Bezug ist bei der deiktischen Kategorie epistemische Distanz relativ stabil, es sei denn, daß die Redeanführung in die wiedergegebene Rede syntaktisch ausreichend stark integriert ist. Hier sind wir bei PLANKs zweitem Kontinuum, dem Integrationsgrad.[1]

Die beiden Kontinua – die deiktische Hierarchie und der Integrationsgrad – sind "miteinander korrelierbar" (PLANK 1986:285), so daß bei einer deiktischen Kategorie auf einer niedrigen Stufe in der Hierarchie der Bezugsrahmen sich schon bei einer schwachen syntaktischen Integration zum wiedergebenden Sprecher hin verschiebt (S2-Bezug), beispielsweise bei der Kategorie Sprecherindexikalität: Hier ist der Bezug bei dem schwächsten Integrationsgrad, d.h. schon bei der direkten Rede, in der Regel der

---

1 PLANKs Parameter syntaktische Integration setzt sich wiederum aus den Faktoren Satzhaftigkeit (d.h. syntaktischer Autonomie und Vollständigkeit) sowie syntaktischer Unterordnung zusammen.

S2-Sprechakt.[2] Mit anderen Worten: Ein ausreichend hoher Integrationsgrad bewirkt Bezugsverschiebung, bedroht die Stabilität des Bezugs auf den wiedergegebenen Sprechakt.

3. Problemstellung und Haupthypothese

Mein Hauptanliegen in diesem Aufsatz ist es, zu untersuchen, wieviel Integration die deiktische Kategorie epistemische Distanz verträgt, bevor der Bezug vom wiedergegebenen (S1) zum wiedergebenden Sprechakt (S2) wechselt. Ich überprüfe PLANKs Ergebnisse und ziehe z.T. auch andere Schlüsse als PLANK.

Hinzu kommt – und dies ist ein wichtiger Grund dafür, daß ich zu anderen Konklusionen komme als PLANK –, daß seine Exemplifizierung etwas unglücklich ist, indem er von den Modalverben nur *sollen* heranzieht. Dieses Modalverb in epistemischer Verwendung hat spezifische Implikationen, ist sozusagen nicht repräsentativ für diese Kategorie deiktischer Ausdrücke.

Meines Erachtens müßte man zuerst die Ausdrücke heranziehen, die, anders als Sequenzen mit einem epistemisch verwendeten *sollen*, kein zweites Element enthalten, das auch signalisiert, daß es sich um eine Redewiedergabe handelt. Das epistemisch verwendete *sollen* kann selbst als Redeeinleitungselement bezeichnet werden und steht neben der zweiten Redeeinleitung.[3] Das Verhältnis zwischen diesen beiden Redeeinleitungselementen lohnt es sich zu untersuchen, aber zuerst sollte man meiner Meinung nach den Bezug bei anderen epistemischen Ausdrücken unter die Lupe nehmen, die nicht gleichzeitig eine (potentiell konkurrierende) Redeeinleitung darstellen.

Daß die epistemische Modalität bei *sollen* (und *wollen*) qualitativ eine andere ist als bei den übrigen Modalverben (*werden* mitgerechnet), liegt auf der Hand und wird von vielen Autoren unterstrichen.[4] DIEWALD spricht mit Bezug auf epistemisches *sollen* oder *wollen* von "verschobener Deixis", während es sich bei den anderen Modalverben in epistemischer Verwendung um "realdeiktische" Modalverben handle; d.h., sie "leisten die Faktizitätseinschätzung direkt von der Sprecherorigo aus"; bei *sollen* und *wollen* dagegen sei "die schwachdeiktische Rückbindung an die Sprecherorigo überlagert von einer weiteren gerichteten Relation, die in einer anderen Origo verankert ist" (DIEWALD 1993:226). Nach DIEWALD zeichnen sich die epistemisch verwendeten Modalverben allgemein dadurch aus, daß sie schwache Deiktika sind: Im Gegensatz zu der nichtepistemischen Verwendung, wo eine "semantische Beziehung zwischen Modalverb und Satzsubjekt" vorliege, brächten epistemisch gebrauchte Modalverben "eine vom Sprecher ausgehende Einschätzung der Faktizität des gesamten dargestellten Sachverhaltes zum Ausdruck" (DIEWALD 1993:221).

---

2 Weitere Beispiele für Deiktika dieser Kategorie sind nach PLANK (1986:285) Sprechtempo, Lautstärke, Tonfall, Versprecher, Sprache, Dialekt usw.

3 Vgl. in diesem Zusammenhang die Bemerkung von PÜTZ (1989:192), daß "*so[llen]* auch alleine die Funktion der Redeeinleitung tragen kann".

4 Für eine ausführliche Übersicht siehe z.B. ÖHLSCHLÄGER (1989).

Ich beschränke mich also hier auf die "realdeiktischen" Modalverben im Sinne von DIEWALD. Eine Sequenz mit einer direkten Rede wie (1) (*Hans sagt: "Peter muß krank sein"*) ist ein Beispiel für eine schwache, kaum vorhandene Integration. Beispiel (2) – *Hans sagt, daß Peter krank sein muß* – wäre ein Beispiel für eine deutlich stärkere Integration als in (1), trotzdem handelt sich auch in (2) immer noch um zwei relativ selbständige Sätze. In (3) – *Hans zufolge muß Peter krank sein* – aber ist die Integration stärker; von zwei autonomen Sätzen kann man hier kaum mehr sprechen, und wir haben es mit starker Unterordnung zu tun.

Da die beiden fraglichen Kontinua, die deiktische Hierarchie und der Integrationsgrad, miteinander korrelieren (vgl. Abschnitt 2), ist ein Bezugswechsel davon abhängig, wie stark die Redeanführung in die wiedergegebene Rede integriert ist. Beispielsweise ist der Bezug der Deiktika für Sprechaktrollen – in (4) unten das Possessivpronomen *mein* – natürlich der wiedergegebene Sprecher (S1) – anders als etwa die Deiktika für Sprecherindexikalität bei diesem äußerst geringen Integrationsgrad (direkte Rede):

(4) Hans sagt: "Mein Freund ist krank."

Viel mehr Integration verträgt die Kategorie Sprechaktrollen aber nicht, bevor der Bezug wechselt – in (5) liegt der Bezug eindeutig beim wiedergebenden Sprecher (S2):

(5) Hans sagt, daß mein Freund krank ist.

Eine Ebene höher, bei der deiktischen Kategorie Zeit (ausgedrückt durch ein Adverb) ist laut PLANK der S1-Bezug resistenter gegen Integration. In (6) z.B. wird dies bestätigt, indem der Bezug des Adverbs *heute* ohne Zweifel der wiedergegebene Sprechakt (S1) ist; eine Verschiebung hat also nicht ("noch nicht", könnte man sagen) stattgefunden:

(6) Nicht gerade geschickt versuche ich vom Todestag des Sohnes, dem er noch eine Kerze aufs Grab bringen will, abzulenken, heute vor 80 Jahren sei vor Verdun Franz Marc gefallen. (*Focus* 13/1996:146)

Was die epistemische Distanz betrifft, exemplifiziert PLANK diese Kategorie ausschließlich anhand von Redewiedergaben, die das Modalverb *sollen* enthalten. Wie schon oben angedeutet wurde, liegt m.E. der entscheidende Fehler gerade darin, daß PLANK ausgerechnet das Modalverb *sollen* als Exemplifizierung der epistemischen Distanz (ausgedrückt durch ein Modalverb) heranzieht. Jedes andere Modalverb in epistemischer Verwendung (mit Ausnahme von *wollen*) wäre eine bessere Wahl. Ich möchte im Folgenden begründen, warum ich die *sollen*-Sequenzen in diesem Zusammenhang ausklammere.

In (7) – PLANKs Beispiel – handelt es sich um den denkbar niedrigsten Integrationsgrad, nämlich die direkte Rede (PLANK 1986:295):

(7) Wachtmeister Studer eröffnete mir: "Advokat Tyffel soll der Mörder sein."

In (7) kommt natürlich nur S1-Bezug in Frage. In (8) (auch PLANKs Beispiel) erscheint die wiedergegebene Rede in einem untergeordneten *daß*-Satz (PLANK 1986:295):

(8) Wachtmeister Studer eröffnete mir, daß Advokat Tyffel der Mörder sein soll.

PLANK zufolge bleibt in (8) der Bezug der epistemischen Modalität beim wiedergegebenen Sprecher. Dies wäre unproblematisch und träfe gut zu, würde sich PLANK nicht auf *sollen* beziehen. Das epistemisch verwendete *sollen* verhält sich eben anders, wie z.b. auch die Ergebnisse einer Informantenbefragung (LETNES 1997:128ff.) zeigen: Zu einem Beispiel wie

(9) Klaus sagt, daß der Motorradfahrer zu schnell gefahren sein soll.

meint nämlich eine deutliche Mehrheit der Informanten (47 von 72), daß diese Redewiedergabe eher auf eine Primäraussage ("Modell")

(10) Der Motorradfahrer ist zu schnell gefahren.

als auf

(11) Der Motorradfahrer soll zu schnell gefahren sein.

zurückführbar sei. Genau auf die Möglichkeit – oder sogar Wahrscheinlichkeit – eines solchen Bezugs weisen übrigens mehrere Autoren hin, z.B. ENGELEN, wenn er zum Satz

(12) Angeblich soll er sich in Köln aufgehalten haben.

bemerkt, daß "nicht ohne weiteres klar" sei, "ob die Elemente *angeblich* und *soll* einander aufheben oder ob sie sich sich wechselseitig verstärken. Es sieht so aus, als sei eher das letztere der Fall" (ENGELEN 1973:58). PÜTZ (1989:193f.) und KAUFMANN (1976:141) vertreten die gleiche Ansicht wie ENGELEN. Ein Autor wie MAXWELL sieht in solchen Konstruktionen offensichtlich nichts anderes als eine Spezifizierung der Quelle, die in epistemischen *sollen*-Sätzen eben meistens nicht genannt wird: *Angeblich soll die Produktion ... gestiegen sein* (MAXWELL 1964:111). Ich stimme den hier zitierten Autoren zu.

PLANK nimmt also bei Gefügen wie (8) oben – *Wachtmeister Studer eröffnete mir, daß Advokat Tyffel der Mörder sein soll* – ein Modell an, das durch *sollen* modalisiert ist. Die Ergebnisse meiner Informantenuntersuchung deuten in bezug auf Redewiedergaben, die diesen Integrationsgrad aufweisen, eher auf ein nichtmodalisiertes Modell hin. Aber: Ein Bezugswechsel im Plankschen Sinne hat nicht stattgefunden. Deshalb finde ich es angebrachter, wenn das epistemische *sollen* selbst als redeeinleitendes Element bezeichnet wird (wie z.B. in PÜTZ 1989; dasselbe trifft zu für Modaladverbien wie *angeblich*). So läßt sich besser unterscheiden zwischen den beiden potentiellen Funktionen: Einerseits gibt es die (prinzipiell neutrale) Redeeinleitungsfunktion, andererseits die epistemische Modalität anzeigende Funktion. Das epistemisch verwendete *sollen* wird als redundantes Referatsignal, wie ich habe feststellen können, relativ häufig eingesetzt.[5]

Ganz deutlich kommt dies dadurch zum Ausdruck, daß der Referatkonjunktiv in der sogenannten berichteten Rede durch ein referierend verwendetes *sollen* ersetzt werden kann (wenn auch sehr restringiert; siehe LETNES 1997:131ff.). In der Übersicht unten habe ich eine Unterscheidung vorgenommen zwischen der Komponente epistemische Distanz einerseits und der Komponente Referat andererseits. Diese beiden Komponenten verhalten sich nicht parallel, was den Bezug betrifft. In der Übersicht unten stehen links die Angaben zum Bezug, die ich PLANKs Darstellung entnehmen kann (in einem Fall ist dies nicht möglich); rechts sind meine Angaben zum Bezug ("ED" = Komponente epistemische Distanz; "RE" = Komponente Referat):

	PLANK		LETNES	
a) Hans sagt:				
"Peter soll krank sein."	ED	S1	ED(?)[6]	S1
	RE	S1	RE	S1
b) Hans sagt,				
daß Peter krank sein soll.	ED	S1	ED(?)	S2
	RE	S1	RE	S2
c) Hans zufolge				
soll Peter krank sein.	ED	S2	ED	S2
	RE	?	RE	S2

Abb. 2: Bezug des epistemisch verwendeten *sollen*

Wie die Übersicht zeigt, meine ich, anders als PLANK, daß die Distanzkomponente sich nicht zwischen den Integrationsstufen b) und c) verschiebt (vgl. PLANK 1986: 304). Eine Verschiebung findet aber zwischen den Integrationsgraden a) und b) statt. Sowohl in b) als auch in c) ist *sollen* neben der Redeeinleitung mit dem Verbum dicendi ein redundantes redeeinleitendes Element. Mein Fazit ist also, daß eine Verschiebung in Redewiedergabesequenzen mit epistemischem *sollen* zwar stattfindet, aber sie ist von anderer Qualität als die von PLANK angesetzte und erfolgt außerdem "früher" (d.h. bei einem niedrigeren Integrationsgrad), als er annimmt.

Bei einem Modalverb wie *müssen* sind die Verhältnisse etwas übersichtlicher:

---

5   Aus ebendiesen Gründen ist m.E. ein Terminus wie "referierend" für diese *sollen*-Spielart angebrachter (vgl. LETNES 1997:120 Fn). Ich benutze aber weiterhin PLANKs Bezeichnung "epistemisch".

6   Mit dem Fragezeichen in Klammern deute ich hier und weiter unten an, daß ich nicht pauschal eine Distanzierung des Sprechers bei Sequenzen mit *sollen* in referierender Verwendung (S1 bzw. S2) annehme.

	PLANK		LETNES	
a) Hans sagt:				
"Peter muß krank sein."	ED	S1	ED	S1
b) Hans sagt,				
daß Peter krank sein muß.	ED	S1	ED	S1
c) Hans zufolge				
muß Peter krank sein.	ED	S2	ED	S1

Abb. 3: Bezug des epistemisch verwendeten *müssen*

Legt man PLANKs Auffassung der Bezugsverschiebung zugrunde, hat zwischen den Integrationsstufen, die durch die obigen Sätze b) und c) vertreten sind, eine Verschiebung stattgefunden; meiner Hypothese nach aber nicht. Genau diese Hypothese wird in der Interviewuntersuchung überprüft.

Es sollte an dieser Stelle unterstrichen werden, daß die Ergebnisse der Informantenbefragung, auf die ich oben hingewiesen habe (LETNES 1997) zeigen, daß der Integrationsgrad relevant ist, aber nicht für einen Bezugswechsel im Plankschen Sinne. Der Integrationsgrad ist vielmehr relevant für die Klärung der Frage, inwieweit ein (durch das epistemische *sollen*) modalisiertes oder unmodalisiertes Modell anzunehmen ist oder nicht. Bei steigender Integration steigt auch die Zahl der Ankreuzungen für ein unmodalisiertes Modell; z.B. ist bei der Sequenz *Laut Aussage des Polizisten soll Hoppe auf seine Verfolger geschossen haben* das Verhältnis 15 − modalisiert − gegen 57 − unmodalisiert. Man vergleiche hier das Ergebnis bei Satz b) in Abb. 3. oben, wo die Integration deutlich schwächer ist; hier war das Verhältnis modalisiert vs. unmodalisiert 25 gegen 47. Die Ergebnisse der Befragung zeigen, daß der Integrationsgrad von Belang ist, wenn es um die Frage geht, wie wahrscheinlich es ist, daß ein Informant spontan ein nichtmodalisiertes Modell annimmt: Je stärker die Integration, desto höher ist die Wahrscheinlichkeit, daß *sollen* als ein redundantes redeeinleitendes Element aufgefaßt wird.

4. Interviewuntersuchung

In der Interviewuntersuchung[7] lege ich den Informanten Sätze vor mit einem epistemisch verwendeten *müssen*, *können* sowie dem Modaladverb *wahrscheinlich* (vgl. Anhang 1). Diese drei epistemischen Signale finden sich in zwei unterschiedlichen Integrationsstufen im Sinne PLANKs, nämlich mit Redeanführung in einem überge-

---

7 Obwohl nur 9 Informanten an der Befragung teilgenommen haben, meine ich, daß sie für einigermaßen plausible Schlüsse als Basis dienen kann. Die Form der Befragung − Interview mit Tonbandaufnahme und Möglichkeit, den Informanten Rückfragen zu stellen − gleicht m.E. die Nachteile der geringen Informantenzahl weitgehend aus. Wie aus den weiteren Ausführungen hervorgeht, meine ich, daß das Ergebnis der Interviewuntersuchung Planks These zumindest stark herausfordert. Die meisten der Informanten sind linguistisch geschult. Im übrigen teile ich nicht die weit verbreitete Auffassung, daß Linguisten schlechte Informanten seien. Linguisten sind nach meiner Erfahrung besser in der Lage, unterschiedliche Interpretationen anzudeuten als linguistische Laien.

ordneten Satz mit einem Verbum dicendi (*Hans sagt*) bzw. in einem Präpositionsgefü-ge (*Hans zufolge*). Wenn notwendig, mache ich die Informanten darauf aufmerksam, daß der jeweilige Modalverbgebrauch epistemisch zu verstehen ist.[8] Außerdem werden 3 Varianten angeführt bei jeder der beiden Integrationsstufen, indem das Subjekt in der indirekten Rede jeweils in der 3., 1. und 2. Person erscheint.[9]

Bei einer Redeanführung wie *Hans zufolge* liegt der Bezug laut PLANK, auch bei der Kategorie epistemische Distanz, eindeutig bei dem wiedergebenden Sprecher (S2-Be-zug). Bei der schwach integrierten Redeanführung *Hans sagt* dagegen sei eine Ände-rung des Bezugs unmöglich; er liege hier fest beim wiedergegebenen Sprecher (S1-Be-zug). Ich fasse im folgenden die Ergebnisse der Interviews zusammen.

Was die Sequenzen mit der Redeanführung im übergeordneten Satz anbelangt (*"Hans sagt, daß..."*; vgl. die Testsätze 1/2/3 a) bis 1/2/3 c)), plazieren die meisten Informan-ten fast ohne Ausnahmen oder Modifikationen den Bezug beim wiedergegebenen Sprecher. Insgesamt stimmt bei diesen Testsätzen das Ergebnis mit PLANKs These überein, was auch nicht überraschend ist.

Generell nicht verträglich mit PLANKs These sind dagegen die Antworten in bezug auf die Testsätze, wo die Redeeinleitung als Präpositionalphrase realisiert ist (*Hans zufol-ge*; vgl. die Testsätze1/2/3 d) - 1/2/3 f)). Es handelt sich also hier um Gefüge, in denen die Redeeinleitung stark integriert ist. Durchgehend meinen die Interviewten, ohne dies zu relativieren, daß der Bezug auch hier bei dem wiedergegebenen Sprecher liege (S1-Bezug).[10]

Etwas differenziert haben dieses "Hauptergebnis" vor allem drei Informanten (vgl. hier Anhang 2). Ich gehe auf diese drei Informantenaussagen etwas näher ein und fasse sie unten zusammen, da ich meine, daß sie über die hier angeschnittene Problematik einigen Aufschluß geben können.

Laut Informant A zeichnen sich die *zufolge*-Sätze 1d)-f) vor allem dadurch aus, daß die Quelle *Hans* markiert ist (vgl. Anlage 2, Zeile 2). Dies im Gegensatz zu dem, was

---

8 Z.B. hatten mehrere von den Interviewten Einwände gegen die Konstruktionen 2a)-2f), indem sie meinten, daß hier eine epistemische Deutung eher weit hergeholt wirke. Ich ha-be eingesehen, daß diese Beispiele etwas unglücklich waren, habe aber den Wortlaut auf dem Fragebogen nicht geändert. Dagegen habe ich diejenigen Interviewten, die solche Einwände hatten, gebeten, *kann* durch *könnte* zu ersetzen.

9 PLANK illustriert ausschließlich mit Beispielen in der 1. Person; ich habe die Person des-halb wechseln lassen, weil ich den Verdacht hatte, daß PLANKs Konklusionen z.T. mit seiner einseitigen "Personenwahl" zusammenhängen könnte. Dieser Verdacht ist übrigens nicht bestätigt worden; allenfalls wurde ein paarmal angedeutet, daß dies u.U. von Belang sein könnte (vgl. Anhang 2). Es spielt demnach laut den Informanten keine große Rolle für den Bezug, ob das Personalpronomen in dem Teil, der die indirekte Rede enthält, in der 3., 1. oder 2. Person steht.

10 Meine Frage, ob sich etwas ändern würde beim Bezug, wenn statt *zufolge* eine andere Präposition (z.B. *laut* oder *nach*) verwendet würde, haben alle Informanten (mit einer möglichen Ausnahme) verneint.

der Fall sei in den Sätzen mit *Hans sagt* in 1a)-c), wo es diese Markiertheit nicht gebe. Markiert wären die Sequenzen 1a)-c) nach Informant A allenfalls dann, wenn *Hans* in der Redeeinleitung *Hans sagt* betont sei. Laut diesem Informanten werden "sofort durch das *Hans zufolge* andere ... mit einbezogen kontrastiv, die über die Befindlichkeit von Peter spekulieren" (Z. 24-26). Diese Markiertheit mache den Sprecher [=S2] "möglicherweise am Rande mit zu einem derjenigen, die daran mit spekulieren" (Z. 20-21). Auch wenn der Informant sich sehr vorsichtig ausdrückt, deute ich seine Aussagen dahin, daß sie PLANKs These einer Bezugsverschiebung der epistemischen Modalität unterstützen. Entsprechend nimmt Informant A "automatisch 2d) (*Hans zufolge kann Peter krank sein*) kontrastiv" wahr, "analog zu 1d)" (Z. 39-40). Wie bei 1d) werde hier eine Situation referiert, "in der mehr als einer eine Vermutung angestellt haben und unterschiedlicher Meinung waren" (Z. 41-42). Dies gelte im Prinzip auch für Satz 3d (*Hans zufolge ist Peter wahrscheinlich krank*); hier hat der Informant aber Bedenken gegen die Konstruktion, die zwar nicht ungrammatisch sei, aber die Auflösung sei "für den Sprecher zu problematisch" (Z. 66-67), was zum Teil daran liege, daß *zufolge* "perspektivische Qualität für die gesamte Äußerung" habe (Z. 60).

Ähnlich wie Informant A bemerkt B zu 1d, daß es ihm so vorkomme, daß, anders als in den a)-, b- und c)-Sätzen mit dem Verbum dicendi *sagen*, "es zu diesem Sachverhalt andere Meinungen" gebe oder zumindest "geben könnte" (Z. 75-79). Es handle sich um eine "typisch distanzierende Ausdrucksweise" (Z. 68-69), das *zufolge* betone die Subjektivität (Z. 81). Anders als A zieht aber B aus diesen Beobachtungen nicht den Schluß, daß der Bezug der epistemischen Modalität sich verschieben könnte, im Gegenteil identifiziere sich der Sprecher mit der geäußerten Meinung "auf gar keinen Fall, sondern er macht deutlicher klar, daß das die Meinung einer anderen Person ist" (Z. 72-73). Gegen die *zufolge*-Sätze in den Gruppen 2 und 3 hat Informant B Einwände; diese sind aber ohne Belang für die hier relevante Bezugsproblematik: Weil Sätze mit *zufolge* voraussetzen, daß "noch eine andere Meinung im Raume steht" (Z. 94), sei es laut B "weniger wahrscheinlich", daß ein Satz wie 2d) (*Hans zufolge kann Peter krank sein*) vorkomme (Z. 93). Bei den *zufolge*-Sequenzen 3d)-f) hat Informant B außerdem Einwände gegen die Konstruktionen als solche; er meint, daß sie "schlecht als deutsche Äußerungen betrachtet werden" können (Z. 97-98).

Laut Informant C gehe es bei 1d) (*Hans zufolge muß Peter krank sein*), verglichen mit 1a), (*Hans sagt, daß Peter krank sein muß*) "mehr in die Richtung", daß S2 die betreffende Auffassung teile (daß Hans krank ist) (Z. 100-103). Bei den *zufolge*-Aussagen wie in 1d) und 2d) (*Hans zufolge kann Peter krank sein*) sei eben "ein stärkerer Bezug des Sprechers, der diese Aussage macht, zu dem Problem zu erkennen" (Z. 108-109). Wie bei Informant A wird durch diese Informantenaussagen PLANKs These der Verschiebung des Bezugsrahmens teilweise unterstützt: Der Sprecher befasse sich selber mit der Problematik, er denke "stärker selber über die Sache nach" (Z. 115-116).

Anders als A und B hat C gegen die Sequenzen der Gruppe 3 keine Einwände und meint zu 3d) (*Hans zufolge ist Peter wahrscheinlich krank*), ganz analog den Kommentaren zu 1d) und 2d), "daß der Sprecher von dem Satz sich mit dem Problem auch selber befaßt" (Z. 156-157). S2 befasse sich mehr in den d)-Sätzen (*Hans sagt, daß...*)

als in den a)-Sätzen (*Hans zufolge...*) mit der Problematik, was jetzt mit dem Peter sei, es sei "mehr seine eigene Sache" (Z. 114), während es im Fall *Hans sagt* ohne Betonung nicht ganz klar sei, ob S2 eine eigene Auffassung habe. Anhand der beiden Sequenzen *Hans sagt, daß Außenminister Kinkel die Verfassung gebrochen hat* und *Hans zufolge hat Außenminister Kinkel die Verfassung gebrochen* illustriert C diesen Akzentwechsel: Während es im letzten Satz "um den Kinkel" gehe (Z. 183-184), handle es sich im ersten darum, "was der Hans für eine Auffassung hat" (Z. 181).

Da die von C gebildeten und interpretierten Sätze nicht epistemisch modalisiert sind, äußert sich der Informant nicht dazu, inwieweit die in Rede stehende Akzentverschiebung mit einem Wechsel des Bezuges eines epistemisch verwendeten Modalverbs einhergeht. Weitere Untersuchungen wären erforderlich um zu ermitteln, ob ein solcher Akzentwechsel und die Planksche Bezugsverschiebung parallel verlaufen.

5. Zusammenfassung

Auch wenn die Informanten A, B und C ihre Betrachtungen auf etwas unterschiedliche Weise anstellen, sieht es so aus, daß die Informantenaussagen weitgehend, mit den erwähnten Modifikationen, auf einen gemeinsamen Nenner zu bringen sind. Wie wir gesehen haben, meinen alle 3 Informanten, daß bei den *zufolge*-Aussagen die eine Meinung unter anderen fokussiert, thematisiert, kontrastiv aufgefaßt wird. *Zufolge* fokussiere stärker auf den Sachverhalt, andere Meinungen werden implizit thematisiert. Zwei der Informanten ziehen aus diesem Umstand den Schluß, daß der Sprecher S2 mitspekuliere. Bei *Hans sagt* (ohne Betonung des Subjekts) werde die angegebene Quelle fokussiert, es gebe eine Tendenz, daß man über die Quelle als solche etwas aussagen möchte, eher als daß man den Sachverhalt in den Mittelpunkt stelle. Letzteres hat Informant C am deutlichsten hervorgehoben und am Kinkel-Beispiel illustriert: Eine solche nichtmodalisierte Sequenz wäre u.U. aufschlussreich in bezug auf die besprochene Erscheinung. Wenn dies zutrifft, würde die Frage, ob die Aussage modalisiert ist oder nicht, beim Vergleich der Konstruktionen im Hinblick auf S1- versus S2-Bezug eine eher untergeordnete Rolle spielen.

Ich habe nur Kommentare derjenigen Informanten herangezogen, deren Aussagen PLANKs These der Bezugsverschiebung unterstützen könnten. Die Relativierungen, die durch die Aussagen der Informanten A, B und C nahegelegt werden, sind zwar z.T. mit PLANKs allgemeiner These, daß hoher Integrationsgrad und S2-Bezug Hand in Hand gehen, verträglich. Die allermeisten Informantenaussagen unterstützen aber meine Bedenken gegen eine so allgemein formulierte These.

Des weiteren hat es den Anschein, daß eine stark bzw. schwach integrierte Redeanführung Implikationen hat, die nicht nur Umstände wie den Bezug der epistemischen Modalität betreffen, sondern auch Phänomene wie Markiertheit, Subjektivität (vgl. Informant B) sowie Thematisierung von Meinungsträgern versus Sachverhalten. Es deutet auch einiges darauf hin, daß der Integrationsgrad ein Signal dafür sein kann, daß die angeführte Meinung neben anderen Meinungen zu einem bestimmten Sachverhalt existiert (vgl. die entsprechenden Angaben von Informant A).

Anhand der Interviewbefragung habe ich gezeigt, daß der S1-Bezug der epistemischen Modalität in Redewiedergabesequenzen stabiler ist als PLANK annimmt: Verglichen mit PLANKs Angaben, verträgt diese deiktische Kategorie deutlich mehr Integration, bevor der Bezug wechselt.

Um zu einer einigermaßen zufriedenstellenden Antwort auf die Frage zu gelangen, welche Relevanz dem Integrationsgrad zukommt hinsichtlich der Bezugsverhältnisse (S1- oder S2-Bezug) bei den hier in Frage stehenden Sequenzen, sind weitere Untersuchungen erforderlich. Ich hoffe aber, daß der vorliegende Aufsatz einen Beitrag leisten kann bei den Bemühungen, den Mechanismen, die in diesem Bereich wirken, auf die Spur zu kommen.[11]

Anhang 1: Fragebogen für die Informantenbefragung

1)
a) Hans sagt, daß Peter krank sein muß.
b) Hans sagt, daß ich krank sein muß.
c) Hans sagt, daß du krank sein mußt.
d) Hans zufolge muß Peter krank sein.
e) Hans zufolge muß ich krank sein.
f) Hans zufolge mußt du krank sein.

2)
a) Hans sagt, daß Peter krank sein kann.
b) Hans sagt, daß ich krank sein kann.
c) Hans sagt, daß du krank sein kannst.
d) Hans zufolge kann Peter krank sein.
e) Hans zufolge kann ich krank sein.
f) Hans zufolge kannst du krank sein.

3)
a) Hans sagt, daß Peter wahrscheinlich krank ist.
b) Hans sagt, daß ich wahrscheinlich krank bin.
c) Hans sagt, daß du wahrscheinlich krank bist.
d) Hans zufolge ist Peter wahrscheinlich krank.
e) Hans zufolge bin ich wahrscheinlich krank.
f) Hans zufolge bist du wahrscheinlich krank.

---

11 Ein Gastaufenthalt im Dezember 1995 am Institut für deutsche Sprache (IDS), Mannheim hat den vorliegenden Aufsatz ermöglicht. Ich danke dem IDS für das freundliche Entgegenkommen.

Anhang 2: Informantenaussagen

Informant A

1   **1d** Das ist auch, ausschließlich, die Annahme von Hans, weil, also wenn diese
2   Version in *Hans zufolge*, ist Hans als Quelle, Urheber der Annahme markiert.
3   **OL** (= Ole Letnes): Sprecher an der Annahme beteiligt?
4   Der Sprecher ganz marginal beteiligt; das heißt, der mögliche Kontext ist, so wie
5   ich ihn mir vorstelle, daß Leute darüber reden, warum ist der Peter nicht da, und
6   ich weiß nicht was, also gestern habe ich ihn noch gesehen, sagt der nächste, der
7   nächste sagt, ich weiß nicht, gestern ging es ihm schon nicht so gut, jaja, jaja, *Hans*
8   *sagt*, oder *Hans zufolge* – ist ein bißchen out, sagt keiner, Hans *sagt*, also mit der
9   markierten, *Hans sagt, Peter muß krank sein*, das sagt zum mindesten Hans, und es
10   sind die anderen Vermutenden mit beteiligt, aber es ist Hans jetzt als markierte
11   Quelle dieser Annahme formuliert...
12   Sprecher auf alle Fälle out in **1e-f.**
13   **OL:** Warum in **1d** nicht out?
14   Nein, weil, wollen wir mal so sagen, das liegt an Folgendem, das ist die Referenz
15   in der 3. Person, also, macht von der Pragmatik der Situation zwingend notwendig
16   oder ganz offenbar, daß das ad hoc spontan überprüfbar ist, und das macht das zu
17   einem ganz anderen Satz, während, also, in der Situation bin ich anwesend, oder ist
18   das Du anwesend, und das macht die Überprüfbarkeit möglich hier, fraglos. Peter
19   ist nicht da, das heißt, ich kann im Moment nicht überprüfen, ob Peter krank ist
20   oder ob Peter nicht krank ist, der Sprechende, und das macht ihn möglicherweise
21   am Rande mit zu einem derjenigen, die daran mit spekulieren.
22   **OL:** Was nicht der Fall ist in **1a**?
23   Würde ich schon sagen, ich weiß nocht nicht warum. Ja, es liegt an dem
24   kontrastiven Hans, das liest man sofort kontrastiv, und es werden sofort durch das
25   *Hans zufolge* andere, die mit einbezogen kontrastiv, die über die Befindlichkeit
26   von Peter spekulieren, und das muß in **1a** nicht unbedingt sein, das hängt da an der
27   kontrastiven Betonung, wenn ich sage, *Hans sagt, daß Peter krank sein muß*, dann
28   käme das möglicherweise mit rein, und andere sagen was anderes, wenn ich das
29   umgekehrt lese[?], was ich erstmal getan habe, das fällt mir bei *Hans zufolge*
30   schwer, das liegt an der Konstruktion, an der Formulierung *Hans zufolge*. *Hans*
31   *sagt, daß Peter krank sein muß*, da sind, das ist nicht unbedingt so zwingend,
32   vielleicht am Rande kann man es auch mit reinnehmen, aber da würde es für mich
33   nicht so naheliegen, wie in **1d**, glaube ich. [...] **2a** Hans' Annahme, oder, das ist für
34   viele Sätze nicht ausgeschlossen, daß das ein Satz ist, der in einem Kontext
35   gesprochen wird, wo alle Beteiligten Spekulationen anstellen über Peters Zustand,
36   aber ich würde schon sagen, es ist schon ... **2a** und **2d** liegen natürlich sehr nahe
37   beieinander, für mich klingt, aber es liegt natürlich an dieser doofen
38   schriftsprachlichen Version völlig fern von der Situation, und ich komme von
39   dieser Intuition nicht weg, daß ich automatisch **2d** kontrastiv wahrnehme analog zu
40   **1d**, ... ein anderer sagt so und so ... der Sprecher referiert auch hier eine Situation,
41   in der mehr als einer eine Vermutung angestellt haben und unterschiedlicher
42   Meinung waren, und das muß bei, *Hans sagt, ...*, das **kann** man so verstehen, aber

43 es kann auch sein, daß nur zwei Leute über Peter Vermutungen angestellt haben,
44 oder so, und Hans sagt, daß Peter krank sein kann. **2c** hier Sprecher latent beteiligt
45 an der Vermutung; Explorationsphase, was ist los, wie gehts dir; *Hans sagt, daß du*
46 *krank sein kannst*, ist was dran? – so in der Richtung ist der Sprecher beteiligt;
47 aber es ist *markiert* als die Annahme von Hans. **2e** Der Sprecher insofern mit
48 einbezogen, als er über seinen Zustand selbst nicht ganz im klaren ist, und in
49 diesem Rahmen wird Hans' Annahme präferiert. ... **2f** wie **2e**, aber weniger
50 kontrastiv in **1f** [*muß*] als in **2f** [*kann*], aber ohne Folgen für den Bezug. **3a**
51 markiert als Hans' Annahme, aber es schließt nicht aus, daß Hans in seiner
52 Annahme mit Annahmen Dritter, die hier nicht genannt werden, umgeht. Sprecher
53 nicht beteiligt. **3b** markiert als die Annahme von Hans. Sprecher nicht beteiligt an
54 der Annahme, obwohl er sich natürlich über seinen Zustand im klaren ist. **3c**
55 wieder markiert als Hans' Annahme, nicht ausgeschlossen, daß der Sprecher diese
56 Annahme teilt, aber dies ist nicht markiert; Sprecher übernimmt auf jeden Fall
57 nicht die volle Verantwortung für diese Annahme, bemüht einen Dritten, der dies
58 behauptet hat explizit; nicht ausgeschlossen, daß der Sprecher beteiligt ist; aber
59 wieder: dies ist auf jeden Fall nicht markiert. [Vergleich **3a** mit **3d**:] *zufolge* hat
60 perspektivische Qualität für die gesamte Äußerung, der Satz [**3d**] würde nie
61 gesprochen werden; wenn überhaupt zu unterbringen, dann wieder die markierte
62 Annahme von Hans; der Sprecher referiert diese und möglicherweise Annahmen
63 anderer ... **3e** nicht ausgeschlossen, daß dies auch die Annahme des Sprechers ist.
64 **3f** hat eine ähnliche Qualität wie c (*Hans sagt, daß du wahrscheinlich krank bist*);
65 aber generell: *zufolge* plus *wahrscheinlich* in einem Satz ist problematisch; dies
66 würde man wahrscheinlich nicht sagen, weil die Auflösung für den Sprecher zu
67 problematisch ist, aber nicht ungrammatisch.

Informant B

68 [Vergleich **1a-1d**]: Die Formulierung *zufolge* ist eine typisch distanzierende
69 Ausdrucksweise, zum Beispiel vor Gericht und in ähnlichen Situationen, wo eine
70 Reformulierung stattfindet von irgendwelchen Zeugenaussagen. Und hier
71 identifiziert sich der Sprecher des Satzes mit dieser geäußerten Meinung auf gar
72 keinen Fall, sondern er macht deutlicher klar, das das die Meinung einer anderen
73 Person ist. Und es kommt vielleicht noch ein weiterer Gesichtspunkt hinzu,
74 nämlich der, wenn man ausdrückt *Hans sagt, daß das und das der Fall ist*, dann ist
75 es die Meinung, die hier relevant ist, und die Frage, ob es auch noch zu diesem
76 Sachverhalt andere Meinungen gibt, spielt keine Rolle, wird nicht thematisiert. Bei
77 der Formulierung mit *zufolge* kommts mir jedenfalls so vor, als wenn in dem Falle
78 es wahrscheinlicher zum mindesten, wahrscheinlicher ist, daß es zu diesem
79 Sachverhalt auch noch andere Meinungen geben könnte. Also Hans *zufolge muß*
80 *Peter krank sein* aber Peter zufolge ist er irgendwo hingegangen oder irgendwo
81 hingefahren, also ist vermutlich nicht krank. Es ist also dieses *zufolge*, betont die
82 Subjektivität der wiedergegebenen Meinung eines anderen stärker als dieses, diese
83 Äußerung mit einem der Verba dicendi, Hans sagt, daß das und das der Fall sei.
84 Vergleich **1d/2d**: Wenn hier **2d** aber nur behauptet wird, "es besteht die
85 *Möglichkeit*, daß Peter krank ist", dann ist das eine Meinung, der man weniger
86 leicht widersprechen kann, nicht?; natürlich besteht immer eine gewisse
87 Möglichkeit, jemand kann gesund oder auch krank sein, also hier müßte dann

88 schon jemand unterstellt werden, der sich von dieser sehr abgeschwächten
89 Formulierung *Hans zufolge kann Peter krank sein*, da müßte es also irgend jemand
90 anders geben, der explizit behauptet hat, Peter ist kerngesund, nicht?; wäre eine
91 denkbare Interpretation für einen Kontext, in dem so ein Satz geäußert werden
92 kann, aber es ist eben, weil dieser abgeschwächten Formulierung schlecht zu
93 widersprechen ist, weniger wahrscheinlich, daß so ein Satz vorkommt. Diese
94 Äußerung setzt voraus, daß noch eine andere Meinung im Raume steht, aber wie
95 gesagt, nicht so leicht zu widersprechen, wenn es sich nur um eine Möglichkeit
96 handelt. Weil generell: In Sätzen mit *zufolge* wird die eine Meinung stärker
97 thematisiert als in Gefügen mit den Verba dicendi. **3d** und **3f** können schlecht als
98 deutsche Äußerungen betrachtet werden [...] kann mir schlecht Kontexte
99 vorstellen, in denen Sätze **3d-3f** geäußert würden.
Informant C
100 **1d** Es vermutet immer noch der Hans, aber es geht mehr in die Richtung, daß der,
101 der das sagt, der Sprecher, auch vermutet, daß Peter krank ist ... von meinem
102 Gefühl her, daß es eigentlich auch die Meinung vom Sprecher ist, daß der Sprecher
103 auch ein bißchen in die Richtung tendiert...
104 **OL: Ändert sich in 1e und 1f etwas, was den Bezug betrifft?**
105 Allenfalls, daß es ein bißchen mehr in die Richtung geht. **2a-c** Auch hier [wie bei
106 **1a-c**], der Sprecher nimmt gar nicht an.
107 **OL: 2d?**
108 Ja also es ist auf jeden Fall, ist bei den *zufolge*-Aussagen ein stärkerer Bezug des
109 Sprechers, der diese Aussage macht, zu dem Problem zu erkennen, **2a** ist einfach
110 erstmal ein neutrales Referat, aber in dem anderen Fall [**2d**] dann merkt man doch,
111 daß der Sprecher sich selber mit der Problematik befaßt, was jetzt mit dem Peter
112 ist.
113 **OL: Er nimmt sozusagen an der Vermutung teil?**
114 Ja, oder es ist jedenfalls mehr seine eigene Sache, dann sagt er Hans *sagt, daß er*
115 *krank sein könnte*, ein anderer sagt vielleicht so, also er ist da stärker, sozusagen er
116 denkt stärker selber über die Sache nach, während es im Fall, daß man einfach
117 sagt, daß *Hans sagt, daß Peter krank sein könnte*, ist nicht ganz klar, ob der dann
118 überhaupt zu dem Problem irgend eine Auffassung hat, oder ob er sagt, was weiß
119 ich ... der Wetterbericht sagt, daß vielleicht übermorgen regnen kann oder so
120 irgendwas ... ja.
121 **OL: Also der Bezug könnte sich hier etwas verschieben?**
122 Ja. **3a/3d** Sehr interessant. Also da [**3a**] ist es jetzt so, meiner Auffassung nach,
123 also erstmals ist es so, daß es hier wieder um eine Vermutung von Hans geht, aber
124 dadurch, daß hier *wahrscheinlich* steht, wächst eigentlich die Hypothese, daß der
125 Hans das sozusagen gar nicht aus eigener Anschauung weiß, also, *Hans sagt, daß*
126 *Peter wahrscheinlich krank ist*, daraus würde ich nicht schließen, daß der Hans
127 sich den Peter mal angeschaut hat und hat dann Verschiedenes beobachtet und
128 dann gesagt, wahrscheinlich ist er krank, sondern eher bezieht sich das
129 *wahrscheinlich* auf Informationen aus zweiter Hand, daß es irgendjemand erzählt
130 hat oder daß man es aus den Umständen schließt.
131 **OL: Aber Hans ist die Person, die annimmt?**
132 Hans nimmt schon an, ja, aber wenn man's vergleicht mit *Hans sagt, daß Peter*

133 krank sein muß, da kommt doch, meiner Meinung nach, nur so gefühlsmäßig, viel
134 stärker zum Ausdruck, daß das eine eigene Schlußfolgerung ist ... während bei *daß*
135 *Peter wahrscheinlich krank* ist eher so was, was er aus zweiter Hand erfahren hat
136 oder wo man es nicht so genau weiß ...
137 **OL:** Der Sprecher von **3a**, könnte er da auch beteiligt sein an der Annahme oder
138 ist es Hans' Annahme?
139 Mmm, das ist mal eine ganz neue Frage, also grundsätzlich eigentlich ist er daran
140 nicht beteiligt, aber man fragt sich, warum er überhaupt so etwas sagt, was ist der
141 Grund dafür, welche ...
142 **OL:** Wenn man **3a** mit **3d** vergleicht?
143 Eh – ja, also kann ich nur sagen, was ich bei den anderen auch gesagt habe, von
144 meinem Gefühl her, daß die Aussage *Hans zufolge ist Peter wahrscheinlich krank*
145 eine größere Beteiligung des Sprechers an dem Problem, ob er krank ist oder nicht,
146 symbolisiert, und jetzt fällt mir Folgendes auf, wenn man den Satz nimmt *Hans*
147 *sagt, daß Peter wahrscheinlich krank ist,* dann habe ich ja gesagt, es ist also ein
148 Referat darüber, was der Peter annimmt, und es liegt irgendwie nahe, daß der Peter
149 es nicht aus eigener Anschauung wahrnimmt, sondern, oder nicht nur, oder nicht
150 hauptsächlich, sondern aus irgendwelchen Umständen, sekundären Quellen.
151 **OL:** Daß der Hans ...?
152 Daß der Hans, Beispiel, er ist nicht bei der Arbeit, und keiner weiß warum, und
153 dann sagt man, der ist wahrscheinlich krank, oder was, aber man hat ihn nicht
154 gesehen und, aber der Satz *Hans zufolge ist Peter wahrscheinlich krank*, da
155 verschiebt es sich irgendwie so ein bißchen, weil erstmal, wie gesagt nehme ich
156 stärker an, daß der Sprecher von dem Satz sich mit dem Problem auch selber
157 befaßt, ob jetzt der Peter krank ist oder nicht, und da sagt er *Hans zufolge ist er*
158 *wahrscheinlich krank,* und dadurch, daß er jetzt auf den Peter [Hans] referiert,
159 kommt, wirkt es mehr wie dann tatsächlich eine feste Meinung von dem Peter
160 [Hans] aufgrund eigener Urteilsbildung, also es verschiebt sich irgendwie ein
161 bißchen, aber wie ... verstehst du, wie ich meine? [...] Ach, genau, das ist über-
162 haupt der Punkt, im **3d** sagt man, man macht irgendeine Aussage, oder im Grunde
163 genommen gehts darum, was mit dem Peter ist. [...] In den **a**-Sätzen kann es
164 sowohl eine Fokussierung auf den Hans sein; man möchte eigentlich etwas über
165 den Hans erzählen, nämlich daß der Hans gesagt hat, daß Peter wahrscheinlich
166 krank ist, oder man ist eigentlich im Gespräch über Peter und sagt, ja, der Hans
167 hat auch gesagt, daß er wahrscheinlich krank ist, während der Satz **d** ist eindeutig
168 auf den Peter fokussiert, das würde man nie sagen, wenn man über den Hans
169 spricht, weil da ist es so, daß es geht hier um den Peter, und was mit dem Peter ist,
170 und da hat man eine Informationsquelle, aber wenn man sagt, Hans sagt, *Peter ist*
171 *krank,* dann ist es wirklich nicht ganz klar, ob man etwas zum Peter sagen will
172 oder zu Hans sagen will. Das finde ich eigentlich einen wichtigen Unterschied.
173 Den Unterschied zwischen **a** und **d** würde man wahrscheinlich noch stärker
174 sehen, wenn man eine etwas pointiertere Aussage als Referat nimmt, also wenn
175 man z.B. sagt, *Hans sagt, daß Außenminister Kinkel die Verfassung gebrochen hat,*
176 und zwar gibt es Leute, die es sagen, weil er Soldaten nach Bosnien geschickt hat,
177 dann ist das eine ziemlich abweichende Meinung, und ein bißchen hart für den
178 Kinkel, und da ist es relativ wahrscheinlich, daß sich die Leute über den Hans

179 unterhalten und den Hans irgendwie kennzeichnen wollen, d.h. es geht ihnen gar
180 nicht um die Aussage, die der Hans über den Kinkel macht, sondern es geht ihnen
181 um den Hans, was der Hans für eine Auffassung hat, was der behauptet. Wenn
182 man sagt *Hans zufolge hat Außenminister Kinkel die Verfassung gebrochen*, dann
183 ist es klar, daß es sehr wahrscheinlich im Gespräch passiert ist, wo es um den
184 Kinkel geht, also sozusagen, je bedeutender das Referat, über was man redet, desto
185 stärker fällt, glaube ich, auch der Unterschied von **a** und **d** auf.

Literatur

Diewald, Gabriele, 1993. Zur Grammatikalisierung der Modalverben im Deutschen. *Zeitschrift für Sprachwissenschaft* 12.2.:218-234.

Engel, Ulrich, 1988. *Deutsche Grammatik*. Heidelberg: Groos.

Engelen, Bernhard, 1973. Überlegungen zu Syntax, Semantik und Pragmatik der Redewiedergabe. In: *Linguistische Studien IV. Festgabe für Paul Grebe zum 65. Geburtstag*. Düsseldorf: Schwann (= *Sprache der Gegenwart* 24), 46–60.

Glas, Reinhold, 1984. Sollen *im heutigen Deutsch. Bedeutung und Gebrauch in der Schriftsprache*. Tübingen: Narr (= *Studien zur deutschen Grammatik* 27).

Heidolph, Karl-Erich et al., 1981. *Grundzüge einer deutschen Grammatik*. Berlin: Akademie-Verlag.

Kaufmann, Gerhard, 1976. *Die indirekte Rede und mit ihr konkurrierende Formen der Redeerwähnung* München: Hueber (= *Heutiges Deutsch* III/II).

Letnes, Ole, 1997. *Sollen* als Indikator für Redewiedergabe. In: Debus, F./Leirbukt, O. (eds.). *Aspekte der Modalität im Deutschen – auch in kontrastiver Sicht*. Hildesheim/New York (= *Germanistische Linguistik* 136. Studien zu Deutsch als Fremdsprache III), 119-134.

Maxwell, Harry J., 1964. *The Syntactical and Semantic Usages of* Sollen *in Contemporary German*. Ph.D.-Dissertation. University of Michigan, Ann Arbor.

Öhlschläger, Günther, 1989. *Zur Syntax und Semantik der Modalverben im Deutschen*. Tübingen: Niemeyer (= *Linguistische Arbeiten* 144).

Palmer, Frank, 1986. *Mood and Modality*. Cambridge: Cambridge University Press.

Plank, Frans, 1986. Über den Personenwechsel und den anderer deiktischer Kategorien in der wiedergegebenen Rede. *Zeitschrift für Germanistische Linguistik* 14:284-308.

Pütz, Herbert, 1989. Referat – vor allem Berichtete Rede – im Deutschen und Norwegischen. In: Abraham, W. / Janssen, Th. (eds.): *Tempus – Aspekt – Modus. Die lexikalischen und grammatischen Formen in den germanischen Sprachen*. Tübingen: Niemeyer (= *Linguistische Arbeiten* 237), 183-226.

Ole Letnes

Wollen: zwischen Referat und Verstellung

1. Vorbemerkung. Hypothese und Zielsetzung

In CURMEs deutscher Grammatik (1922:322) ist unter der Überschrift "Special Uses of the Modal Auxiliaries" von einer *wollen*-Verwendung die Rede, die zum Ausdruck von "a claim that some one makes" diene. Beispiele für diesen Gebrauch seien Sätze wie (1) und (2):

(1) Der Zeuge will den Angeklagten gesehen haben.

(2) Ich will es nicht gesehen haben.

CURME übersetzt (1) durch "The witness claims to have seen the defendant"; also haben wir es in diesem Beispiel mit einer Verwendungsweise von *wollen* zu tun, die in neueren Darstellungen zu den Modalverben etwa als "epistemisch", "subjektiv" oder "inferentiell" bezeichnet wird. Ich nenne diesen Gebrauch "referierend".[1]

CURME übersetzt Satz (2) durch "I will claim, pretend that I did not see it". Auffallend ist hier das "pretend" neben dem "claim" in der englischen Übersetzung. Setzt man voraus, daß "claim" in etwa einem "behaupten" und "pretend" einem "vorgeben" oder "verstellen" entspricht, ist es berechtigt zu sagen, daß in CURMEs Übersetzung gleich zwei Verwendungsweisen von *wollen* angedeutet sind.

Den Ausführungen im vorliegenden Aufsatz lege ich die Annahme zugrunde, daß es einen "pretend"-Gebrauch von *wollen* gibt, der einen selbständigen Status und somit ein durchaus legitimes Anrecht auf einen eigenen Terminus hat. Im folgenden nenne ich diese Verwendung "verstellend". Es gibt in der Literatur zu den deutschen Modalverben nur ganz wenige Autoren, die diesen *wollen*-Gebrauch erwähnen, und er ist nicht eingehend beschrieben worden.

Es ist meine Hypothese, daß es sich bei den beiden *wollen*-Verwendungen referierend und verstellend um nahe verwandte, aber doch grundsätzlich voneinander absetzbare Lesarten handelt. Sind Sätze in dieser Hinsicht zweideutig, liegt es daher an

---

1   Im Unterschied zu den allermeisten Darstellungen zu den Modalverben werden im vorliegenden Aufsatz *sollen/wollen*-Verwendungen wie in *Der Zeuge soll/will den Angeklagten gesehen haben* von Modalverbverwendungen vom Typ *Der Zeuge kann/muß/dürfte den Angeklagten gesehen haben* terminologisch abgesetzt. Während in Sequenzen des letztgenannten Typs der Bedeutungsbeitrag der Modalverben ohne Zweifel in Richtung Annahme/Inferenz zu deuten ist, fungieren die Modalverben *sollen/wollen* in Sätzen wie den erstgenannten als Referatsignale. Daher finde ich es legitim, für diesen Gebrauch eine eigene Bezeichnung – "referierend" – zu benutzen. Vgl. hierzu z.B. ÖHLSCHLÄGER (1989: 235), LETNES (1997:120) und LETNES, in diesem Band.

mangelndem Kontext (im weiten Sinne). Entscheidend ist dabei vor allem der Umstand, daß der Sprecher eines verstellenden *wollen*-Satzes dessen Proposition für eindeutig falsch hält. Bei referierenden *wollen*-Sequenzen dagegen ist dies kein konstitutives Merkmal.[2] Der Aufstellung der Hypothese von ihrer nahen Verwandtschaft liegen übrigens nicht zuletzt Beobachtungen zu einfachen und periphrastischen *wollen*-Formen zugrunde; darauf gehe ich im Abschnitt 4 ein.

Zur Verdeutlichung dessen, was unter einer verstellenden *wollen*-Verwendung zu verstehen ist, ziehe ich zwei Belege heran:

(3) Daddy, der liebte sie, nahm aber ihr Herz nicht ernst, was Mummy immerhin tat, wenn auch im bösen, und Eleanor war geneigt, ihr das zugute zu halten. "For I love you!" *Ich wollte das vorläufig nicht gehört haben.* Als ich aber zu ihrer Bedienung wiederkam, sagte ich unterderhand und redete ihr zu: "Miss Eleanor, was Sie da vorhin fallenließen von 'love', das ist nur Einbildung und purer Nonsense."[3]

Es geht aus (3) eindeutig hervor, daß es sich dort um einen *wollen*-Satz mit "pretend"-Bedeutung handelt, also im Sinne von 'Ich gab vor, das nicht gehört zu haben' (oder z.B. 'Ich tat so, als ob ich das nicht gehört hätte'). Auch die *wollen*-Verwendung in (4) dürfte verstellend zu lesen sein:

(4) "Sie hätten nicht die Lust", kam es von ihm [Lord Kilmarnock], ohne daß er die Augen von den Zigarren erhoben hätte, "den Hoteldienst mit einer Stellung als Kammerdiener zu vertauschen?" [...] "Wie das, Mylord?" fragte ich scheinbar verständnislos. *Er wollte gehört haben* "Bei wem?" und antwortete mit leichtem Achselzucken: "Bei mir. [...]" (LEIRBUKT 1979:59, dort auch Quellenangabe; LEIRBUKTs Hervorhebungen)

Den weiteren Ausführungen liegt auch zugrunde, daß *wollen* eine unspezifizierte Kernbedeutung 'Wille des Subjektreferenten' besitzt und daß die beiden fraglichen Verwendungsweisen als Varianten dieser invariablen Kernbedeutung von *wollen* zu betrachten sind. Die Spezifizierung in Richtung Referat bzw. Verstellung erfolgt erst über den sprachlichen Kontext bzw. die Kommunikationssituation.

Zielsetzung des vorliegenden Aufsatzes ist es, zu ermitteln, unter welchen Umständen die referierende bzw. verstellende Verwendung die näherliegende ist. Es handelt sich

---

2 Inwieweit sich der Sprecher eines referierenden *wollen*-Sätzes (sowie eines entsprechenden *sollen*-Satzes: *Sie soll krank sein*) vom Wahrheitsgehalt der betreffenden Proposition distanziert, ist in der Literatur zu den deutschen Modalverben ein Dauerbrenner. Diese Frage wird weiter unten tangiert, spielt im vorliegenden Aufsatz aber eine untergeordnete Rolle. Ich betrachte ein referierend verwendetes *wollen* und *sollen* als Referatsignale, als referatindizierende Mittel, die an sich keine Distanzierung seitens des Sprechers zu erkennen geben; siehe auch z.B. WUNDERLICH (1981:28) und ÖHLSCHLÄGER (1989:235).

3 THOMAS MANN: *Bekenntnisse des Hochstaplers Felix Krull*. Gesammelte Werke in dreizehn Bänden, Band VII. Frankfurt/M.: Fischer Taschenbuch Verlag, S. 478; meine Hervorhebung.

also um einen Versuch, den Kriterien auf die Spur zu kommen, die bei der Abgrenzung der Verwendungen gegeneinander von Belang sind. Als empirische Basis dient eine Interviewuntersuchung mit deutschsprachigen Informanten (Abschnitt 5). Um von vornherein einer Ausuferung des Vorhabens vorzubeugen, schließe ich für die Untersuchung konjunktivische Fälle aus und konzentriere mich auf indikativische *wollen*-Sequenzen.

2. Zum Forschungsstand

2.1 CURME (1905, 1922), LÅFTMAN (1924), LEIRBUKT (1979)

Abgesehen von dem Beispiel, das oben wiedergegeben wurde (mit zugehöriger Paraphrase), enthält CURME (1922) keine weiteren *wollen*-Beispiele, die als verstellend im hier angegebenen Sinne zu verstehen wären. Auffallend ist, daß CURME, der als einer der ersten auf die "pretend"-Verwendung von *wollen* aufmerksam zu sein scheint, diesen Gebrauch nicht als eigene Verwendungsweise ansetzt, sondern ihn als eine Nuance der "claim"-Bedeutung behandelt.

Hier ist eine Bemerkung zur grammatischen Person angebracht. In Sequenzen mit dem Subjekt in der ersten Person, wie in CURMEs Beispielsatz sowie in (3) oben, dürfte der verstellende Gebrauch von *wollen* eher selten sein. Eine Bezugnahme auf Verstellungen *anderer*, wie in (4), ist wohl im faktischen Sprachgebrauch üblicher als ein Verweis auf *eigene* Verstellungen. Das Nachdenken über eigene Verstellungen kann ja nur Ergebnis von Selbstreflexion und -kritik sein, während die Einschätzung des Benehmmens anderer Personen als Ausdruck einer Verstellung in der Regel wohl weit spontaner erfolgt.

LÅFTMAN erwähnt in einem Aufsatz (1924:48) eine Verwendung von *wollen*, bei der das Modalverb "en förställning, som avser at taga bort ett obehagligt intryck" bezeichnen könne.[4] Hier dient u.a. CURMEs oben kommentierter *wollen*-Satz *Ich will es nicht gesehen haben* mit zugehöriger Paraphrase 'I will pretend that I did not see' it als Exemplifizierung (ebd.).[5] Als weiteres Beispiel für diese *wollen*-Verwendung bringt LÅFTMAN den Satz (aus dem deutsch-englischen Wörterbuch von MURET/SANDERS) *Ich will es nicht gehört haben* und übersetzt ihn durch 'I will pretend not to have heard it' (ebd; weitere Literaturhinweise bei LÅFTMAN).

LÅFTMAN führt ein drittes Beispiel an, und zwar einen Satz aus PAULs Deutschem Wörterbuch unter dem Stichwort *wollen*: *Ich will nichts gesagt haben*. Es handelt sich um eine Verwendungsart, die PAUL (1960) durch 'Man wünscht, daß etwas als unge-

---

4 Deutsch etwa: "eine Vorstellung, die bezweckt, einen unangenehmen Eindruck zu überspielen".

5 LÅFTMAN zitiert aus der ersten Auflage der Grammatik (1905). Hier ist die Verwendung als eindeutig verstellend gekennzeichnet. Das 'claim' (siehe oben) ist in der 1922er Auflage (Second Revised Edition) hinzugekommen. Dieser Zusatz macht den Status der angegebenen Verwendung natürlich unklarer, vor allem was die Abgrenzung gegenüber dem referierenden Gebrauch betrifft.

schehen betrachtet werden soll' paraphrasiert. Dies ist, wie wir sehen, keine Exemplifizierung des, im definierten Sinne, verstellenden *wollen*-Gebrauchs. Wäre dies ein "echter" Verstellungsbeleg, wäre die Aussage eine Ankündigung des Sprechers, daß er (künftig) so tun würde, als ob er nichts gesagt hätte. So ist dieser Satz nicht zu verstehen.

Meine Definition der verstellenden *wollen*-Bedeutung stimmt weder mit der von CURME noch mit der von LÅFTMAN überein, aber aus unterschiedlichen Gründen: CURMEs Grenze zwischen den beiden Verwendungsweisen ist unscharf, indem er diese gewissermaßen ineinander gehen lassen. LÅFTMANs Gebrauchsweise "förställning" umfaßt, anders als meine *wollen*-Verwendungsweise "verstellend", auch die Fälle, bei denen "ein unangenehmer Eindruck" überspielt wird. LÅFTMANs Begriff "förställning" bezieht sich mit anderen Worten auf ein breiteres Spektrum an *wollen*-Verwendungen, als meine Bezeichnung "verstellend" es tut.

Was die referierende Verwendung betrifft, ist sie bei LÅFTMAN gegenüber "förställning" eindeutig genug abgegrenzt (er bringt Beispiele vom Typ *Er will es selbst gesehen haben* = 'He says that he has seen it himself'); es liegt also, anders als bei CURME, keine Verwechslungsmöglichkeit vor mit Verwendungen, die – aus meiner Sicht – als verstellend zu betrachten sind.

Es ist natürlich nicht auszuschließen, daß es in der Fachliteratur weitere frühe Erwähnungen der verstellenden oder nahe verwandten *wollen*-Verwendungen gibt. Selten herangezogen und dürftig beschrieben ist diese Verwendungsart auf jeden Fall.

In einem Aufsatz zur Kombination objektiv gebrauchtes Modalverb plus Infinitiv Perfekt greift LEIRBUKT (1979) LÅFTMANs Überlegungen zu dieser *wollen*-Spielart auf (vgl. Beispiel (4) oben, das diesem Artikel entnommen ist).[6] Wie oben schon angedeutet, bin ich der Auffassung, daß die übliche dichotomische Betrachtung ein zu grobes Raster bereitstellt, um Nuancen wie die verstellende *wollen*-Verwendung einzufangen. Die von LEIRBUKT (der sich des Terminuspaares "objektiv" vs. "subjektiv" bedient) in diesem Zusammenhang angestellten Überlegungen illustrieren ebendies: In Beispiel (3) bestehe zwar "eine gewisse Nähe" zum subjektiven, d.h. referierenden, Gebrauch von *wollen* "als Mittel zur Wiedergabe einer dem Subjektsreferenten zuzuordnenden Aussage"; da sich aber der Wille, wie bei *wollen* in eindeutig objektiver Verwendung, hier "auf etwas Geschehenes" richte, setzt LEIRBUKT auch hier "objektiven", also nicht-referierenden Gebrauch an (1979:59f.).

Nun ist die Frage nach der Angemessenheit des einen oder anderen Terminus im vorliegenden Zusammenhang an sich eher uninteressant. Der springende Punkt ist die "gewisse Nähe", die LEIRBUKT bemerkt und die es offenbar zwischen den beiden *wollen*-Lesarten "referierend" und "verstellend" gibt. LEIRBUKT geht auf diese Problematik nicht ein. Ich erinnere an die Zielsetzung der vorliegenden Arbeit, ebendiese Unterschiede genauer zu erfassen: Worin bestehen die Merkmale, die konstitutiv sind für die

---

6   Nebenbei bemerkt ist (3) Beispiel für einen nicht-negierten Satz, während LÅFTMAN zufolge (1924:48) dieser *wollen*-Gebrauch nur in negierten Sätzen auftritt.

referierende bzw. die verstellende Verwendung? Es sind dies Verhältnisse, die einer näheren Untersuchung bedürfen (Abschnitt 5).

2.2 ENGELEN (1973)

ENGELEN stellt in einem Aufsatz (1973:51f.) einige Überlegungen zur Syntax, Semantik und Pragmatik der Redewiedergabe an; hier finden sich ein paar interessante Bemerkungen zum referierenden *wollen* (wie auch zu *sollen* in dieser Verwendung).[7] Einige von ENGELENs Beispielen tangieren möglicherweise den verstellenden Gebrauch. Er bringt übrigens auch konjunktivische periphrastische *wollen*-Formen ins Spiel (Beispiel 6 unten).

ENGELENs Exemplifizierung rückt dann in die Nähe des verstellenden *wollen*-Gebrauchs, wenn er die Restriktionen, die seiner Auffassung nach in bezug auf die grammatische Person bestehen, an Beispielen deutlich macht: Bei "*will* als Indiz für eine Sekundäräußerung" (also in referierender Verwendung) sei die 1. Person nur in "Tertiäräußerungen" (ENGELENs Terminus) vom Typ (5) möglich:

(5) Er hat also behauptet, ich hätte in London gewesen sein wollen.

Diese Beschränkung werde nicht von Sätzen wie (6) widerlegt:

(6) Ich will nichts davon gesehen/gehört/bemerkt haben.

Dies liege daran, daß solche Sätze, also mit dem Subjekt in der 1. Person, u.a. in bezug auf Konstruktionstyp (nur Infinitiv II) und Verbcharakter (Verben der sinnlichen Wahrnehmung sowie möglicherweise Verben wie *kennen*) "sehr starken Restriktionen" unterliegen.[8] Das gleiche gelte für Konstruktionen wie (7) a) und b):

(7) a) Das will ich auch gemeint haben.
    b) Das will ich Ihnen auch geraten haben.

---

7   Nach ENGELEN scheint *wollen* referierend verwendet "immer 'nicht richtig' zu implizieren" (1973:51). Dies ist eine Sicht der Dinge, der ich nicht zustimmen kann (vgl. die erwähnte These von *wollen* als Referatsignal); diese Problematik verfolge ich aber in der vorliegenden Arbeit nicht weiter.

8   Was *kennen* betrifft, gibt es unter *wollen* in DROSDOWSKI (1988:829) (Duden-Stilwörterbuch) das folgende eventuell als verstellend zu interpretierende Beispiel: *Er wollte mich nicht mehr kennen.* Faßt man diese Aussage als verstellend auf, bezieht sich der Sprecher auf ein Ereignis, bei dem der Subjektreferent es versäumt hat (etwa durch einen Gruß oder etwa eine Geste) zu signalisieren, daß er den Sprecher wahrgenommen hat, sei es visuell oder auditiv. Es hat hier den Anschein, daß, nach Meinung des Sprechers, sich der Subjektsreferent verstellt hat. Von einer Person, die man kennt, erwartet man ein Signal des Erkennens, wenn man meint, daß die Person einen wahrgenommen hat. Die Besonderheit der Aussage mit *kennen* liegt daher darin, daß hier statt der Wahrnehmung (ausgedrückt etwa durch *sehen*) der Grund (d.h. das Kennen), weshalb man vom Subjektsreferenten ein Signal des Erkennens erwartet, explizit erwähnt wird.

ENGELENs Aufsatz gilt dem Thema Redewiedergabe, und es geht aus der Darstellung im fraglichen Abschnitt eindeutig hervor, daß ENGELEN auch das *will* in (6) und (7) als "Indiz für eine Sekundäräußerung" einstuft (1973:51ff.). Bei solchen *wollen*-Sätzen, so der Autor, könne man "fast von einer Lexikalisierung" sprechen. Die Sonderstellung derartiger Sequenzen zeige sich auch darin, daß "*will* gegen *möchte* kommutierbar" sei, "und zwar ohne deutlich erkennbare Bedeutungsverschiebung", was "bei dem Gebrauch von *will* mit der 2. und 3. Person in dem oben genannten Sinn nicht möglich" sei.[9]

Was die Ersetzbarkeit des *wollen* in (6) und (7) durch *möchte* anbelangt, möchte ich ENGELEN nicht widersprechen. Ich kann ihm aber nicht zustimmen, wenn er – ohne dies weiter zu problematisieren – meint, es handle sich auch hier um ein "Indiz für eine Sekundäräußerung" (1973:51ff.). Nur in Ausnahmefällen dürften (6) und (7) als Beispiele für die referierende *wollen*-Verwendung aufzufassen sein, d.h. daß (6) sich auf eine Primäräußerung vom Typ *Das meine ich auch* beziehen würde.[10] Vielmehr scheinen wir es hier mit *wollen*-Sequenzen zu tun zu haben, die denjenigen ähneln, die CURME und LÅFTMAN zufolge die "pretend"-Bedeutung signalisieren. Dies heißt wiederum, daß es *wollen*-Sätze mit dem Subjekt in der ersten Person gibt, bei denen eine Deutung als verstellend nicht ausgeschlossen ist und die verstellend bleiben, wenn das *wollen* durch ein *möchte* ersetzt wird. Hier, d.h. genau in diesen Fällen, ist es m.E. sinnvoll, von lexikalisierten *wollen*-Verwendungen zu sprechen. Die Möglichkeit der Ersetzbarkeit von *wollen* durch ein *möchte* in derartigen Sequenzen wird Gegenstand empirischer Nachprüfung sein (Abschnitt 5).

3. Zum angestrebten Beschreibungsmodell

An dieser Stelle sind einige Bemerkungen zur Annäherungsweise angebracht. Ein Ansatz, der mir fruchtbar erscheint, ist der von FRITZ erst vor kurzem dargelegte und angewandte (1997). In wesentlichen Punkten unterscheidet sich diese Annäherungsweise von – in den letzten Jahren sehr einflußreichen – ausgesprochen kognitiven Modellen wie denen von TRAUGOTT (z.B. 1989) und SWEETSER (z.B. 1990). Bei diesen Autoren sind Begriffe wie "metaphorische Übertragung" (SWEETSER) und und "Subjektivierung" (TRAUGOTT) zentral. FRITZ' Meinung nach dagegen vollzieht sich die Bedeutungsentwicklung der Modalverben in "kleinen Schritten"; die Übergänge ließen sich u.a. anhand von Begriffen wie konversationellen Implikaturen erklären.[11] Damit

---

9   Nichts deutet darauf hin, daß hier irgendwelche periphere Bedeutung von *möchte* gemeint sein kann, sondern alles spricht dafür, daß ENGELEN das übliche volitive *möchte* meint.

10 Die Äußerung, auf die Bezug genommen wird, hat natürlich nicht notwendigerweise genau diesen Wortlaut. Ich setze aber voraus, daß sie weder durch ein referierendes *sollen/ wollen* noch durch Elemente, die eine bestimmte Sprecherhaltung zum Wahrheitswert der betreffenden Proposition signalisieren (epistemisch verwendete Modalverben, Modaladverbien etc.) modalisiert sind.

11 Den Ausdruck "kleine Schritte" und somit die Bezeichnung seines gleichnamigen methodischen Prinzips entnimmt FRITZ der Einleitung in PAUL (1960:19). Was den Begriff (konversationelle) Implikatur anbelangt, zieht FRITZ diesen zwar gelegentlich heran, aber

kritisiert er vor allem Annäherungsweisen wie diejenigen, die die epistemische Verwendungsweise der Modalverben als eine metaphorische Übertragung aus dem "soziophysischen" in den epistemischen Bereich betrachten (SWEETSER 1990:64). Bezogen auf den Gebrauch von *mugan* im Althochdeutschen und die semantische Entwicklung von *können* im Mittelhochdeutschen/ Frühneuhochdeutschen erscheint nämlich FRITZ zufolge

> der mögliche metaphorische Charakter dieser Verwendungsbeziehungen und -entwicklungen sehr verdeckt. Was sich bei der Betrachtung dieser Konstellationen viel stärker aufdrängt, ist die erwähnte kleinschrittige Ausbreitung über die Konstruktionen und Kontexte. (FRITZ 1997:32)

In diesem Zitat kommt FRITZ' wichtigster Einwand gegen die auf einer kognitiven Semantik basierende Betrachtungsweise zum Ausdruck, nämlich die Verdecktheit und die nur mit großem Aufwand an Phantasie zu entschlüsselnden Mechanismen, die diese theoretischen Ansätze nach seiner Meinung implizieren. Ich finde, daß FRITZ' Annäherungsweise gerade durch ihre unprätentiöse Schlichtheit überzeugt, dadurch, daß dieser Neuerungstyp "prima facie weniger spektakulär" als manche konkurrierende Ansätze erscheint (1997: 31). Auf *wollen*-Sequenzen wie die, die im vorliegenden Aufsatz im Mittelpunkt stehen, geht FRITZ nicht ein.

Natürlich kann in einem kurzen Aufsatz wie dem vorliegenden von FRITZ' eher umfassendem Ansatz nur sehr begrenzt Gebrauch gemacht werden. Anhand von FRITZ' Termini könnte man das deskriptive Anliegen der vorliegenden Untersuchung so formulieren: Es soll versucht werden, die kleinen Schritte zwischen den beiden offensichtlich nahe verwandten Verwendungsweisen synchron zu erfassen. Daß das Prinzip der kleinen Schritte auch nicht-historische Implikationen hat, macht FRITZ selbst deutlich:

> Neuerungen, die als kleine Schritte gelten können, haben nicht nur deshalb eine gute Chance, als neue Varianten ins Spiel zu kommen, weil sie dem Sprecher naheliegen, sondern auch deshalb, weil der Sprecher bei der Kalkulation des gemeinsamen Wissens damit rechnen kann, daß diese Verwendungen dem Hörer keine Verstehensprobleme bereiten, und weil sie tatsächlich dem Hörer keine Verstehensprobleme bereiten. (FRITZ 1997:39f.)

Darauf, daß der Begriff "kleine Schritte" im Zusammenhang mit der referierenden und der verstellenden *wollen*-Verwendungsweise relevant ist, weist auch der Umstand hin, daß sie schwer auseinanderzuhalten sein können. Wir haben z.B. gesehen (Abschnitt 1), daß CURME bei einem Beispielsatz beide Interpretationen, die "claim"- und die "pretend"-Verwendung, angibt. Auch Informantenaussagen bestätigen, daß die eine Verwendung von der anderen in bestimmten Kontexten schwer zu trennen sein kann. Vor allem gilt dies bei *wollen*-Konstruktionen mit Zukunftsbezug (Abschnitt 5).

---

ohne eine umfassende Implikatur-Theorie in systematischer Weise auf die von ihm beschriebenen Phänomene zu applizieren.

4. Periphrastische Formen von *wollen*

Bei der Aufstellung der Hypothese, es handle sich bei den *wollen*-Verwendungen referierend und verstellend um nahe verwandte Verwendungen, war eine Beobachtung von besonderer Bedeutung, nämlich diejenige, die vermuten läßt, daß sowohl die referierende als auch die verstellende Verwendungsart mit periphrastischen Formen des Modalverbs grundsätzlich verträglich sind.

Den folgenden Ausführungen liegen die Prämissen zugrunde, daß es sich bei den beiden fraglichen Verwendungen um verwandte Gebrauchsarten handelt und daß eine Verwandtschaft zwischen Gebrauchsweisen u.a. eine gemeinsame Verträglichkeit hinsichtlich bestimmter formal faßbarer Umgebungen impliziert: Sind die Gebrauchsweisen verwandt, ist auch zu erwarten, daß sie sich im Hinblick auf bestimmte Erscheinungen gleich oder ähnlich verhalten. Insbesondere ist auf periphrastische Tempora wie Perfekt, Plusquamperfekt und Futur II näher einzugehen.

Die angedeutete Verträglichkeit der beiden Verwendungen mit den periphrastischen Tempora möchte ich zunächst anhand von Hinweisen auf vereinzelte einschlägige Stellen in der Sekundärliteratur veranschaulichen. Das Phänomen der Verträglichkeit wird in der bisherigen Forschung übrigens eher stiefmütterlich behandelt.

CURME (1922:322) führt den Satz *Er wird es wieder nicht gehört haben wollen* an und übersetzt ihn durch 'He will claim again that he didn't hear it'. CURME erkennt somit implizit an, daß eine periphrastische *wollen*-Form einer referierenden Deutung des betreffenden Satzes nicht im Wege steht.

ENGELEN (1973:52) betrachtet, wie wir gesehen haben, den *wollen*-Satz in *Er hat also behauptet, ich hätte in London gewesen sein wollen* als referierend. ENGELEN ist auch der erste, und meines Wissens bisher der einzige, der die Möglichkeit des Konjunktivgebrauchs beim fraglichen *wollen* bespricht.

Bei LÅFTMAN (1924:48), dessen Hauptanliegen es gerade ist, zu ermitteln, welche Verwendungsweisen die verschiedenen Konstruktionstypen zulassen, wird auf die mögliche Verträglichkeit der referierenden bzw. verstellenden Lesart mit einer periphrastischen Konstruktion nicht eingegangen. Nur unter der Überschrift "Enkelt tempus + perfekt infinitiv av hovudverbet" ("Einfaches Tempus + Infinitiv Perfekt des Hauptverbs") zieht er den referierenden (*Er will es selbst gesehen haben*) bzw. referierend-verstellenden Gebrauch (*Ich will es nicht gesehen haben*; vgl. oben) heran.[12]

Dagegen betont LEIRBUKT (1988:178 Fn), daß bei *wollen* periphrastische Konstruktionen mit der referierenden Verwendungsweise vereinbar seien: "Hinsichtlich der zeitlichen Lokalisierung der Modalität scheint sich die durch MV [Modalverben] ausgedrückte Redewiedergabe etwas anders zu verhalten als die Annahme." Zur Veranschaulichung zieht LEIRBUKT ein Beispiel aus dem Wörterbuch von Klappenbach/ Steinitz heran (ein Beispiel, das auch den Wörterbuchverfassern zufolge referierend zu

---

12 Vgl. auch LEIRBUKT (1988:178 Fn).

interpretieren ist): *man hat später wissen wollen, daß....* (Quellenangabe bei LEIR-
BUKT). Nach LEIRBUKT ist hier "ein Perfekt (mit 'Ersatzinfinitiv') als Vergangenheits-
tempus möglich". Denkbar sei "auch ein Zukunftsbezug der Redewiedergabe", wie in
Morgen wird er bestimmt wieder was Interessantes gehört haben wollen. Da LEIR-
BUKT für eine derartige Konstruktion "keinen authentischen Beleg" hat, läßt er, auf die
einschlägige Stelle in CURME (1960)[13] verweisend (s. oben), die Frage offen, "ob und
wieweit die beiden MV [=Modalverben] in dieser Verwendung Differenzen hinsichtlich der möglichen zeitlichen Situierung aufweisen".

Vergleicht man die semantischen Restriktionen, denen *wollen* unterliegt, wenn es in
periphrastischen Formen auftritt, mit denjenigen, denen die übrigen Modalverben
unterliegen, springen die Unterschiede sofort ins Auge. Beim sogenannten epistemischen Gebrauch verbinden sich Modalverben wie *können*, *müssen* und *dürfen* (im Präsens oder Präteritum) bekanntlich häufig mit dem Infinitiv Perfekt (*Die Zeugin
kann/muß/dürfte den Angeklagten gesehen haben*), erlauben aber nach allgemeiner
Auffassung keine periphrastischen Verbalformen (Perfekt, Plusquamperfekt sowie Futur I und II).[14] So ist den einschlägigen grammatischen Darstellungen zufolge in Sätzen wie (8) eine epistemische Deutung (etwa: 'Die Zeugin hat den Angeklagten möglicherweise gesehen') ausgeschlossen:

(8) Die Zeugin hat den Angeklagten sehen können.

Auch die referierende Lesart von *sollen*-Sequenzen ist nach allgemeiner Auffassung
bei umschriebenen Tempusformen blockiert; die *sollen*-Verwendung in z.B. (8) kann
daher ausschließlich nicht-referierend interpretiert werden:[15]

(9) Die Zeugin hat den Angeklagten sehen sollen.

Es wird gemeinhin angenommen, daß die referierende Verwendungsart von *sollen* von
anderen Gebrauchsweisen dieses Modalverbs klar abgegrenzt ist. D.h., daß man als
(muttersprachlicher) Leser/Hörer eine referierende Verwendung ohne weiteres von anderen *sollen*-Lesarten spontan absetzt.

Es spricht einiges dafür, daß *sollen* und *wollen* in referierender Verwendung in bezug
auf Verträglichkeit mit periphrastischen Tempora unberechtigterweise über einen
Kamm geschoren werden. Das referierend gebrauchte *wollen* weist eigene Regularitäten auf und ist in mancher Hinsicht weniger eindeutig als Beispiel für die eine oder andere Verwendungsart einzustufen. Wie wir gesehen haben, ist die verstellende *wollen*-
Lesart ein Beispiel für eine Verwendungsweise, die mit der referierenden interferiert.

---

13 CURME (1960) ist ein Nachdruck von CURME (1922).
14 Vgl. hierzu z.B. Überlegungen in KAUFMANN (1965:3).
15 Auf die Frage, welche Lesart hier genau vorliegt, gehe ich nicht ein, da dies im gegebe-
    nen Zusammenhang ohne Belang ist. Vgl. jedoch CURME (1922:322), der bei der *sollen*-
    Sequenz *Ich werde es wieder getan haben sollen* eine referierende Verwendung ansetzt:
    'It will be said again that I did it'. Ich kenne keine weiteren Stellen in der einschlägigen
    Fachliteratur, wo eine derartige Interpretation vorgenommen würde.

Die Grenzziehung in bezug auf das referierend verwendete *wollen* scheint mit anderen Worten bedeutend schwieriger zu sein als die zwischen dem referierenden Gebrauch von *sollen* und bestimmten anderen Verwendungsweisen dieses Verbs.

Wenn sich die Beobachtung, daß *wollen* die obenerwähnten, diesem Modalverb eigenen, Regularitäten aufweist, durch empirische Nachprüfung bestätigen läßt (siehe nächsten Abschnitt), wäre dies eine starke Stütze für die Hypothese.

Im folgenden Abschnitt unterziehe ich die periphrastischen *wollen*-Sequenzen einer empirischen Untersuchung, indem ausgewählte Beispiele im Rahmen einer Interviewuntersuchung deutschsprachigen Informanten vorgelegt werden.

5. Empirische Untersuchung

5.1 Zur Methode
Es liegt wohl in der Natur der Sache, daß eine Hypothese wie die eingangs aufgestellte nicht zufriedenstellend überprüft werden kann, ohne intuitive Urteile von Muttersprachlern mit einzubeziehen. Die Aufstellung eines repräsentativen Textkorpus wäre nicht nur praktisch schwer durchführbar (das referierende und – noch ausgeprägter – das verstellende *wollen* haben eine niedrige Frequenz und sind ausgesprochen textsortenabhängig), sondern wäre im gegebenen Zusammenhang auch von nur bedingtem Nutzen.[16]

Als Methode bietet sich statt dessen eher eine Interviewuntersuchung mit deutschsprachigen Informanten an. Es wurde angestrebt, die Testsätze so zu konzipieren, daß sie Reaktionen durch die Informanten hervorrufen, die möglichst klar so ausgelegt werden können, daß sie entweder die Hypothese eindeutig unterstützen oder aber diese ebenso eindeutig widerlegen. Ein solches Verfahren erlaubt auch aufklärende Rückfragen an die Informanten, was sich in diesem Zusammenhang als ausgesprochen nützlich erwiesen hat.[17]

---

16 Was die Textsortenbedingtheit angeht, scheinen Gerichtsreportagen überdurchschnittlich viele referierende *wollen*-Sequenzen zu enthalten, was nicht verwunderlich ist, da gerade die Bezugnahme auf Aussagen für derartige Texte als konstitutiv zu betrachten sein dürfte. Außerdem spricht einiges dafür, daß die Verwendung von *wollen* als Referatsignal überhaupt ein typisch schriftsprachliches Phänomen ist. (Ich kann mich dabei zwar nicht auf Untersuchungen stützen; verschiedene Aussagen von Muttersprachlern deuten jedoch in diese Richtung.)

17 Die Interviewuntersuchung wurde im Oktober/November 1997 durchgeführt. Ich danke den Informanten, Studenten an den Universitäten Gießen und Frankfurt a.M., Angestellten und Studenten an der Universität Konstanz und der Pädagogischen Hochschule Ludwigsburg sowie Angestellten des Instituts für deutsche Sprache, Mannheim für freundliches Entgegenkommen, bewundernswerte Geduld und Nachsicht gegenüber "typischen Testsätzen skandinavischer Germanisten" (so ein Informant). Die Untersuchung wurde als gesprächsähnliche Interviews durchgeführt, die auf Tonband aufgenommen und anschließend transkribiert wurden. An der Untersuchung haben insgesamt etwa 20 Personen teilgenommen.

5.2 Befunde

Die Hypothese von der nahen Verwandtschaft der beiden in Frage stehenden *wollen*-Verwendungen erfährt eine Unterstützung vor allem in der Beobachtung, daß beide Verwendungen mit dem Umstand verträglich zu sein scheinen, daß das Modalverb in periphrastischen Tempora auftritt. Die meisten Testsätze, die ich im Rahmen der Untersuchung den Informanten vorgelegt habe, sind daher so konzipiert, daß sie gezielt überprüfen, ob diese Verträglichkeit auch nach Meinung der Informanten besteht.

Die Untersuchung enthält aber auch einige Sätze mit *sollen* in periphrastischen Tempora; auf diese gehe ich zunächst kurz ein. Wie oben dargelegt, wird davon ausgegangen, daß das Modalverb *sollen* sozusagen eine falsche Vorbildfunktion auf *wollen* ausübt, worauf die Auffassung zurückzuführen sein könnte, es gebe einen *wollen*-Gebrauch, der ebenso eindeutig und unproblematisch als referierend zu bezeichnen wäre wie das referierende *sollen*. Wenn es stimmt, daß das referierende *sollen* keine periphrastischen Tempora erlaubt, *wollen* (referierendes oder verstellendes) es aber tut, hätten wir ein handfestes Argument dafür, daß *wollen*, zumindest in dieser Hinsicht, anders ist als *sollen*: Zwar würde *wollen*, analog zu *sollen*, über eine referierende Lesart verfügen, aber letztere stünde anderen Verwendungsarten nahe.

Es zeigt sich, daß die meisten Interviewten der Auffassung sind, daß ein periphrastisches *sollen* überhaupt nicht bzw. sehr schlecht als Referatsignal fungieren kann. Es wurden *sollen*-Sätze wie die folgenden getestet:

(10) Ich werde es wieder getan haben sollen.

(11) Die Klassenfreundinnen verteidigen immer die kleine Eva; morgen ist sie wohl wieder nicht da und wird krank sein sollen.

Den Befragten zufolge ist die spontane Lesung dieser Konstruktionen praktisch nie referierend. So werden derartige Sequenzen als "komisch" bezeichnet, als "schlechtes Deutsch" etc. Auch diejenigen Informanten, die eine referierende Interpretation solcher *sollen*-Sätze nicht unter jedem denkbaren Umstand ausschließen würden, stufen diese *sollen*-Sätze als deutlich weniger akzeptabel als einen entsprechenden periphrastischen *wollen*-Satz ein, wenn die Aufmerksamkeit auf diese Fragestellung gezielt gelenkt wird. Eine solche Gegenüberstellung bietet sich bei den Testsätzen (12) und (13) unten direkt an, da sie ein auf der Wortebene minimales Paar bilden und sich nur dadurch unterscheiden, daß der eine Satz ein potentiell referierend zu deutendes *sollen*, der andere ein entsprechendes *wollen* enthält:

(12) Bevor wir uns morgen treffen, wird er wieder eine Explosion gehört haben sollen.

(13) Bevor wir uns morgen treffen, wird er wieder eine Explosion gehört haben wollen.

Wie erwartet sind die Informanten eher bereit (13) zu akzeptieren als (12). So sagt ein Informant zum Vergleich der beiden Sequenzen, man könne "sich für [(13)] viel leichter einen situativen Kontext denken, in der diese Aussage einigermaßen sinnvoll ist, nicht unbedingt sprachlich perfekt, aber – sinnvoll". Zu (12) sagt der Informant, diese Aussage sei

(14) sehr viel schwieriger; was mir da einfällt, ist, daß der Sprecher sich mit jemandem unterhält und sie praktisch verabreden, daß der er praktisch eine Explosion zu hören bekommen soll, also gewissermaßen, der Sprecher und sein Gesprächspartner im Kontext eines umfassenden Gesprächs quasi verabreden, mit diesem Er eine Explosion hören zu lassen.

Was (13) anbelangt, möchte einem Informanten zufolge die Er-Person dieser *wollen*-Sequenz "zur Kenntnis bringen", daß

(15) er eine Explosion gehört hat, er möchte den Eindruck erwecken, oder vermitteln, daß er eine Explosion gehört hat, ungeachtet der Tatsache, ob er sie wirklich gehört hat, er möchte auf jeden Fall dies vermitteln. Es kann sein, daß er was ganz anderes gehört hat, daß es keine Explosion war, auf jeden Fall möchte er sie gehört haben wollen.

Wie erwähnt wurde (13) als eine primär referierend zu lesende *wollen*-Sequenz konzipiert. Ich finde es aber schwer zu entscheiden, ob der in (15) zitierte Informant (13) als referierend oder verstellend einstuft. (15) enthält m.E. Anhaltspunkte für beide Lesarten. Dies ist ein weiterer Hinweis darauf, daß die beiden Lesarten nahe verwandt sind und voneinander schwer zu unterscheiden sein können. Auch die in (16) und (17) zitierten Informanten stufen den *wollen*-Gebrauch in (13) nicht eindeutig ein; es lassen sich in den beiden Aussagen m.E. Anhaltspunkte sowohl für eine verstellende als auch für eine referierende Interpretation finden:

(16) [...] das heißt einfach, man trifft sich mit jemand, und dieser Er, diesem schenke ich keinen Glauben, er macht immer Dinge, die andere nicht für wahr halten, und – der wird das sagen, daß er diese Explosion gehört hat, aber ich glaube ihm nicht.

(17) [...] 'wird er wieder eine Explosion gehört haben wollen', es ist so, als hört er immer eine Explosion bevor wir uns treffen [lacht], bevor der Sprecher sich mit ihm trifft.

Die Informantenaussage in (18), die ebenfalls der *wollen*-Sequenz in (13) gilt, enthält auch keine eindeutigen Hinweise darauf, mit welcher Verwendungsart, dem referierenden oder verstellenden, man es hier dem Informanten zufolge zu tun hat:

(18) [...] und dieser Er, diesem schenke ich keinen Glauben, er macht immer Dinge, die andere nicht für wahr halten, und der wird das sagen, daß er diese Explosion gehört hat, aber ich glaube ihm nicht.

Auf meine Frage, was primär sei, Referat der (in diesem Fall erwarteten) Aussage oder daß der Sprecher ihm nicht glaube, meint die Informantin diplomatisch, daß "beides" primär sei, da solche Beispiele gerade dadurch charakterisiert seien,

(19) daß man das eben nicht gewichten kann ... er wird es sagen, ich bin sicher, daß er morgen das sagen wird und ich will aber auch sagen, daß ich ihm nicht glauben will, und das ist immer so.[18]

Testsätze wie (20) wurden als Beispiele für präsumptiv primär referierend zu lesende *wollen*-Sequenzen konstruiert:

(20) Der Kanzler ist mißtrauisch und wird wohl auf der letzten Kabinettssitzung wieder Gerüchte gehört haben wollen.

Die durch die Informanten vorgeschlagenen Interpretationen von (20) scheinen aber auf den ersten Blick ein genauso buntes, uneinheitliches Bild abzugeben wie diejenigen, die den *wollen*-Gebrauch in (13) betrafen, vgl. die Auszüge aus verschiedenen Informantenaussagen in (21)-(25):

(21) [...] also der Kanzler ist mißtrauisch und angeblich – ich nehme an, daß er angeblich wieder Gerüchte gehört hat, also er wird vorgeben, er hätte auf der Sitzung wieder Gerüchte gehört.

(22) Der ist in Ordnung im Sinne von, das ist ja eine Vermutung des Sprechers, was der Kanzler auf der letzten Kabinettssitzung gehört hat – auch das ist ein gängiger Satz.

(23) [...] also das *wollen* ist vom Sprecher, er sagt, er glaubt dem nicht, daß er Gerüchte gehört hat [...] es geht schon darum, daß der Kanzler eventuell was gesagt hat, aber es geht vielmehr darum, zu markieren, daß egal, was er gesagt hat, ich ihm nicht Glauben schenke.

(24) Der Satz ist leicht verständlich, also, schon klar, also, der Kanzler ist mißtrauisch, er wird halt wieder Gerüchte gehört haben wollen, der Sinn ist eigentlich klar ... Es gibt keine Gerüchte, nee, nee, er hat wieder etwas hineininterpretiert in irgendwelche Informationen, die ihm nachgetragen werden, ich würde sagen, er [der Sprecher] ist skeptisch.

(25 [...] ist, glaube ich, akzeptabel, also der Kanzler ist mißtrauisch und angeblich – ich nehme an, daß er angeblich wieder Gerüchte gehört hat, also er wird vorgeben, er hätte auf der Sitzung wieder Gerüchte gehört.

---

18 Ich sehe hier davon ab, daß derartige Aussagen meine – eingangs erwähnte – These des "reinen" Referats beim referierenden *sollen* herausfordert. Für die Hauptfragestellung des vorliegenden Aufsatzes ist diese Frage nicht von entscheidender Bedeutung.

Bei genauerem Hinsehen fällt doch beim Vergleich der Informantenaussagen zu den *wollen*-Sequenzen in (20) bzw. (13) auf, daß die Informanten bei letzterem in geringerem Maße imstande zu sein scheinen, die Möglichkeit einer verstellenden Lesart von einer referierenden zu unterscheiden.

Dieser Unterschied könnte auf die unterschiedlichen Zeitbezüge in (13) bzw. (20) zurückzuführen sein: (13) hat Zukunfts-, (20) Vergangenheitsbezug. Eine Erklärung scheint auf der Hand zu liegen: Es bietet sich eher an, über Ereignisse in der Vergangenheit etwas Bestimmtes und Spezifisches zu sagen als über Begebenheiten, die in der Zukunft (eventuell) stattfinden. Dies dürfte unabhängig davon gelten, ob es sich um Ereignisse handelt, auf die mit einer referierenden oder einer verstellenden *wollen*-Verwendung Bezug genommen wird.

In periphrastischen *wollen*-Sätzen mit Zukunftsbezug, wie in (13), sind mit anderen Worten die Informantenaussagen vager in bezug auf die Einstufung der *wollen*-Sätze als referierend oder verstellend. Man könnte auch sagen, daß die Hypothese, die beiden Verwendungen seien nahe verwandt, bei diesen Sätzen besonders stark untermauert wird.

In diesem Zusammenhang möchte ich eine zusätzliche Informantenaussage zu (13) heranziehen, die mir besonders interessant erscheint:

(26) [...] derjenige, der die Aussage macht, vermutet, daß der andere sich verstellt, 'er hat eine Explosion gehört haben *wollen*, obwohl sie ja gar nicht war', also das kenne ich von ihm so, nach dem Motto.

Auffallend und interessant an (26) ist vor allem, daß der Informant beim Versuch, den Testsatz zu interpretieren, einen *wollen*-Satz im Perfekt (mit dem Infinitiv Perfekt des Hauptverbs) heranzieht, der mit der *wollen*-Sequenz des Testsatzes identisch ist. Die Auffassung, die beiden Verwendungen referierend und verstellend seien nahe verwandt, dürfte durch Informantenaussagen wie (26) eine Untermauerung erfahren: Der Umstand, daß *wollen*-Sätze in periphrastischen Tempora (wie dem Perfekt, Plusquamperfekt und Futur II) erscheinen, steht einer referierenden und/oder verstellenden Interpretation nicht im Wege. Anders ausgedrückt: Sowohl referierende als auch verstellende *wollen*-Sequenzen "verkraften" viel an periphrastischen Tempora (auch kombiniert mit komplexen Infinitiven), bevor diese beiden Verwendungsweisen nicht mehr in Frage kommen.

Vor diesem Hintergrund möchte ich folgende Verallgemeinerung formulieren: Die Distanz des Sprechers zum Gesagten, die, wie auch diese Untersuchung bestätigt, viele mit dem referierenden *wollen*-Gebrauch assoziieren, scheinen die Interviewten nicht spontan zu unterscheiden von der Sprechereinstellung zur Proposition bei der verstellenden *wollen*-Verwendung. Dies ist überraschend, da ja die verstellende Interpretation, so wie sie abgegrenzt und auch den Informanten während der Interviews vorgelegt wurde, als konstitutives Merkmal hat, daß der Sprecher die Proposition für eindeutig falsch hält: *Peter will mich nicht gesehen haben* drückt bei verstellender Verwendung aus, daß der Sprecher davon überzeugt ist, daß Peter ihn doch gesehen hat. Bei den referierenden *wollen*-Konstruktionen dagegen handelt es sich ja – allenfalls – um einen graduierbaren Zweifel. Dazu möchte ich, etwas salopp formuliert, nur folgendes sagen: Neben "sachlichen" Gründen, die Informanten haben, die beiden Verwendungen miteinander zu assoziieren, gibt es auch einen nicht zutreffenden Grund: nämlich den, daß *wollen* als Referatindikator an sich eine so starke Distanz zur Proposition signalisiert, daß die Sprechereinstellung mit derjenigen von verstellenden *wollen*-Sequenzen verwechselt werden kann.

Schließlich komme ich zu denjenigen Testsätzen, die von vornherein als Beispiele für solche *wollen*-Sequenzen gedacht sind, die sich eher im Grenzgebiet zwischen Referat und Verstellung befinden. Hier gehen unter den Informanten die Meinungen stark auseinander, was auch die Auffassung von der nahen Verwandtschaft zwischen den beiden Verwendungen unterstützt. Eine Frage, die ich den Informanten bei diesen Sätzen wiederholt stelle, ist die, ob Bezug genommen wird bzw. werden könnte auf eine bestimmte (rekonstruierbare) Aussage; ob also der Informant sich eine referierende Deutung der betreffenden *wollen*-Sequenz vorstellen kann. Die Antworten auf diese Frage lassen sich nicht mit einer kurzen Formulierung auf einen gemeinsamen Nenner bringen. Relevant in diesem Zusammenhang sind Testsätze wie (27):

(27) Später hat er wissen wollen, daß die Firma schon lange vor der Fusion pleite war.

Ein Informant antwortet auf die Frage, ob der Sprecher von (27) sich auf eine konkrete Aussage beziehe oder ob es sich eher um die Wiedergabe eines allgemeinen Eindrucks handle, daß "absolut beides möglich" sei, da "dieser Eindruck eines Vorspielens eines Wissens, das nicht da war vorher" sich "ja nur auf Aussagen beziehen" lasse, daß es aber schwer zu sagen sei, "ob dies auf eine konkrete Aussage" zurückzuführen sei. Er kommt zum Schluß: "Das könnte sich auf den Satz beziehen 'Ich hab das schon lange gewußt', es könnte aber genauso natürlich nicht diesen Bezug beinhalten. Beides möglich". Aussagen wie die oben referierte sind repräsentativ bei Sequenzen dieses Typs. Die Unterstützung, die die Hypothese durch die Reaktionen auf diese Gruppe der Testsätze erfährt, ist etwas weniger eindeutig ist als bei anderen. Trotzdem halte ich es für berechtigt, zu sagen, daß auch hier ein Beitrag zur Untermauerung der Hypothese geleistet wird.

Insgesamt hat die empirische Untersuchung gezeigt, *daß* es zwischen den beiden Verwendungsweisen einen nahen Zusammenhang gibt. Es wäre natürlich wünschenswert, wenn die Befragung in größerem Maße auch auf die Frage, welche Anhaltspunkte (einschließlich solcher pragmatischer Art) es gibt für die eine oder andere Interpretation, eine Antwort gegeben hätte. Erst nach der Systematisierung der Daten der vorliegenden Untersuchung, weiß man etwas mehr darüber, wie man die Fragen hätte stellen sollen, um tiefere Einsichten in die Frage nach den Anhaltspunkten zu gewinnen. Statt eine weitere Untersuchung vorzunehmen (was aus praktischen Gründen nicht möglich war), begnüge ich mich damit, gewissermaßen auf den Ergebnissen der Befragung aufbauend, nach derartigen Anhaltspunkten zu suchen und einige mögliche anzudeuten. Dies ist Gegenstand des nächsten Abschnittes.

5.3 Mögliche Anhaltspunkte bei der Unterscheidung

Die Definition der verstellenden bzw. referierenden *wollen*-Verwendung gibt die Schlüsselkriterien für den jeweiligen Gebrauch an. Ist eine *wollen*-Verwendung referierend, muß mit der betreffenden *wollen*-Sequenz als Ausgangspunkt eine direkte Rede rekonstruiert werden können, die der Sprecher als der *wollen*-Aussage zugrundeliegend auffaßt. Was den verstellenden *wollen*-Gebrauch betrifft, ist er so definiert, daß der Sprecher die Proposition des *wollen*-Satzes für falsch hält.

Wenn zwei Sätze als im Hinblick auf diese beiden Verwendungen zweideutig aufgefaßt werden, dürfte dies ausschließlich auf dem Umstand beruhen, daß der mitgelieferte Kontext nicht hinreichend ist. So mag *Peter will mich nicht gesehen haben* zweideutig sein. Die *wollen*-Verwendung ist referierend, wenn der Sprecher auf eine konkrete Aussage Peters Bezug nimmt, verstellend, wenn der Sprecher ausdrücken will, daß Peter ihn – den Sprecher – seiner Überzeugung nach gesehen hat, nur so tut, als ob dies nicht der Fall wäre.

Weitere Typen von Zweideutigkeit habe ich in der Hypothese ausgeschlossen, und ich sehe keinen Grund, dies zu modifizieren. Ich halte es also für ausgeschlossen, daß es Fälle gibt, die, wenn sie einmal disambiguiert sind durch Hinzufügung des nötigen Kontexts (im weiten Sinne), beide Kriterien erfüllen würden: Daß der Sprecher die Proposition als eindeutig falsch betrachtet (verstellend) sowie daß es sich um eine *wollen*-Äußerung handelt, die eine konkrete, im Prinzip nicht-modalisierte direkte Rede wiedergibt (referierend). Wenn also etwa (28), trotz des relativ umfangreichen Kontextes, dem Leser (wie z.B. mir, obwohl ich die verstellende Bedeutung für die wahrscheinlichere halte) zweideutig erscheint, kann keine Rede davon sein, daß *sowohl* Verstellung *als auch* Referat im jeweils definierten Sinne möglich wären:

(28) [Ich habe bewiesen], daß Jauß über seine eigene Vergangenheit zum Teil geschwiegen und sie zum Teil verharmlost hat. So z.B. will er vor Kriegsende nichts von den Verbrechen der Nazis im Osten gehört haben, obwohl er nachweislich mitten drin war. (RICHARDS 1997:24)

Neben dem konstitutiven Merkmal des Nichtglaubens seitens des Sprechers gibt es einige weitere Anhaltspunkte, die verstellende *wollen*-Sätze auszuzeichnen scheinen und die somit hilfreich sein können bei der Bestimmung. Eines dieser Merkmale ist, daß in solchen Modalverbfügungen spontane Erlebnisse, subjektive Eindrücke des jeweiligen Sprechers zur Sprache kommen. Das Merkmal 'unmittelbar' scheint als Anhaltspunkt berechtigt.[19] Es handelt sich mit anderen Worten um *wollen*-Sätze, die bestimmte Erlebnisse des Sprechers so wiedergeben, wie er sie noch zum Zeitpunkt des betreffenden Geschehens erlebt hat. Dies ist auch dann der Fall, wenn zwischen dem Ereignis und der Wiedergabe durch den *wollen*-Satz auch noch so viel Zeit vergangen ist. Der verstellende *wollen*-Satz, insofern er einer ist, spiegelt auch dann den Sinneszustand des Sprechers wider, obwohl in der Zwischenzeit eine gewisse weitere intellektuelle Bearbeitung des Geschehens stattgefunden haben kann.

---

19 Uneingeschränkt dürfte dies allerdings nur für die Fälle gelten, wo Sprecher und Subjektreferent nicht identisch sind.

In dem Grenzgebiet, wo der verstellende und referierende Gebrauch sich eng berühren, spielt offensichtlich auch der Charakter des jeweiligen im Infinitiv erscheinenden Verbs eine Rolle für die Möglichkeit (oder Wahrscheinlichkeit) der verstellenden bzw. referierenden Deutung. Typisch für verstellende *wollen*-Sequenzen scheinen Wahrnehmungsverben zu sein: *Peter will nichts gesehen/ gehört/ gemerkt/ gespürt/ gerochen haben*. Diese Verben drücken gerade etwas spontan Wahrgenommenes aus. Dieses Wahrgenommene drückt aber die hinter dem Verstellungsakt stehende Person nicht mit Worten aus. Hier würde ich folgende Verallgemeinerung wagen: Eine Voraussetzung dafür, daß wir es mit einem verstellenden *wollen*-Satz zu tun haben, ist, daß das Verb, das im Infinitiv erscheint, eine Bedeutung hat, die das Merkmal 'Wahrnehmung' impliziert.

Daß eine solche Voraussetzung allenfalls den Status einer notwendigen, nicht einer hinreichenden Bedingung hat, versteht sich von selbst und geht außerdem aus der Exemplifizierung und Erörterung oben hervor. Umgekehrt möchte ich auch daran erinnern, daß *wollen*-Sätze, die typische Wahrnehmungsverben wie die oben aufgelisteten enthalten, sehr wohl auch in referierend zu interpretierenden *wollen*-Sequenzen auftreten können. So ist (29) – mit dem Verb *sehen* – ohne Kontext zweideutig:

(29) Die Geste will er nicht gesehen haben.[20]

Erst wenn man den vorangehenden Textausschnitt mit einbezieht, wird deutlich, daß es sich in (29) um die verstellende *wollen*-Verwendung handelt:

(30) "Ich war so eine Art Verwaltungsrat – ", sage ich und mache eine Geste biederen Gewinns, "– auf einer Hazienda." (FRISCH: *Stiller*, S. 37)

Das schließt nicht aus, daß – unter Ausblendung möglicher Kontexte – in *wollen*-Sequenzen wie (29) und *Peter will mich nicht gesehen haben* die verstellende Lesart sich spontan anbietet.

Dahingegen ist, so scheint es, das *wollen* in einer Sequenz wie *Peter will in Berlin gewesen sein* "von Haus aus" referierend zu lesen. Das Merkmal 'Wahrnehmung' ist beim Verb *sein* eben nicht primär, und dieser Umstand hat Folgen für die spontane, "kontextfreie" Lesung. Aber selbst hier dürfte dieses Merkmal nicht ausgeschlossen sein, obwohl man dann zu einer Erklärung nur auf Umwegen gelangt: Unter bestimmten Voraussetzungen könnte der Wahrnehmungsaspekt in den Vordergrund treten. Wenn der Sprecher etwa der Meinung ist, daß Peter spinnt, träumt, phantasiert oder seine Zuschauer oder Zuhörer täuschen möchte, könnte der *wollen*-Satz verstellend gedeutet werden. Problematisch wäre dann allerdings, wie der Sprecher, der ja Peters Erlebnis kaum geteilt haben kann, zu dieser "Information" kommt: Hier gibt es keine konkrete auf Peter zurückzuführende Äußerung, auf die sich der Sprecher beziehen könnte (wäre dies der Fall, hätten wir es ja mit einem klaren Fall von referierender

---

20 MAX FRISCH: *Stiller*. Suhrkamp Taschenbuch 105. 6. Aufl. 1976. Frankfurt/M.: Suhrkamp Taschenbuch Verlag, S. 37.

Verwendung zu tun). Eine Möglichkeit ist, daß dem Sprecher aufgrund bestimmter Äußerlichkeiten (Gesten, des Tragens von bestimmten Kleidungsstücken, die auf irgendeine Weise mit Berlin in Verbindung gebracht werden können etc.) die – nicht zutreffende – Idee spontan einfällt, daß Peter in Berlin gewesen ist. Es muß betont werden, daß eine Schlußfolgerung im Sinne von einer bewußten Abwägung unterschiedlicher Indizien hier nicht vorliegt, vielmehr handelt es sich um Interpretationen, die, weil sie sich nicht auf konkrete Äußerungen stützen, auf Umwegen zustande kommen.[21]

Abschließend möchte ich kurz darauf hinweisen, daß in diesem Zusammenhang sicherlich auch weitere Faktoren sich als relevant erweisen könnten. Z.B. wäre auch auf die Aktionsart zu achten. So ist bei einem typisch kontinuativen Verb wie *bleiben* die verstellende *wollen*-Lesung kaum möglich. Etwa in *Er will noch drei Tage in Berlin geblieben sein* scheint nur noch die referierende Verwendung des *wollen* denkbar. Ein Merkmal '(spontane) Wahrnehmung' haftet dem Verb nicht an, was die verstellende Interpretation für die gängige Sprachpraxis auszuschließen scheint bzw. nur schwer denkbar erscheinen läßt.

6. Schlußbemerkung

Im vorangehenden hoffe ich, durch die Auseinandersetzung mit der relevanten Fachliteratur sowie durch empirische Untersuchungen (Interviews) gezeigt zu haben, daß es zwischen dem referierenden und dem von mir verstellend genannten Gebrauch von *wollen* einen engen Zusammenhang gibt. Die Ergebnisse der Interviewuntersuchung haben deutlich genug gezeigt, daß diese beiden Verwendungen in manchen Fällen schwer auseinanderzuhalten sind. Es hat sich sogar ein noch näherer Zusammenhang herausgestellt als erwartet: Beispiele, die von vornherein als eindeutig referierend konstruiert wurden, klangen in den Ohren vieler befragter Informanten gar nicht so eindeutig referierend, sondern bewegten sich nach deren Meinung in Richtung Verstellung. Letzteres trifft nicht zuletzt zu für Beispiele, bei denen *wollen* in einer periphrastischen Tempusform begegnet. Es gibt mit anderen Worten einen Grenzbereich, eine "graue Zone", innerhalb deren die Entscheidung für die eine oder andere Verwendungsweise auch Muttersprachlern Schwierigkeiten bereitet. Hier habe ich mich darauf beschränken müssen, nach Anhaltspunkten für eine nahe Verwandschaft zu suchen; es mußte weitgehend darauf verzichtet werden, nach Erklärungen für diese Nähe zwischen den Verwendungsarten zu suchen.

Vor diesem Hintergrund scheint auch FRITZ' Ansatz, der kurz skizziert wurde (Abschnitt 3), für die hier diskutierte Problematik aufschlußreich zu sein. FRITZ' Darstellung ist zwar diachron angelegt, aber das Beschreibungsmodell funktioniert, wie ich meine, auch dann, wenn man die diachrone Perspektive ausblendet. Es dürfte, nach

---

21 Nebenbei bemerkt wären nicht nur die Bezugnahme auf **sprachliche** Äußerungen hier auszuschließen, sondern auch auf konventionalisierte oder routinisierte körpersprachliche Signale. Auf die sicherlich komplizierte Frage, wo hier die Grenzen zu ziehen wären, kann hier nicht näher eingegangen werden.

den Regelmäßigkeiten und Zusammenhängen, die sowohl auf empirischer als auch auf nicht-empirischer Grundlage untermauert bzw. angenommen wurden, plausibel sein, daß die eine *wollen*-Bedeutung sich aus der anderen infolge einer "kleinschrittigen Ausbreitung über die Konstruktionen und Kontexte" (FRITZ 1997:32) entwickelt hat. Bei solchen vorsichtigen Überlegungen braucht man zu der Frage, welche von den beiden aktuellen Verwendungen historisch gesehen primär ist, gar nicht Stellung zu nehmen. Eine verstellende Verwendung erwähnt FRITZ übrigens gar nicht.[22]

Die Annahme, daß ein referierendes *sollen* eindeutiger ist als ein entsprechendes *wollen* in dem Sinne, daß hier keine enge Bedeutungsverwandtschaft mit einer verwandten *sollen*-Verwendung vorliegt, wie im Falle von *wollen* mit der verstellenden Bedeutung, hat sich auch weitgehend bestätigt. Dies deutet darauf hin, daß *sollen* stärker grammatikalisiert ist als *wollen*. Auf mögliche Erklärungen für diesen Unterschied wird in späteren Untersuchungen einzugehen sein.

7. Literatur

Curme, George O., 1922[2]. *A Grammar of the German Language*. New York: Frederick Ungar Publ.

Drosdowski, Günther et al., 1988. *Duden. Stilwörterbuch der deutschen Sprache*, 7., völlig neu bearbeitete und erweiterte Auflage. Bibliographisches Institut: Mannheim etc. (= *Duden Band* 2).

Engelen, Bernhard, 1973. Überlegungen zu Syntax, Semantik und Pragmatik der Redewiedergabe. In: *Linguistische Studien IV. Festgabe für Paul Grebe zum 65. Geburtstag*. Düsseldorf: Schwann (= *Sprache der Gegenwart* 24), 46–60.

Fritz, Gerd, 1997. Historische Semantik der Modalverben. In: Fritz G./Gloning, Th. (eds.). *Untersuchungen zur semantischen Entwicklungsgeschichte der Modalverben im Deutschen*. Tübingen: Niemeyer (= *Reihe Germanistische Linguistik* 187), 1-157.

Grimm, Jacob/Grimm, Wilhelm, 1984. *Deutsches Wörterbuch*. München: dtv.

Heidolph, Karl-Erich et al., 1981. *Grundzüge einer deutschen Grammatik*. Berlin: Akademie-Verlag.

Kaufmann, Gerhard, 1962. Der Gebrauch der Modalverben *sollen, müssen* und *wollen* (I). *Deutschunterricht für Ausländer* 5/6:154-172.

Kaufmann, Gerhard, 1963. Der Gebrauch der Modalverben *sollen, müssen* und *wollen* (II). *Deutschunterricht für Ausländer* 1/2:41-51.

Kaufmann, Gerhard, 1965. Aussageweisen in Verbindung mit Modalverben. *Deutschunterricht für Ausländer* 1/2:1-14.

Kaufmann, Gerhard, 1976. *Die indirekte Rede und mit ihr konkurrierende Formen Redeerwähnung*. München: Hueber (= *Heutiges Deutsch* III/I).

Leirbukt, Oddleif, 1979. Über objektiven Modalverbgebrauch bei Infinitiv II im heutigen Deutsch. *Nordlyd* 1:49-96.

Letnes, Ole, 1997. *Sollen* als Indikator für Redewiedergabe. In: Debus, F. / Leirbukt, O. (eds.). *Aspekte der Modalität im Deutschen – auch in kontrastiver Sicht*. Hildesheim etc.: Olms, 119-134.

---

22 Was den referierenden *wollen*-Gebrauch anbelangt, ist FRITZ zufolge dieser "seit dem 18. Jahrhundert belegt, wobei es allerdings früher schon Vorläufer" gibt (1997:46).

Letnes, Ole, 2002. Zum Bezug epistemischer Modalität in der Redewiedergabe. In diesem Band.

Låftman, Emil, 1924. Er muß es getan haben och Er hat es tun müssen. *Moderna Språk* 18:36-56.

Öhlschläger, Günther, 1989. *Zur Syntax und Semantik der Modalverben des Deutschen.* Tübingen: Niemeyer (= *Linguistische Arbeiten* 144).

Paul, Hermann, 1960[6]. *Prinzipien der Sprachgeschichte.* Tübingen: Niemeyer.

Plank, Frans, 1986. Über den Personenwechsel und den anderer deiktischer Kategorien in der wiedergegebenen Rede. *Zeitschrift für Germanistische Linguistik* 14:284-308.

Pütz, Herbert, 1989. Referat – vor allem Berichtete Rede – im Deutschen und Norwegischen. In: Abraham, W./Janssen, Th. (eds.): *Tempus – Aspekt – Modus. Die lexikalischen und grammatischen Formen in den germanischen Sprachen.* Tübingen: Niemeyer (= *Linguistische Arbeiten* 237), 183-226.

Richards, Earl Jeffrey, 1997. Prof. Dr. Earl Jeffrey Richards: Gefahren und Lehren bei der Enthüllung faschistischer Vergangenheiten. Ein *Germanisten*-Gespräch. *Germanisten* (Zeitschrift schwedischer Germanisten) 1:23-27.

Sweetser, Eve E., 1990. *From Etymology to Pragmatics. Metaphorical and Cultural Aspects of Semantic Structure.* Cambridge: Cambridge University Press.

Traugott, Elisabeth. C., 1989. On the rise of epistemic meaning in English. An example of subjectification in semantic change. *Language* 65:31-55.

Wunderlich, Dieter, 1981. Modalverben im Diskurs und im System. In: Rosengren, I. (ed.). *Sprache und Pragmatik. Lunder Symposium* 1980. Lund: Gleerup (= *Lunder germanistische Forschungen* 50), 11-53.

Jan Engberg

Sollen in Gesetzestexten

1. Begründung für die Studie

Der unmittelbare Anlass für die vorliegende Studie kam wie so oft aus der praktischen Arbeit im Unterricht. Ein Kollege wandte sich an mich mit der Bemerkung, es sei doch eigentlich überraschend, dass das Modalverb *sollen* so relativ häufig in Gesetzestexten auftauche – da es doch vorwiegend eine Empfehlung und keine absolute Notwendigkeit ausdrücke. Vorauszuschicken ist natürlich, dass diese stereotypische Auffassung des Kollegen nicht der tatsächlichen Verwendung von *sollen* entspricht – das Modalverb hat sehr viel mehr Bedeutungen als die (moralische) Empfehlung, wie selbst ein kurzer Überblick über die einschlägigen Forschungsbeiträge zeigt. Die vorliegende Studie versteht sich als eine erste Bestandsaufnahme zur spezialisierten Verwendung von *sollen* in Gesetzestexten. Sie möchte diese Verwendung genauer beschreiben und nach Möglichkeit erklären.

Im Folgenden interessieren vor allem die Verteilung zwischen unterschiedlichen Bedeutungen – vorwiegend *sollen* als Ausdruck einer (referierten) Absicht resp. der performativen[1] Etablierung einer Pflicht – sowie die Bedingungen und Konsequenzen der Einführung rechtlicher Pflichten durch *sollen* statt durch andere Modalverben mit Notwendigkeitsbedeutung. Zum Charakter der Arbeit als erste Bestandsaufnahme gehört, dass keine tiefgehendere Untersuchung der Konkurrenzverhältnisse mit anderen Modalverben innerhalb der fraglichen Textsorte angestrebt wird.

Die Arbeit ist so aufgebaut, dass ich mit der Beschreibung der Begriffe "Sollens-Sätze" und "Soll-Vorschriften" aus der Rechtswissenschaft anfange. Denn das Sollen als Grundbegriff spielt in der Rechtsphilosophie eine bedeutende Rolle, jedoch mit einer Bedeutung, die nicht der in den Gesetzen auftretenden entspricht. Danach wird auf zentrale Auffassungen von der Bedeutung des Modalverbs *sollen* und spezifische Aussagen zu seiner Verwendung in Gesetzestexten eingegangen. Die Arbeit schließt mit einer empirischen Untersuchung von Vorkommenshäufigkeiten und Bedeutungen des Modalverbs in ausgewählten modernen deutschen Gesetzen (zum Korpus s. Abschnitt 4).

---

1   Meine Vervendung dieses Ausdrucks weicht von der in der Literatur üblichen ab; "performativ" meint hier und im Folgenden das Schaffen einer Pflicht im Gegensatz zum bloßen Verweisen auf eine schon bestehende Pflicht.

2. Sollens-Sätze und Soll-Vorschriften in der Rechtswissenschaft

2.1 Sollens-Sätze

Nach der in der Rechtsphilosophie herrschenden Auffassung drücken Gesetze grundlegende Sachverhalte (Sein-Sätze) und Pflichten (Sollens-Sätze) aus, die als Grundlage für das Zusammenleben in einer Gesellschaft dienen. Bei den Sein-Sätzen (auch deontische Sätze genannt) wird eine Beschreibung des unbestrittenen Stands des gegenwärtigen Rechts angestrebt (WANK 1985:7). Ein Beispiel ist der erste Paragraph des BGB:

(1) Die Rechtsfähigkeit des Menschen beginnt mit der Vollendung der Geburt. (BGB § 1)

Bei den Sollens-Sätzen (auch "normative" oder "präskriptive Sätze" genannt, vgl. WANK 1985:7) handelt es sich um sogenannte hypothetische Sollens-Sätze, die da durch gekennzeichnet sind, dass sie "ein bedingtes, nämlich eben durch den 'Tatbestand' bedingtes Sollen" (ebd.) ausdrücken. Prototypische Beispiele sind die Gebote aus der Bibel:

(2) Du sollst nicht stehlen.

Dabei hat das Sollen mit einer auf (Gesetzes-)Wille und Bewertung (Vollzug bzw. Nicht-Vollzug eines Verhaltens wird positiv bewertet) ausgerichteten Pflicht zu tun; die Verwendung des sprachlichen Elements *sollen* hat in diesem Zusammenhang also allgemein mit dem Begriff der (moralischen) Pflicht zu tun (ENGISCH/WÜRTENBERGER/OTTO 1997:18f., 32f.). Der Gesetzesautor schlägt eine Interpretation des Stands des Rechts vor (WANK 1985:7). Interessant ist dabei, dass – wie wir später sehen werden – für die Formulierung dieser Sollens-Sätze heute nicht vorwiegend das Verb *sollen* Verwendung findet (wie dies im obigen, auf die Formulierung der Luther-Bibel zurückgehenden Beispiel eines biblischen Gebotes der Fall ist). Eine Hypothese für eine Erklärung dieser Änderung könnte sein, dass es sich bei Gesetzesparagraphen zwar um Ausdrücke der willensorientierten moralischen oder ethischen Bewertung von Handlungen handelt, dass der Gesetzgeber aber diesen Willensaspekt nicht in der sprachlichen Form ausdrücken möchte. Der Gesetzgeber möchte womöglich lieber das Recht als objektiv existent denn als subjektiv basiert darstellen. Folglich werden Sollens-Sätze im modernen Recht nicht mit diesem Modalverb realisiert, sondern eher mit Modalverben und verwandten Konstruktionen, die die Verpflichtung mit einer Notwendigkeit und nicht mit einer moralischen Bewertung verknüpfen. Um zusammenzufassen: Unser Recht fußt auf moralischen Pflichten, aber der Gesetzgeber möchte den moralischen Aspekt nicht betonen, sondern eher dem Recht eine Position als absolute, nicht lediglich von ihm gewollte Grundlage für das Leben im jeweiligen Staat verleihen.

Eine Untersuchung des Allgemeinen Landrechts für die Preussischen Staaten (1794 erlassen) ergibt, dass in der Präambel, wo festgelegt wird, zu welchen Zwecken der Gesetzgeber (König Friedrich Wilhelm von Preußen) das Gesetz erlässt und welche Übergangsbestimmungen gelten sollen, sowie in den Paragraphen des Strafrechts (die auch zu diesem Landrecht gehören) *sollen* regelmäßig bzw. konsequent verwendet wird, wogegen es im zivilrechtlichen Teil des Landrechts in Verbindung mit Sollens-Sätzen äußerst selten vorkommt. Wir sehen in der älteren Gesetzessprache eine Tendenz zur stärkeren Betonung des Elements des Sollens. Eine Untersuchung älterer Gesetzestexte wäre hier notwendig, um zu ermitteln, inwieweit diese Tendenz sich stärker bemerkbar macht, je weiter man zurückgeht. Ein Indiz dafür haben wir im folgenden Beispiel aus dem Grimmschen Wörterbuch:

(3) Wer mair im Anger zu Naturns ist, der *soll* von des selben hofs wegen dorfecht zue Naturns fueren und *solt* der gemainschaft daselbs ainen stier und einen pern halten ewigklichen, und ob er die gemaine daran saumes, so *soll* er in iren schaden gelten. (GRIMM/GRIMM 1984:Sp.1478, Beleg ohne Jahresangabe)

Eine nähere Untersuchung dieser Tendenz wäre auch deshalb interessant, weil sie Aufschluss über die Einstellung des Gesetzgebers zu seinem Gesetz (subjektbezogenes gegenüber objektivem Recht) geben könnte. Eine solche Untersuchung würde aber den Rahmen des vorliegenden Beitrags sprengen.[2]

2.2 Soll-Vorschriften (-Bestimmungen)

Über die Sollens-Sätze hinaus gibt es noch eine weitere Gruppe von rechtswissenschaftlichen Begriffen, die mit dem Modalverb *sollen* gekoppelt sind. Die Rechtswissenschaft unterscheidet von dem übergeordneten Begriff der Sollens-Sätze, die mit der Verwendung des Modalverbs *sollen* in modernen Gesetzesparagraphen (wie schon oben erwähnt) wenig zu tun haben, diejenigen Vorschriften, die durch die Verwendung von *sollen* gekennzeichnet sind, nämlich die Soll-Vorschriften. Nach TILCH (1992) handelt es sich bei Soll-Vorschriften um rechtliche Regeln, die ein Tun oder Unterlassen vorschreiben, aber ohne diesem Vorschreiben einen zwingenden Charakter zu geben. Durch Soll-Vorschriften wird ausgedrückt, dass ein bestimmtes Verhalten regelmäßig erwartet wird, ohne dass jedoch notwendigerweise bei Verstößen dieselben strengen Rechtsfolgen wie bei Muss-Vorschriften entstehen. Soll-Vorschriften fallen damit in die Gruppe der "Ermessensklauseln" (ENGISCH/WÜRTENBERGER/OTTO 1997:143).

Eine Sonderform solcher Ermessensklauseln sind Klauseln, die das sogenannte Verwaltungsermessen betreffen. Über diese Art des Ermessens führt das Rechtswörterbuch von CREIFELDS Folgendes aus:

Gesetzliche Tatbestände können der Verwaltung ein bestimmtes Tun oder Unterlassen zwingend vorschreiben ("Muß-Vorschrift"); man spricht in diesen Fällen von "gebundener" Verwaltung. Das Gesetz kann es aber auch dem Ermessen der Verwaltung überlassen, ob sie in bestimmten Fällen einschreiten […] oder welche von mehreren in Betracht kommenden Entscheidungen sie treffen will. Der geringste Spielraum für die Betätigung des Ermessens wird durch "Soll- Vorschriften" eingeräumt (sog. gebundenes Ermessen); hier kann die Verwaltung nur in besonderen Ausnahmefällen von der gesetzlich vorgesehenen Rechtsfolge abweichen." (CREIFELDS 1994:377, Hervorhebung JE)

---

2 Vgl. zu einem Teil dieser Fragestellungen ENGBERG (2001).

Es gibt also in den Gesetzen eine Reihe von Klauseln, in denen dem Normadressaten (VIEHWEGER/SPIES 1987:107) eine Variationsmöglichkeit gegeben wird, wo ihm also eine Pflicht aufgegeben wird, die aber nicht eindeutig ist, sondern entweder völlig fakultativ (*können*) oder begrenzt fakultativ (*sollen*). Anhand meines Korpus ist zu untersuchen, inwiefern diese in der Theorie völlig feste Regel auch in der Praxis befolgt wird.

3. Zur Bedeutung von *sollen* im Deutschen

Ehe eine solche praktische Überprüfung erfolgt, soll im Folgenden ihre Grundlage in Form einer knappen Beschreibung der generellen Semantik von *sollen* skizziert werden. Für *sollen* gibt es nach Auffassung vieler Autoren zwei verschiedene Grundbedeutungen, die deontische Notwendigkeitsbedeutung und die epistemische Bedeutung. Generell beinhaltet die epistemische Modalität, dass "der Autor [sich] auf die Äußerung einer Person(engruppe) [bezieht], die im aktuellen Satz nicht explizit wird, wobei er gleichzeitig Neutralität hinsichtlich der Gewissheit bezüglich des Eintretens des Geschehens, das in dieser Äußerung bezeichnet wird, signalisiert" (FLEISCHER 1993:20f.). *Sollen* drückt eine auf "Informationen aus zweiter Hand" (GLAS 1984:103) bezogene Realitätseinschätzung aus. Als Beispiel sei der folgende Satz aus meinem Korpus angeführt:

(4) Das Gericht kann, wenn es die Echtheit für zweifelhaft hält, auch von Amts wegen die Behörde oder die Person, von der die Urkunde errichtet sein *soll*, zu einer Erklärung über die Echtheit veranlassen. (ZPO § 437 II)

Die deontische Modalität impliziert bekanntlich im Allgemeinen, dass der in der Infinitivkonstruktion ausgedrückte Sachverhalt notwendig, möglich usw. ist. Bei *sollen* wird Notwendigkeit ausgedrückt:

(5) *Soll* eine nicht prozeßfähige Partei verklagt werden, die ohne gesetzlichen Vertreter ist, so hat ihr der Vorsitzende des Prozeßgerichts, falls mit dem Verzuge Gefahr verbunden ist, auf Antrag bis zu dem Eintritt des gesetzlichen Vertreters einen besonderen Vertreter zu bestellen. (ZPO § 57 I)

(6) Die Klageschrift *soll* ferner die Angabe des Wertes des Streitgegenstandes enthalten, wenn hiervon die Zuständigkeit des Gerichts abhängt und der Streitgegenstand nicht in einer bestimmten Geldsumme besteht, sowie eine Äußerung dazu, ob einer Übertragung der Sache auf den Einzelrichter Gründe entgegenstehen. (ZPO § 253 III) [3]

---

3 Ob diese Modalitäten nun Teil der Bedeutung des Modalverbs sind, oder ob sie lediglich durch die über das Modalverb hergestellte Relation zwischen Sachverhalt und Redehintergrund zum Ausdruck kommen, ist streitig. Für eine relativ neue Diskussion dieses Problemkomplexes siehe z.B. ZIFONUN et al. (1997), wo dem Konzept der Redehintergründe der Vorzug gegeben wird, und die Arbeit von DIEWALD (1999), die eher ein Grundbedeutungskonzept favorisiert (so z.B. S. 29). Zu dieser Fragestellung wird in der hier dargebo-

Ehe auf einige zentrale Auffassungen zur Bedeutung von *sollen* in der Literatur eingegangen wird, erscheint eine (durch den begrenzten Umfang der vorliegenden Arbeit bedingte) Beschränkung des Untersuchungsfeldes angebracht. Wir werden uns hier vorwiegend mit Formen der dritten Person Singular und Plural, wie sie in den untersuchten Gesetzestexten vorkommen, beschäftigen. Es handelt sich dabei sowohl um präsentische als auch um präteritale Formen. Nicht beachtet werden dagegen im Folgenden die Bedeutungen, die an die erste oder zweite Person gebunden sind. Dies hängt mit dem zu untersuchenden Korpus zusammen, bei dem sich aus der Natur der Textsorte ergibt, dass keine Anreden (2. Person) oder Äußerungen über Eigenverpflichtungen (1. Person) vorkommen.

Trotz dieser Einschränkungen bin ich mit der ganzen Problematik der Grundbedeutungen von *sollen* konfrontiert. Die Beschreibungsvorschläge bei diesem Modalverb reichen von der Vorstellung einer einheitlichen Grundbedeutung für alle Verwendungen, (epistemische wie deontische) bei BECH (1949) bis zur Annahme von zwei unterschiedlichen deontischen Bedeutungen plus einer besonderen Verwendung in Gesetzen und von einer davon zu unterscheidenden epistemischen Bedeutung (GLAS 1984).[4] Die in der Literatur am häufigsten anzutreffende Auffassung geht von einer Unterscheidung der epistemischen von der deontischen Bedeutung aus. Die vorliegende Arbeit stützt sich auf diese häufige Auffassung. Die grundlegende Frage wird die sein, ob beim deontischen *sollen* eine oder, wie GLAS vorschlägt (s.o.), drei Bedeutungen anzunehmen sind. Allen hier behandelten Auffassungen gemeinsam ist, dass *sollen* in seiner Bedeutung als mit *müssen* verwandt gilt, indem es wie *müssen* eine Notwendigkeit ausdrückt, wobei diese Notwendigkeit auf einer externen (fremden) Quelle beruht. Streitig ist, inwiefern *sollen* an sich generell einen Grad der Verbindlichkeit und damit der Verpflichtetheit ausdrückt (und zwar einen geringeren Grad der Verpflichtetheit als *müssen*), und ob bei *sollen* die Relation zwischen der externen Quelle und der im Text ausgedrückten Notwendigkeit immer eine präferenzielle (d.h. willensbetonte) ist. Im Folgenden werden zunächst Bemerkungen im Grimmschen Wörterbuch und bei HERMANN PAUL herangezogen. Danach wird als Gegenstück dazu die Monographie von GLAS (1984) als zentrale moderne Studie über *sollen* vorgestellt, die sich besonders auch mit der Verwendung des Modalverbs in Gesetzestexten auseinander setzt. Vor diesem Hintergrund werden die am empirischen Material zu untersuchenden Fragen diskutiert.

---

tenen ersten Beschreibung nicht Stellung genommen. Dies wird für eine größere Studie aufgehoben, die auch eine umfassende Bestandsaufnahme zur neueren Literatur enthalten wird.

4   Auf eine ausführliche Einbeziehung der sehr einflußreichen Studie von BECH (1949) sei verzichtet, da BECHs Annahme einer einheitlichen Bedeutung für die hier im Zentrum stehenden Verwendungen in Gesetzestexten problematisch ist und eine den Rahmen des Beitrags sprengende Diskussion erfordern würde. Auf einzelne Punkte bei BECH wird jedoch verwiesen.

3.1 Ältere Bedeutungsangaben zu *sollen*

Im Grimmschen Wörterbuch wird von einer Grundbedeutung ausgegangen, die der oben genannten deontischen Bedeutung entspricht:[5]

> [...] die grundbedeutung von *sollen* ist die einer verpflichtung oder eines zwanges, der auf einem fremden willen beruht. der inhalt der verpflichtung wird in den meisten fällen durch einen infinitiv ausgedrückt. (GRIMM/GRIMM 1984:Sp. 1468)

Diese Grundbedeutung wird in Nebenbedeutungen aufgeteilt, die Spezifizierungen der Grundbedeutung in unterschiedlichen Kontexten darstellen. So ermittelt das Wörterbuch als eine Spezifizierung die Bedeutung einer Verfügung oder Schuldigkeit (entsprechend dem lateinischen *debere*). In diesem Gebrauch kommt *sollen* in allgemeinen Sätzen, Pflichtlehren u.ä. vor. Die von *sollen* ausgedrückte Verpflichtung entspringt der allgemein anerkannten Moral, Sitte, dem Recht o.Ä. (GRIMM/GRIMM 1984:Sp. 1475). Wir hätten es hier mit der Bedeutung zu tun, die mit der Bezeichnung "Sollens-Sätze" verknüpft ist.

Eine weitere, besonders für die in dieser Arbeit interessierende Textsorte relevante Bedeutungsspezifikation ist aus dem folgenden Zitat zu entnehmen:

> [...] *sollen* bezeichnet am häufigsten eine notwendigkeit, die von einem fremden willen abhängt. [...] am gewöhnlichsten vom standpunkte des redenden aus: *er soll* = ich will, dasz er ... [...] so in der sprache der gesetze [...] (GRIMM/GRIMM 1984:Sp. 1477f.)

Die Bezeichnung "fremder Wille" soll uns hier besonders interessieren. Nach der unmittelbaren Lesart dieses Ausdrucks könnte es sich um einen Willen handeln, dessen Träger weder der Angesprochene noch der Sprecher des *sollen*-Satzes, sondern ein Dritter ist. In dieser Weise wird das Verb vielfach in der Anrede verwendet (s.u). Aus den Kommentaren im Wörterbuch (siehe den zweiten und dritten Teil des letzten Zitats) und den zugehörigen Beispielen geht aber hervor, dass mit "fremder Wille" hier wohl ein Wille gemeint sein muss, der aus der Sicht des Subjektsreferenten des Aktivsatzes (des Sollenden) ein fremder ist. Der Terminus kann also mit Bezug auf *sollen* in zwei grundlegend unterschiedlichen Weisen verstanden werden.

Der Rekurs auf jenes Verständnis, bei dem der fremde Wille allein aus der Sicht des Sollenden fixiert wird, ist notwendig, um z.B. die Verwendung von *sollen* in der Präambel des Allgemeinen Landrechts Preussischer Staaten aus dem Jahre 1796 zu erklären, wo der Gesetzgeber explizit als sprechende Person auftritt (die Pflicht/Notwendigkeit trifft natürlich das für diese Passivkonstruktion eruierbare Agens):

---

5   Aufgrund der diachronischen Ausrichtung des Wörterbuchs stehen die heutigen Bedeutungen von *sollen* zwar nicht im Mittelpunkt, diese werden aber in ihren wesentlichen Aspekten erfasst. Hinzu kommen Hinweise zur historischen Entwicklung dieses Modalverbs, die für die Untersuchung seines Gebrauchs in Gesetzestexten potentiell interessant sind.

Wir, Friedrich Wilhelm von Gottes Gnaden König von Preussen [...] thun kund [...]; so haben *wir* resolviert, besagte Gesetzessammlung in dieser ihrer gegenwärtigen Gestalt [...] unter dem Titel „Allgemeines Landrecht für die Preussischen Staaten" hiedurch anderweitig publicieren zu lassen [...] und diesem Allgemeinen Landrecht vom 1. Junius an volle Gesetzeskraft beizulegen; also, dass nach diesem benannten Tage dasselbe bei Vollziehung und Beurteilung aller rechtlichen Handlungen [...], so wie bei Entscheidungen der sich ereignenden Rechts-Streitigkeiten zum Grund gelegt werden *soll.* (Hervorhebung JE)

Das Grimmsche Wörterbuch behandelt die deontische Verwendung von *sollen* auch an einer weiteren Stelle; im letzten Teil des folgenden Zitats taucht der Begriff des fremden Willens in der weiten Fassung auf:

[...] auch besonders gern bei vorschriften von allgemeiner, dauernder geltung, also der zweiten form des lat. imperativs (*esto, estote*) entsprechend, wofür die umschreibung als regelmäszige übersetzung dient [...] so in den (10) göttlichen geboten [...] – hier kommt dann *du sollst* oft der bedeutung 5,b nahe, wo der redende dem angeredeten nicht einen befehl ertheilt, sondern ihn über eine (unabhängig vom willen des sprechenden bestehende) pflicht belehrt [...]. (GRIMM/GRIMM 1984:Sp. 1479, das letztgenannte Moment an anderen Texten als dem Dekalog illustriert)

Vorläufig wollen wir festhalten, dass das deontisch gebrauchte *sollen* nach dem Grimmschen Wörterbuch eine (rechtliche, moralische, sittliche etc.) Verpflichtung ausdrückt, die auf eine nicht mit dem Sollenden identische Instanz zurückgeht. Hier begegnen also zwei Grundelemente, die Notwendigkeit und der fremde Wille. Dabei ist zu betonen, daß von den beiden erwähnten Deutungen des letzteren Begriffes nur die allein aus der Perspektive des Sollenden festgelegte bei Gesetzen relevant ist.

PAUL (1992:810) setzt als ursprüngliche Bedeutung von *sollen* '(rechtlich) verpflichtet sein' an. Diese Bedeutungsbeschreibung entspricht der Verwendung des Modalverbs zur Charakterisierung der gesetzlichen Pflichtsätze als "Sollens-Sätze" bei ENGISCH/WÜRTENBERGER/OTTO (1997). PAUL kommentiert weiter: "gew. mit Inf., zum Ausdruck eines fremden Willens, als dessen Vermittler der Sprechende erscheint: *wir s. gott fürchten, lieben und vertrawen* (Lu.; DWb), prägnant als Gebot oder Verbot: *du sollst keine andern Götter neben mir haben* (Lu.)." (ebd.). Hier zeigt sich, dass auch bei PAUL zwei Lesarten des Begriffs fremder Wille vorliegen: Während der Wille im ersten Beispiel aus der Sicht des Sprechenden wie auch aus der Sicht des Angeredeten als ein fremder gilt, kann er im zweiten Beispiel diese Qualität nur in Bezug auf den Letzteren haben, da der Erstere explizit als Träger des Willens charakterisiert wird (vgl. *neben mir*).

Sowohl im Grimmschen Wörterbuch als auch bei PAUL tritt also bei der Deutung des deontisch gebrauchten *sollen* die Koppelung von Pflicht/Notwendigkeit und fremdem Willen auf. Bei Letzterem ist als durchgehendes Moment die Perspektive des Sollenden (des Subjektsreferenten im Aktivsatz bzw. des beim Passivsatz mit *sollen* zugrunde liegenden Agens) festzuhalten. Der Begriff des fremden Willens erscheint aber aufgrund seiner Doppeldeutigkeit in deskriptiver Hinsicht als problematisch.[6]

3.2 Die Beschreibung bei GLAS (1984)

Als Gegenstück zu den älteren Bedeutungsbeschreibungen sei die neueste Monographie zum Modalverb *sollen*, die Arbeit von GLAS (1984), herangezogen.[7] Wir wollen uns dabei auf drei seiner Ergebnisse konzentrieren, die für die in dieser Arbeit behandelte Fragestellung besonders relevant sind:

1. GLAS sieht zunächst zwei mögliche Grundbedeutungen beim nicht-epistemischen *sollen*: Auf der einen Seite können **Forderungen** erwähnt (Sprecher und wollender Aktant verschieden) oder ausgedrückt (wollender Aktant und Sprecher identisch) werden, und auf der anderen Seite können **Absichten** erwähnt oder ausgedrückt werden. Beim Erwähnen und Ausdrücken von Absichten wird regelmäßig ein Handlungsziel (Bewirkungsabsicht) angegeben (GLAS 1984:66, 72). In allen Fällen, in denen Absichten oder Forderungen **erwähnt** werden, handelt es sich um Bedeutungen mit volitiver Komponente (GLAS 1984:45). Die Volition geht dabei zeitlich dem Äußern der Modalität des Sollens voraus. Ein Beispiel: *Anton sagte mir, du* sollst *ihn heute noch anrufen* (GLAS 1984:12). Die deontische Modalität wird hier zur Sprechzeit ausgedrückt, die Volition liegt aber vor der Sprechzeit. Diese zeitliche Situierung der volitiven Komponente ist auch in vielen der Fälle vorhanden, in denen Absichten und Forderungen **ausgedrückt** werden. Dies zeigt sich z.B. daran, dass eine durch *sollen* ausgedrückte Forderung regelmäßig nicht erst in der Sprechsituation auftaucht, sondern auf eine früher geäußerte eigene Forderung (*Du* sollst *endlich ruhig sein*) zu beziehen ist (GLAS 1984:15).[8]

---

6   Der Begriff wird in der Literatur allmählich aufgegeben bzw. spezifiziert. BECH (1949) geht noch vom fremden Willen als Teil der Grundbedeutung von *sollen* aus. Dieses Moment taucht aber bei BECH (1951:7) nicht mehr auf, wo stattdessen von "extrasubjektiver lokalisierung des modalfaktors" die Rede ist. Dass dieses Kriterium als Ersatz für den fremden Willen als Beschreibungselement gelten soll, wird nicht ausdrücklich gesagt, ist aber nicht auszuschließen. Auch FLEISCHER (1993:21) und ZIFONUN et al. (1997:1891f.) setzen die Extrasubjektivität (nicht den fremden Willen) als Grundkriterium an. DIETRICH (1992:53) bemerkt, dass "die Argumentpositionen in p und q [...] nicht referenzidentisch sein [dürfen]", womit gemeint ist, dass der für die Notwendigkeit Verantwortliche nicht mit dem für die notwendige Handlung Verantwortlichen identisch sein kann.

7   Eine ältere Monographie ist MAXWELL (1964). Für den Hinweis auf diese Arbeit danke ich Oddleif Leirbukt.

8   MAXWELL (1964) erwähnt ebenfalls diese Wiederholung der eigenen Forderung als Bedeutungsmerkmal von *sollen* in Verbindung mit dem Beleg "*Ihr sollt Essen", sagte die Mutter streng, "die Kartoffeln werden sonst kalt, und dann schmecken sie nicht mehr".* "This use, by the way, implies a repeated command, which probably was an imperative form the first time, and then in order to reemphasize the point, it is repeated: '(Ich habe Euch doch gesagt), Ihr sollt essen.' Since 'ich habe Euch doch gesagt' is omitted, it would really be an indirect statement, without an introduction, although it appears to be a direct command" (MAXWELL 1964:119).

Der Aspekt der (vorhergehenden) Volition bereitet zusammen mit einer in diesem Zusammenhang wesentlichen Spezifizierung durch GLAS Probleme, auch für die Konsistenz seiner Beschreibung. Er geht davon aus, dass die in seinen Beispielen vorliegende Verwendung von *sollen* Ausdruck dafür ist, dass bei diesem Modalverb immer das Bestehen einer Forderung (und nicht das Stellen dieser Forderung) mitgemeint ist. *Sollen* drückt regelmäßig keine initiale Aufforderung aus.[9] Es ist, wie aus der oben geführten Diskussion zum fremden Willen als Bedeutungsaspekt in der Gesetzesverwendung ersichtlich, fraglich, ob diese beiden Merkmale – (vorhergehende) Volition und fehlende Ursprünglichkeit der Forderung – auch bei den hier zu untersuchenden Vorkommen zum Tragen kommen. Das Gesetzeskorpus ist auf diesen Aspekt hin zu untersuchen. GLAS meint selber, dass sich die Gesetzesbedeutung in diesem Zusammenhang von der Grundbedeutung unterscheidet und leitet daraus einen wesentlichen Aspekt der gesetzlichen Sonderbedeutung von *sollen* ab (1984:17).[10] Als problematisch für die Konsistenz der Bedeutungsbeschreibung sehe ich aber eine Erklärung an, die für die Beschreibung einer unmittelbar verständlichen Verwendung von *sollen*, wie sie in Gesetzestexten vorkommt, "textsortenspezifische Gebrauchsweisen" (ebd.) als Parameter heranzieht. Jedenfalls wäre eine Erklärung davon notwendig, wie die Bedingungen der Kommunikation mit Texten der entsprechenden Textsorte eine Aufhebung der sonst "normalen" Bedeutung bewirken können.

2. Ein weiterer wichtiger Aspekt besteht darin, dass *sollen* nach Auffassung von GLAS, wenn es Forderungen ausdrückt (solche Fälle kommen bei Gesetzestexten häufig vor, und zwar in Soll-Vorschriften), weder an sich einen bestimmten Verbindlichkeitsgrad noch eine Sprecher- oder Adressatenpräferenz bezeichnet (1984:19f., 119). Dieses Merkmal bedeutet, dass *sollen* relativ breit einsetzbar ist, da es weniger restriktiv bezüglich seiner Vorkommenskotexte ist als z.B. *müssen* (1984:21). Gleichzeitig bedeutet es, dass die Vorkommensko- und -kontexte einen stärkeren Einfluss auf die Satzsemantik der Sätze haben, in denen *sollen* erscheint, als dies bei anderen Modalverben wie z.B. *müssen* der Fall ist. *Sollen* ist ein semantisch weniger merkmalreiches Modalverb, was zu seiner vielfachen Verwendbarkeit (und dadurch zu seiner schillernden Bedeutung) beiträgt. Für die Festlegung des jeweiligen Verbindlichkeitsgrades ist nach GLAS das Merkmal der Phorizität von *sollen* in vielen Fällen ausschlaggebend. *Sollen* "verweist" auf ein Wort (ein volitives Nomen oder ein Forderungsverb) im Text oder in einer Überschrift, das im weitesten Sinne ebenfalls eine volitive Komponente hat, und gewinnt durch die hergestellte Beziehung den Verbindlichkeitsgrad dieses Wortes zu seiner lokalen Bedeutung dazu (GLAS 1984:23). Wiederaufgenommen wird die volitive Komponente, oder jedenfalls wird darauf Bezug genommen. Ebenfalls ist eine Substitu-

---

9   Dies sieht GLAS als ein wesentliches, wenn auch nicht generelles Differenzierungskriterium zwischen imperativischen Sätzen und Sätzen mit *sollen* (GLAS 1984:17).

10 Ein mögliches weiteres Gegenbeispiel gegen die Auffassung, dass vorhergehende Volition und fehlende Ursprünglichkeit der Forderung grundlegende Komponenten der Bedeutung von *sollen* sind, wären die zehn Gebote. GLAS (1984) lehnt diese als Gegenbeispiele für das moderne Deutsch ab, weil das Formulierungsmuster heute nicht mehr als Konkurrenzform zum Imperativ verwendbar sei (1984:38).

tion von *sollen* durch den Ante- oder Postzedenten unter gewisser Umformulierung möglich (GLAS 1984:24f.).

Für die Erklärung der Entstehung der kontextuellen Bedeutung von *sollen* in Gesetzestexten ist interessant, dass GLAS meint, dass ein Vorkommen von *sollen* z.B. in einer gesetzlichen Soll-Bestimmung nicht mit der sie umfassenden Überschrift (z.B. *Grundrechte*) substituiert werden könne, da es sich bei der Bedeutung von *sollen* in Soll-Bestimmungen um einen texttypspezifischen Gebrauch handle (1984:24). *Sollen* erhalte damit seinen Verbindlichkeitsgrad (verbindlich, aber weniger verbindlich als *müssen*) nicht aus dem näheren Kotext, sondern aus einer im Kontext der Textsorte angelegten konventionellen Opposition zu *müssen*.

GLAS behandelt in einem besonderen Kapitel den Bereich der Soll-Bestimmungen. Den Begriff bezieht er "allgemein auf bindende Forderungen" (1984:88), die durch eine Form von *sollen* ausgedrückt werden. Je nachdem, ob es um Forderungen in Bezug auf Eigenschaften oder auf Handlungsweisen geht, spricht er von **Anforderungen** resp. **Regelungen**:

– Bei **Anforderungen** werden Eigenschaften vorgeschrieben, wobei *sollen* in Opposition zu *müssen* steht: durch *müssen* wird eine starke Notwendigkeit ausgedrückt (vgl. *verlangen*), durch *sollen* eine Notwendigkeit, die einen geringeren Verbindlichkeitsgrad bedeutet (vgl. *erwarten*). (Beispiel: *Der Stelleninhaber soll nach Möglichkeit über berufliche Erfahrungen verfügen.*)

– Im Gegensatz zu den Anforderungen werden bei **Regelungen** nicht Eigenschaften, sondern Handlungsweisen vorgeschrieben (GLAS 1984:91). Nicht alle Regelungen sind gleich zwingend (1984:92), dies hängt von der jeweiligen Textsorte und Konstellation der Handlungskonstituenten ab. Auch hier gibt es regelmäßig eine Opposition zu *müssen* und seinen Konkurrenzformen. Diese geben an, dass es eine und nur eine Handlungsmöglichkeit gibt, wogegen *sollen* angibt, dass Handlungsalternativen bestehen.

Zur Unterscheidung der beiden Typen von Soll-Bestimmungen ist kritisch anzumerken, dass der Sinn einer Unterscheidung zwischen Anforderungen und Regelungen für die Beschreibung der Bedeutung von *sollen* zumindest fragwürdig ist: Der Unterschied gegenüber *müssen* besteht in beiden Fällen in dem Vorhandensein von Alternativen zu dem im Infinitivkomplement ausgedrückten Sachverhalt; die Soll-Bestimmung signalisiert dem Normempfänger gegenüber das Bestehen von Handlungsmöglichkeiten, ohne Rücksicht darauf, ob es sich um Anforderungen oder Regelungen handelt. Hier kann also statt der Aufteilung ein einheitlicher Bedeutungsbeitrag von *sollen* zu allen Soll-Bestimmungen angenommen werden.[11]

---

11 Siehe dazu auch ÖHLSCHLÄGER (1989:173-175). Eine ähnliche Kritik an der Unterscheidung von *sollen*-Bedeutungen bei GLAS je nach Verwendung zur Wiedergabe von Forderungen und Absichten übt RAMGE (1986:128).

Dieser einheitliche Bedeutungsbeitrag bei Anforderungen und Regelungen unterscheidet sich nach GLAS dadurch von anderen Verwendungen von *sollen*, dass der Verbindlichkeitsgrad der Soll-Bestimmungen geringer ist als der von Bestimmungen mit *müssen* (1984:90), dass also der Verbindlichkeitsgrad von *sollen* hier im Gegensatz zur Normalbedeutung qua Textsorte festliegt. Die Frage ist nun, ob es sich dabei um einen "texttypspezifischen Gebrauch" handelt, der besonderer Erklärungen bedarf, wie dies von Glas angeführt wird. Denn die Bedeutung in Soll-Bestimmungen entsteht wohl nach denselben Prinzipien wie sonst bei GLAS beschrieben: *sollen* hat die Funktion, anzuzeigen, "daß die Proposition, die seinen Bezugsbereich bildet, nicht ein bestehender, sondern ein gewollter Sachverhalt ist [...]" (1984:34). Diese auf die Autorität des Textsenders zurückgehende Funktion erhält *sollen* z.B. durch die Platzierung innerhalb des von der Überschrift "Gesetz" etikettierten Textbereichs, wie das von GLAS regelmäßig für die Entstehung der kontextuellen Bedeutung von *sollen* angenommen wird. Die generelle Verbindlichkeit von Soll-Bestimmungen entsteht also völlig regelmäßig.

Gilt dies nun auch für die Verbindlichkeitsgrad-Opposition zwischen *sollen* und *müssen*? GLAS nimmt an, dass *sollen* ähnlich wie der Imperativ keinen festen Verbindlichkeitsgrad in seiner lexikalischen Bedeutung hat (1984:19). Wie RAMGE (1986:132) ausführt, gibt *sollen* aber regelmäßig und im Gegensatz zu *müssen* an, dass es bei einer Notwendigkeit Handlungsmöglichkeiten gibt, entweder auf Seiten des Senders oder auf Seiten des Empfängers, und dass der Verbindlichkeitsgrad damit potenziell relativiert ist. Er geht sogar davon aus, dass die Opposition zu *müssen* so generell ist, dass man von einer entsprechenden Markiertheit von *sollen* sprechen kann. Wenn wir diese Auffassung von RAMGE akzeptieren, folgt daraus, dass *sollen* in systematischer Opposition zu *müssen* stehen muss. Ob nun diese Opposition tatsächlich aktualisiert wird, hängt von dem jeweiligen Ko- und Kontext ab. Aber ich wage die im Rahmen dieses Artikels nicht zu verifizierende Hypothese, dass sie in allen Ko- und Kontexten durch die Verwendung von *müssen* im näheren Kotext aktualisierbar ist. Damit wäre die Opposition entgegen der Auffassung von GLAS nicht textsortenspezifisch, sondern generell. Es wäre anzunehmen, dass *sollen* hier keine besondere Verwendung erfährt, sondern dass die jeweiligen Textsorten und Handlungskonstellationen Anlass zur Aktualisierung der generellen Opposition geben. Stufen dieser Interpretation könnten sein:

- *müssen* kommt vor, also ist Opposition wahrscheinlich
- Handlungsalternative kann nicht beim Sender liegen (Sender unpersönlich)
- Folglich muss *sollen* bedeuten, dass die Verbindlichkeit relativiert ist.

Wenn eine solche Interpretation stichhaltig ist, unterscheidet sich die Verwendung in Soll-Bestimmungen nicht kategorial von anderen Verwendungen, wie dies z.B. bei GLAS (1984:19) und auch an anderen Stellen der Arbeit angedeutet wird: Vorkommensko- und kontext beeinflussen dann bei Soll-Bestimmungen die aktuelle Bedeutung des Modalverbs, wie dies nach der Interpretation von GLAS in allen anderen Fällen als bei Soll-Bestimmungen auch der Fall ist, und die texttypische Verwendung ist anhand der regelmäßigen und auch z.T. von GLAS beschriebenen Interpretationsverfahren erklärbar. Am Korpus ist zu untersuchen, ob eine Argumentation wie die hier gegebene den empirischen Befund adäquat beschreiben kann.

3. Nach GLAS gibt es weiter besonders bei Gesetzestexten eine Reihe von Beispielen dafür, dass *sollen* nicht immer tatsächlich Handlungsalternativen zulässt. Als Konsequenz daraus formuliert er die folgende Interpretationsinstruktion (1984:92): "Ein Soll-Satz, der konstitutiver Bestandteil einer vorschreibenden Textsorte wie Verordnung oder Gesetz ist, für die es eine verbindliche Interpretation gibt, ist entweder eine Muß- oder eine Soll-Bestimmung." Dies bedeutet eigentlich, dass GLAS eine besonders vage Bedeutung in der Gesetzesverwendung (im Gegensatz zur Verwendung in sonstigen Soll-Bestimmungen) annimmt, bei der *sollen* nicht in Opposition, sondern als weitere Konkurrenzform zu *müssen* (neben z.B. *sein + zu* und *haben + zu*) funktioniert. Dadurch wird die vorher von GLAS vorgenommene Festlegung des Verbindlichkeitsgrades bei *sollen* wieder aufgehoben. Bei meiner empirischen Untersuchung ist solchen Sonderfällen besondere Aufmerksamkeit zu schenken.

4. Empirische Untersuchung heutiger Gesetze

Untersucht wurden die folgenden deutschen Gesetze (in Klammern ist das Jahr des ersten Inkrafttretens des Gesetzes angegeben): Bürgerliches Gesetzbuch 1990 (1900), Handelsgesetzbuch 1990 (1897), Zivilprozessordnung 1990 (1877), Strafprozessordnung 1990 (1877), Strafgesetzbuch 1987 (1871), Bundesdatenschutzgesetz 1994 (1990) und Arbeitnehmererfindungsgesetz 1998 (1957). Das Korpus umfasst insgesamt 401.671 Wörter. Die Gesetze verteilen sich bezüglich ihrer Erstfassung über das ganze Jahrhundert, sind aber alle hier in einer moderneren Fassung vertreten. Im Korpus ist es eine fast ausnahmslose Regel, dass *sollen* bei Vorkommen in Hauptsätzen eine verbindliche Regelung **performativ einführt**, wogegen *sollen* in Nebensätzen eine Absicht **wiedergibt**, die vom Gesetzgeber als beim Normadressaten vorhanden vorausgesetzt wird.

(7) Erteilung der Vollmacht. (1) Die Erteilung der Vollmacht erfolgt durch Erklärung gegenüber dem zu Bevollmächtigenden oder dem Dritten, dem gegenüber die Vertretung stattfinden *soll*. (BGB § 167)

(8) Mindestmitgliederzahl. Die Eintragung *soll* nur erfolgen, wenn die Zahl der Mitglieder mindestens sieben beträgt. (BGB § 56)

Bei den Wiedergaben (Beispiel 7) haben wir die Aufteilung von Sprecher und für die Notwendigkeit Verantwortlichem, bei den performativen Einführungen (Beispiel 8) nicht. Im Korpus gibt es nur wenige Ausnahmen von dieser Distribution:

(9) Wird wegen Verdachts einer Straftat, die nur auf Antrag verfolgbar ist, ein Haftbefehl erlassen, bevor der Antrag gestellt ist, so ist der Antragsberechtigte, von mehreren wenigstens einer, sofort von dem Erlaß des Haftbefehls in Kenntnis zu

setzen und davon zu unterrichten, daß der Haftbefehl aufgehoben werden wird, wenn der Antrag nicht innerhalb einer vom Richter zu bestimmenden Frist, die eine Woche nicht überschreiten *soll*, gestellt wird. Wird innerhalb der Frist Strafantrag nicht gestellt, so ist der Haftbefehl aufzuheben. (StPO § 130)

(10) Die Frist, die in einer anhängigen Sache zwischen der Zustellung der Ladung und dem Terminstag liegen *soll* (Ladungsfrist), beträgt in Anwaltsprozessen mindestens eine Woche, in anderen Prozessen mindestens drei Tage, in Meß- und Marktsachen mindestens vierundzwanzig Stunden. (ZPO § 217)

Die hier hervorgehobenen Vorkommen von *sollen* stehen in einem Nebensatz, was regelmäßig die performative Einführung einer Verpflichtung blockiert. Es handelt sich hier aber um Vorkommen in einem eher parenthetischen Nebensatz mit eigenständigem illokutiven Wert (BRANDT 1990), und dadurch wird dann die Blockierung aufgelöst. Diese Belege sind jedoch sehr selten im Korpus: Von insgesamt 514 Vorkommen gibt es nur die angeführten zwei Belege dieser Art. Es gibt also eine eindeutige Präferenz bezüglich der Platzierung des Modalverbs. Die Ausnahmen zeigen uns, dass Abweichungen von der Präferenz systematisch möglich sind. Es handelt sich also um eine Präferenz auf der Ebene der Formulierungskonventionen.

Als Nächstes ist zu untersuchen, ob es im Korpus bestimmte Regularitäten bezüglich Vorkommenshäufigkeiten und Distribution von *sollen* hinsichtlich der oben erwähnten Verwendungsweisen gibt. Dazu die folgende Aufstellung ("A" = Absicht, "R" = Regelung):

Gesetz	Absicht	Regelung	Epistemisch	Verhältnis A:R	Anteil der Gesamtwörter
HGB	30	10	0	3:1	0,083
StGB	16	0	0	1:0	0,023
BGB	145	86	0	1,7:1	0,148
ZPO	66	70	5	1:1	0,175
BdatG	8	6	0	1:1	0,130
Stopp	20	44	1	1:2	0,124
ArbErG	0	13	0	0:1	0,265

Tab. 1: Vorkommen von *sollen*, aufgeteilt nach Gesetzen und nach Gebrauchsweisen

Als erstes Ergebnis ist festzuhalten, dass weder bezüglich der relativen Häufigkeit (Anteil der Vorkommen von *sollen* an der Zahl der Gesamtwörter) noch bezüglich des Verhältnisses zwischen Absichtswiedergaben und der performativen Einführung von Regelungen eine Tendenz im Korpus festzustellen ist: In drei Fällen überwiegen die Absichtswiedergaben, in zwei die Regelungseinführungen und in zwei Fällen halten sich die beiden Gebrauchsweisen die Waage.

Interessant ist, dass es entgegen meinen unmittelbaren Erwartungen einige wenige Beispiele epistemischer Verwendung von *sollen* gibt; vgl. schon oben Beispiel (4). Alle Belege sollen hier angeführt werden:

(11) (1) Ist die Besetzung des Gerichts nach § 222a mitgeteilt worden, so kann der Einwand, daß das Gericht vorschriftswidrig besetzt sei, nur bis zum Beginn der Vernehmung des ersten Angeklagten zur Sache in der Hauptverhandlung geltend gemacht werden. Die Tatsachen, aus denen sich die vorschriftswidrige Besetzung ergeben *soll*, sind dabei anzugeben. Alle Beanstandungen sind gleichzeitig vorzubringen. Außerhalb der Hauptverhandlung ist der Einwand schriftlich geltend zu machen; § 345 Abs. 2 und für den Nebenkläger § 390 Abs. 2 gelten entsprechend. (StPO § 222b)

(12) (1) Ist über das Bestehen oder Nichtbestehen eines Rechts, das für ein Grundstück in Anspruch genommen wird, oder einer Verpflichtung, die auf einem Grundstück ruhen *soll*, zwischen dem Besitzer und einem Dritten ein Rechtsstreit anhängig, so ist im Falle der Veräußerung des Grundstücks der Rechtsnachfolger berechtigt und auf Antrag des Gegners verpflichtet, den Rechtsstreit in der Lage, in der er sich befindet, als Hauptpartei zu übernehmen. Entsprechendes gilt für einen Rechtsstreit über das Bestehen oder Nichtbestehen einer Verpflichtung, die auf einem eingetragenen Schiff oder Schiffsbauwerk ruhen *soll*. (ZPO § 266)

(13) (1) In den Fällen des § 383 Nr. 1 bis 3 und des § 384 Nr. 1 darf der Zeuge das Zeugnis nicht verweigern:
1. über die Errichtung und den Inhalt eines Rechtsgeschäfts, bei dessen Errichtung er als Zeuge zugezogen war;
2. über Geburten, Verheiratungen oder Sterbefälle von Familienmitgliedern;
3. über Tatsachen, welche die durch das Familienverhältnis bedingten Vermögensangelegenheiten betreffen;
4. über die auf das streitige Rechtsverhältnis sich beziehenden Handlungen, die von ihm selbst als Rechtsvorgänger oder Vertreter einer Partei vorgenommen sein *sollen*. (ZPO § 385)

(14) Das Gericht kann, wenn es die Echtheit für zweifelhaft hält, auch von Amts wegen die Behörde oder die Person, von der die Urkunde errichtet sein *soll*, zu einer Erklärung über die Echtheit veranlassen. (ZPO § 437 II)

(15) Urkunden, deren Echtheit bestritten ist oder deren Inhalt verändert sein *soll*, werden bis zur Erledigung des Rechtsstreits auf der Geschäftsstelle verwahrt, sofern nicht ihre Auslieferung an eine andere Behörde im Interesse der öffentlichen Ordnung erforderlich ist. (ZPO § 443)

Zu bemerken ist, dass die Vorkommen von epistemischem *sollen* ausschließlich in den Prozessordnungen auftauchen. Es handelt sich nach meiner Auffassung überall um die Angabe der Vermutung eines Dritten bezüglich eines Merkmals von Dokumenten oder Tatsachen. Solche Angaben sind bei Paragraphen zu erwarten, die Gerichtsverfahren regeln und in denen eine Thematisierung von postulierten Merkmalen eines Dokuments in der Beschreibung von Verfahrenssachverhalten erfolgt. Hier ist also festzuhalten, dass es keine systematischen oder grundlegenden textsortenmäßigen Blockierungen hinter dem seltenen Vorkommen der epistemischen Bedeutung von *sollen* in Gesetzestexten gibt.

Zu untersuchen ist schließlich noch, inwiefern *sollen* bei den deontischen Verwendungen, die eine Regelung festlegen, generell in Bedeutungsopposition zu *müssen* steht und folglich eine mit Ermessensspielraum versehene Notwendigkeit angibt (gemäß "Soll-Vorschrift", siehe oben) oder ob, wie GLAS (1984) annimmt, *sollen* in Gesetzestexten regelmäßig synonym zu *müssen* verwendet wird. GLAS zieht daraus (wie wir gesehen haben) die Schlussfolgerung, dass die Vorkommen von *sollen* in Gesetzestexten nur unter Hinzuziehung von Gesetzeskommentaren bedeutungsmäßig festzulegen sind, es also eine besonders vage Gesetzesbedeutung des Modalverbs *sollen* geben muss.

Um diese Frage zu untersuchen, habe ich alle Vorkommen im BGB als dem Gesetz mit der höchsten Anzahl relevanter *sollen*-Belege daraufhin geprüft, ob sie nach den einschlägigen Gesetzeskommentaren als Bestandteile von Soll- oder Muss-Vorschriften zu werten sind.[12] 84 Vorkommen wurden untersucht. Von diesen handelt es sich in 68 Fällen um Belege, die explizit mit (Verwaltungs-)Ermessen gekoppelt sind, wogegen 10 in Muss-Vorschriften vorkommen. Bei 6 Beispielen war es anhand der hinzugezogenen Gesetzeskommentare nicht möglich zu entscheiden, ob es sich um eine Muss- oder Soll-Vorschrift handelt.

Alle zehn eindeutig im Gesetzeskommentar besprochenen Vorkommen von *sollen* mit derselben Bedeutung wie *müssen* sind gekoppelt an das Grundrecht des rechtlichen Gehörs:

(16) Vor der Entscheidung *soll* der Nachlaßgläubiger, auf dessen Antrag die erste Frist bestimmt worden ist, wenn tunlich gehört werden. (BGB 1996 III)

(17) Rechtliches Gehör ist entgegen [Absatz] III obligatorisch (GG 103 I). (PALANDT/DANCKELMANN 1992:1875)

Wie aus dem Zitat in Beispiel 17 hervorgeht, wird explizit gemacht, dass trotz der Formulierung des Gesetzesparagraphen dieser nicht als Ermessensregelung zu sehen ist, sondern als strikt zu befolgender Paragraph. Interessant ist zugleich, dass nach der Formulierung des Gesetzeskommentars nicht eine Änderung der Bedeutung von *sollen* erfolgt, sondern eher eine Außerkraftsetzung. Noch deutlicher wird dies in den folgenden Beispielen:

(18) Ist ein Rechtsstreit über das Erbrecht anhängig, so *soll* vor der Erteilung des Erbscheins der Gegner des Antragstellers gehört werden. (BGB 2360 I)

---

12 Aus Platzgründen ist für diese erste Studie auf eine Untersuchung aller Belege des Korpus verzichtet worden.

(19) Rechtliches Gehör ist ein tragender Verfahrensgrundsatz und durch seine verfassungsrechtliche Garantie (GG 103 I) als zwingendes Recht auch in allen Verfahrensarten der freiwilligen Gerichtsbarkeit gilt [sic], *so daß § 2360 insoweit nicht mehr maßgeblich ist.* (PALANDT/DANCKELMANN 1992:2142, Hervorhebung JE)

Aus dem Kommentartext geht hervor, dass die Bedeutung der sprachlichen Bestandteile von § 2360 nicht geändert worden ist, und dass der Paragraph wegen der geänderten Rechtslage (Einführung des Grundgesetzes, Auslegung von GG 103 I) nicht mehr nach seiner Formulierung gültig sein kann. Die Bedeutung von *sollen* wird dann nicht mehr beachtet.

Weitere Indizien für diese Interpretation finden wir, wenn wir uns die Zivilprozessordnung ansehen. Laut dem Gesetzeskommentar zur ZPO von BAUMBACH et al. werden Soll-Vorschriften auch in diesem Gesetz regelmäßig durch *sollen* angezeigt (BAUMBACH et al. 1978:14). Es gibt jedoch vereinzelte Abweichungen von dieser Regel, wie z.B. ZPO § 118a in der alten Fassung, hier zitiert nach einer Ausgabe aus dem Jahre 1978:

(20) [Das Gericht] *soll*, wenn dies nicht aus besonderen Gründen unzweckmäßig erscheint, vor der Bewilligung des Armenrechts den Gegner hören. (ZPO 118a, alte Fassung, 1978)

Nach BAUMBACH et al. handelt es sich hier um ein Beispiel dafür, dass *sollen* keinen Ermessensspielraum zulässt, sondern als ein *müssen* aufzufassen ist. Diese Auffassung ist in einer entsprechenden Auslegung des Paragraphen durch das Bundesverfassungsgericht aus dem Jahre 1971 begründet. Das Gericht hat die Unvereinbarkeit des Ermessensspielraums mit Artikel 103 des Grundgesetzes festgelegt. Diese Unvereinbarkeit bildet auch die Grundlage der Umdeutungen im BGB. M.a.W.: Das Bundesverfassungsgericht hat festgelegt, dass die entsprechende Regelung nicht verfassungskonform ist, und ab dem Zeitpunkt dieser Festlegung ist die normale Interpretation des Modalverbs blockiert. Die Bedeutung von *sollen* ändert sich dadurch aber nicht. Für eine solche Auslegung spricht meines Erachtens auch, dass das Modalverb *sollen* in einer neuen Fassung des Gesetzes, die nach dem Urteil des Bundesverfassungsgerichts zustande gekommen ist, durch eine modale Konkurrenzform mit ermessensfreier Notwendigkeitsbedeutung substituiert worden ist:

(21) § 118. (1) Vor der Bewilligung der Prozeßkostenhilfe *ist* dem Gegner Gelegenheit zur Stellungnahme *zu geben*, wenn dies nicht aus besonderen Gründen unzweckmäßig erscheint. (ZPO 118, neue Fassung, 1980)

Dieser Sachverhalt deutet darauf hin, dass es sich bei der Verwendung von *sollen* in der ursprünglichen Fassung nicht um eine Sonderbedeutung des Modalverbs handelt, sondern lediglich um einen aus der institutionellen Rolle des Textes und seiner formulierungsmäßigen Starrheit erklärbaren Sonderfall, wo sich der hinter dem Paragraphen stehende Sachverhalt ändert, ohne dass sich die Formulierung unmittelbar ändern lässt.

Bei der ersten Gelegenheit wird dies aber nachgeholt, damit die sprachliche Fassung mit dem betreffenden Sachverhalt wieder übereinstimmt.

Ein letztes Indiz für meine Auffassung wäre es, wenn die oben beschriebenen BGB-Paragraphen zu einem Zeitpunkt vor dem entsprechenden Urteil noch als Soll-Vorschrift gewertet würden. Dann nämlich würde es sich bei der Formulierung des Textes ursprünglich um eine regelmäßige Verwendung von *sollen* handeln, die lediglich durch die geänderte Auslegung des Paragraphen über die Jahre überholt wäre, ohne dass aber die konsequente Formulierungsänderung durchgeführt worden wäre. Um dies zu prüfen, habe ich in einem älteren Gesetzeskommentar zum BGB (ALTSTÖTTER et al. 1939) nach Belegen für die Ermessensbedeutung von *sollen* gesucht. Hier finden wir eingangs Folgendes:

(22) Der Name *soll* sich von den Namen der an demselben Orte [...] eingetragenen Vereine deutlich unterscheiden. (§ 57 II BGB)
[...]
[Anmerkung:] Abs. 2 wendet sich nur an den Registerrichter, begründet keinen Anspruch der Beteiligten, begründet keine örtliche Beschränkung des Namensschutzes. (ALTSTÖTTER et al. 1939:19)

Schon hier ist also eine Verwendung belegt, die zwar eine Pflicht involviert, die aber nicht anspruchsbegründend ist, also die regelmäßige Bedeutung von *sollen* (Notwendigkeit mit Handlungsalternative) reflektiert.

Ferner habe ich die zehn oben erwähnten, in Muss-Vorschriften auftretenden Belege für *sollen* ins Visier genommen, um zu prüfen, ob im zugehörigen Kommentar Angaben zu einer Sonderbedeutung vorhanden sind (wie beim Gesetzeskommentar aus dem Jahre 1992). Zwei dieser Paragraphen (1791a und 1887) sind 1969 entstanden und können folglich von ALTSTÖTTER et al. (1939) nicht untersucht werden. Von den restlichen acht wird bei sieben nichts über eine Sonderbedeutung von *sollen* gesagt. In einem Fall (§ 2227) wird die Nicht-Verbindlichkeit in einer Anmerkung zum Paragraphen thematisiert:

(23) Der Testamentsvollstrecker *soll* vor der Entlassung wenn tunlich gehört werden. (§ 2227 BGB)
[...]
[Kommentar:] Unterlassene Anhörung begründet Aufhebung *mindestens dann*, wenn der Testamentsvollstrecker über wichtige Beschuldigungen nicht gehört wurde. (ALTSTÖTTER et al. 1939:1022, Hervorhebung JE)

Die hervorgehobenen Wörter im Kommentar zeigen an, dass es hier auch eine mögliche Alternative geben kann, bei der unterlassene Anhörung keine Aufhebung begründet.

Nicht alle Belege waren eindeutig zuzuordnen, es hat sich aber jedenfalls in (23) ursprünglich um eine regelmäßige Verwendung von *sollen* gehandelt, die durch die Entwicklung des geltenden Rechts überholt worden ist und wahrscheinlich zu einem späteren Zeitpunkt korrigiert wird (wie dies bei § 118 ZPO schon geschehen ist). Dieser Sachverhalt berechtigt nach meiner Auffassung nicht dazu, eine besonders vage Bedeutung von *sollen* in der Gesetzessprache zu postulieren. Vielmehr ist der Befund ein Beispiel dafür, dass die Gesetzessprache wegen der Probleme, die eine häufige Änderung der Formulierungen für die Rechtssicherheit bereiten würde, es zulässt, dass zeitweilige Blockierungen von normalen Bedeutungen, wie wir es hier gesehen haben, vorgenommen werden: Die Ermessensbedeutung, d.h. die Komponente der Handlungsalternativen von *sollen,* wird per Dekret blockiert, und zu einem späteren Zeitpunkt bringt man dann die sprachliche Formulierung mit der aktuellen Auffassung der Bedeutung des Satzes, in dem das Modalverb steht, in Einklang.

5. Ergebnisse

Aus der im theoretischen Teil der Arbeit behandelten Literatur hat sich eine Reihe von Fragen ergeben, die im empirischen Teil untersucht wurden. Als Abschluss dieser Arbeit soll eine vorläufige Beantwortung dieser Fragen erfolgen:

1. Wird *sollen* in Gesetzestexten lediglich zur Angabe einer existierenden Forderung oder auch zur performativen Einführung einer Forderung verwendet?

Die Untersuchung der vielen Gesetzesparagraphen hat gezeigt, dass mit *sollen* auch Forderungen performativ eingeführt werden können. Denn das Modalverb steht in Paragraphen, die als ausschlaggebender Faktor für die Entstehung gesetzlicher Pflichten gelten, und folglich tragen sie zur Einführung der Forderung bei. Dass es sich dabei um eine Forderung handeln sollte, die von einem anderen als dem Gesetzgeber zu verantworten wäre, erscheint mir nicht plausibel: Wenn z.B. in (6) oben gesagt wird, dass die Klageschrift bestimmte Angaben enthalten *soll* (nicht *muss*), so spricht hier der Gesetzgeber seine eigene, von ihm mit der Einführung des Gesetzes performativ ins Leben gerufene Forderung aus. In Gesetzestexten muss die Forderung also nicht schon vorher bestanden haben, und eine solche Komponente kann folglich nicht als generell zur Bedeutung von *sollen* gehörend postuliert werden. Auch GLAS kommt zu diesem Ergebnis und sieht u.a. deshalb die Verwendung im Gesetz als Sonderfall (1984:17). Hier ließen sich leider nicht die kontextuellen Faktoren klären, die zu dieser Bedeutung führen. Auch konnte nicht untersucht werden, ob es sich um einen (kontextinduzierten?) Ausschluss von normalerweise vorhandenen Bedeutungselementen handelt, wie von GLAS (1984:17) vorgeschlagen, oder ob eher von einer generellen Nicht-Bestimmtheit von *sollen* in diesem Aspekt auszugehen ist, die dann im jeweiligen Kontext aufgehoben werden kann.

2. Hat *sollen* einen Default-Wert als Verweis auf eine weniger verpflichtende deontische Quelle (Differenz zu *müssen*)?

Es gibt in der Gesetzessprache tatsächlich einen solchen Default-Wert, auf den auch in den Gesetzeskommentaren sehr häufig verwiesen wird. Man kann folglich davon ausgehen, dass der Gesetzgeber regelmäßig *sollen* in Verbindung mit der Intention einsetzt, eine weniger verpflichtende deontische Quelle anzugeben, als bei der Verwendung von *müssen* oder seinen Konkurrenzformen. Mit RAMGE (1986) und entgegen der Auffassung von GLAS (1984) nehme ich an, dass diese Opposition nicht auf Gesetzestexte beschränkt, sondern immer potentiell vorhanden ist: Wenn *müssen* und *sollen* im selben Kontext zur Festlegung von Regelungen auftauchen, bezeichnet *sollen* auch aktuell (nicht nur potenziell) die Möglichkeit von Handlungsalternativen, *müssen* dagegen nicht.

3. Was sind die Gründe dafür, dass bestimmte Soll-Sätze in Gesetzestexten doch keine Handlungsalternativen zulassen?

Wir haben hier keine sprachlichen Signale ausmachen können, die diese Eigenart von Gesetzestexten erklären könnten. Stattdessen haben die Analysen gezeigt, dass es sich bei den einschlägigen Fällen ausschließlich um Pflichten in Verbindung mit der Anhörung von betroffenen Personen vor Gericht handelt. Gleichzeitig gibt es in solchen Kontexten keine Beispiele für eine Verwendung von *sollen*, bei der das Modalverb seine normale Bedeutung behält. Und seit der Formulierung des Gesetzes hat sich auf dem betreffenden Gebiet die Rechtsprechung und damit auch die Auffassung der Rechtswissenschaft zu möglichen Handlungsalternativen geändert. Weiter haben wir Beispiele gefunden, wo die Bedeutung früher die normale Angabe von Handlungsalternativen beinhaltete, wo aber diese Bedeutung später unterdrückt wurde: *sollen* wird regelmäßig zur Angabe des gebundenen Ermessens (Handlungsalternativen) verwendet, seine Bedeutung wird aber unterdrückt, wenn sich die entsprechende Rechtsgrundlage ändert. In einigen Fällen erfolgt bei nächster Gelegenheit (Gesetzesreform, neue Bekanntmachung) eine sprachliche Revision, so dass die unterdrückte Formulierung entfällt und eine der Rechtsgrundlage entsprechende Formulierung sie ersetzt (Beispiel 21).

Wir können also davon ausgehen, dass der Bedeutungsunterschied auf der Ebene der Rechtswirkung (um die es hier letzten Endes geht) nicht in einer eigentlichen Variation der Modalverbbedeutung, sondern in einer Außerkraftsetzung der im Text ursprünglich gegebenen Bedeutung aus rechtlichen Gründen besteht: *Sollen* drückt in Gesetzestexten aus, dass ein gebundenes Ermessen möglich ist (siehe dazu auch die jeweiligen Kommentartexte); aber es ist möglich, dass der Sachverhalt, auf den diese Bestimmung anzuwenden ist, nicht mehr so ist, dass die regelmäßige Bedeutung Gültigkeit haben kann. Dadurch ändert sich die tatsächliche Wirkung der Bestimmung: Sie wird zu einer unwirksamen Soll-Bestimmung – aber ohne dass die Bedeutung des Modalverbs geändert worden wäre.

Der Kern der Argumentation von GLAS (1984) für eine besondere Bedeutung von *sollen*, die auf Gesetzestexte beschränkt sein sollte, ist die Beobachtung des soeben beschriebenen Sachverhalts. Auf der Grundlage der in diesem Artikel vorgelegten Ergebnisse glaube ich behaupten zu können, dass *sollen* in Gesetzestexten keine prinzipiell eigenständige Bedeutung aufweist. Das Verb erhält vielmehr auch in diesen Texten eine aktuelle Bedeutung gemäß den Kontext-Gegebenheiten und den normalen Gebrauchsregeln. Diese Gesetzesbedeutung ist zwar texttypspezifisch, aber sie entsteht nach genau denselben Prinzipien wie andere Bedeutungen von *sollen* auch.

Literatur

Wissenschaftliche Literatur

Allgemeines Landrecht für die Preussischen Staaten, 1796. Berlin: Pauli.

Altstötter, Josef et al. (eds.), 1939[15]. *Bürgerliches Gesetzbuch nebst Einführungsgesetz, Jugendwohlfahrtsgesetz, Ehegesetz, Testamentsgesetz. Mit Einleitung, Anmerkungen und Sachregister.* Berlin: de Gruyter.

Baumbach, Adolf et al. (eds.), 1978[36]. *Zivilprozeßordnung mit Gerichtsverfassungsgesetz und anderen Nebengesetzen.* München: Beck.

Bech, Gunnar, 1949. *Das semantische System der deutschen Modalverba* (= *Travaux du Cercle Linguistique de Copenhague* 4), 3-46.

Bech, Gunnar, 1951. *Grundzüge der semantischen Entwicklungsgeschichte der hochdeutschen Modalverba.* København: Munksgaard (= *Det Kongelige Danske Videnskabernes Selskab, Historisk-filologiske Meddelelser*, Bd. 32, Nr. 6).

Brandt, Margareta, 1990. *Weiterführende Nebensätze. Zu ihrer Syntax, Semantik und Pragmatik.* Malmö: Almquist & Wiksell (= *Lunder germanistische Forschungen* 57).

Creifelds, Carl, 1994[12]. *Rechtswörterbuch.* München: Beck.

Dietrich, Rainer, 1992. *Modalität im Deutschen: Zur Theorie der relativen Modalität.* Wiesbaden: Westdeutscher Verlag.

Diewald, Gabriele, 1999. *Die Modalverben im Deutschen. Grammatikalisierung und Polyfunktionalität.* Tübingen: Niemeyer (= *Reihe Germanistische Linguistik* 208).

Engberg, Jan, 2001. Entwicklungslinien in der Verwendung von *sollen* in deutschen Gesetzestexten. In: Gotti, M./Dossena, M. (eds.). *Modality in Specialized Texts.* Bern etc.: Lang, 193-212.

Engisch, Karl/Würtenberger, Thomas/Otto, Dirk, 1997. *Einführung in das juristische Denken.* Stuttgart: Kohlhammer.

Fleischer, Holm, 1993. *Konfrontative Betrachtungen modaler Ausdrucksmittel im Serbokroatischen und Deutschen.* Århus (= *Arbejdspapirer no. 2, Slavisk Institut, Aarhus Universitet*).

Glas, Reinhold, 1984. Sollen *im heutigen Deutsch. Bedeutung und Gebrauch in der Schriftsprache.* Tübingen: Narr (= *Studien zur deutschen Grammatik* 27).

Grimm, Jacob/Grimm, Wilhelm, 1984. *Deutsches Wörterbuch.* München: dtv.

Kratzer, Angelika, 1981. The notional category of modality. In: Eikmeyer, H. J./Rieser, H. (eds.). *Words, worlds, and contexts: New approaches in word semantics.* Berlin: de Gruyter, 38-74.

Maxwell, Harry J., 1964. *The Syntactical and Semantic Usages of* Sollen *in Contemporary German.* Ph.D.-Dissertation. University of Michigan, Ann Arbor.

Öhlschläger, Günther, 1989. *Zur Syntax und Semantik der Modalverben des Deutschen.* Tübingen: Niemeyer (= *Linguistische Arbeiten* 144).

Palandt, Otto/Danckelmann, Bernhard, 1992. *Bürgerliches Gesetzbuch.* München: Beck.

Paul, Hermann, 1992[9]. *Deutsches Wörterbuch.* Tübingen: Niemeyer.

Ramge, Hans, 1986. Warum soll man müssen müssen? – System- und Gebrauchsaspekte zur Beschreibung von müssen und sollen im Deutschen. *Acta Universitatis Lodziensis, Folia Linguistica* 13:123-148.

Tilch, Horst, 1992. *Deutsches Rechtslexikon.* München: Beck.

Viehweger, Dieter/Spies, Gottfried, 1987. Struktur illokutiver Handlungen in Anordnungstexten. In: Motsch, W. (ed.). *Satz, Text, sprachliche Handlung*. Berlin: Akademie-Verlag (= *studia grammatica* XXV), 81-118.

Wank, Rolf, 1985. *Die juristische Begriffsbildung*. München: Beck.

Zifonun, Gisela et al., 1997. *Grammatik der deutschen Sprache*. Berlin: de Gruyter.

Korpus

Bundesdatenschutzgesetz (BdatG)
Bürgerliches Gesetzbuch (BGB)
Gesetz über Arbeitnehmererfindungen (ArbErG)
Handelsgesetzbuch (HGB)
Strafgesetzbuch (StGB)
Strafprozessordnung (StPO)
Zivilprozessordnung (ZPO)

Norbert Dittmar

Lakmustest für funktionale Beschreibungen am Beispiel von *auch* (Fokuspartikel, FP), *eigentlich* (Modalpartikel, MP) und *also* (Diskursmarker, DM)

Es geht uns im Folgenden um die Schnittstelle der Beschreibung auf syntaktischer, semantischer und pragmatischer Ebene. Dabei kann man das gesamte Forschungsfeld (Fokuspartikeln, Modalpartikeln, Adverbien und Konjunktionen im Sinne von Diskursmarkern) im Auge behalten; in diesem Beitrag wählen wir eine Doppelstrategie: Der Bezug auf den Untersuchungsbereich soll Hinweise auf allgemeine Beschreibungs- und Erklärungsprobleme geben, am Beispiel eines einzelnen Ausdrucks soll dann die Forschungsproblematik mit Lösungsversuchen detailliert vorgeführt werden.

1. Problemfeld

Von den vielen neueren Versuchen, nicht-flektierbare Wörter zu beschreiben, erscheint der funktionale Ansatz am fruchtbarsten: eine reiche Semantik und Pragmatik ohne Vernachlässigung der Syntax macht einen befriedigenden Zugriff auf das Form-FunktionsVerhältnis möglich. Ohne auf einzelne Spielarten solcher Ansätze einzugehen, ist ihnen die Perspektive gemeinsam, dass syntaktische Regularitäten mit semantischen und pragmatischen Funktionen einhergehen. Im Kern sind solche Ansätze mit dem Axiom verbunden, dass formale Prinzipien, z.B. Stellungsregeln, eine kommunikative Leistung erbringen und einen spezifischen Beitrag zur Informationsstruktur und zur diskursiven Gestalt größerer kommunikativer Einheiten (Gattungen, Diskurse, Diskurstypen, activity types', vgl. LEVINSON 1979, und Redekonstellationen, vgl. BÜHRIG/ TEN THIEJE 2001) leisten.

Wenn die Verständigungsleistungen von Partikeln und Diskursmarkern auch verschiedener Art sind, so teilen diese zunächst disparaten Ausdrucksmittel doch folgende Gemeinsamkeiten:

- Sie weisen eine Variation in der Wortstellung auf (Syntax).
- Sie unterscheiden sich in Bezug auf ihren **semantischen** Status (**autosemantisch** vs. **synsemantisch**) in Äußerungen; eine Modalpartikel wie *ja* bezieht ihren Sinn aus der Äußerungsumgebung; ein Adverb wie *also* unterstützt die Semantik von "schlussfolgern" in der Abfolge von Äusserungen (pragmatische Sequenzialität).
- Der engere grammatische Status dieser Ausdrücke kann von ihrem informationsstrukturellen und diskursspezifischen Beitrag unterschieden werden; ich spreche hier von ihrer äußerungsinternen Rolle und ihrer äußerungsübergreifenden Funktion.

Mit den folgenden Erkundungen zur Beschreibung und Erklärung von *auch, eigentlich* und *also* sollen dann theoretische Probleme der Schnittstelle – Syntax – Semantik – Pragmatik verbunden werden.

2. Warum Wörter wie *also, auch* und *eigentlich* mehr als nur "optionale" Konstituenten einer kommunikativen Einheit (KE) sind

In den gängigen linguistischen Beschreibungen gelten z.b. Fokus- und Modalpartikeln als optionale Elemente. In dem Satz

(1) Harry ging **auch** in die Eulerei.

mit der Implikation 'Harry ist auf dem Wege, sich in die Eulerei hineinzubegeben' wird mit dem Wort *auch* der Äußerung die Information hinzugefügt, dass es bereits jemand anderen gibt, der dort hingeht und Harry nun die gleiche Handlung vollzieht. Ich behaupte global, dass Partikeln und DM Orientierungen (Lesarten) für die Hörer bereitstellen, die die Perspektivität im Diskurs betreffen. In diesem Sinne sind diese Elemente in kommunikativer Hinsicht notwendig.

HELBIG (1994) unterscheidet 9 Klassen von Partikeln, unter denen zumindest die "Steigerungspartikeln", "Temporalpartikeln", "Antwortpartikeln", "Vergleichspartikeln", "Interjektionspartikeln", die "Negationspartikeln" und die "Infinitivpartikel *zu*" in der Wortartenbestimmung umstritten sind. Die partielle Negation kann flektiert werden und gehört somit nicht zu den Partikeln; die Temporalpartikeln *erst, noch* und *schon* werden nach KÖNIG (1991c) zu den Fokuspartikeln gerechnet. Die Infinitivpartikel *zu* wird im Rahmen der Verbgrammatik beschrieben und erklärt. Der Forschungsschwerpunkt bei der Beschreibung nicht-flektierbarer Wörter lag in den letzten 3 Jahrzehnten auf den Fokuspartikeln, den Modalpartikeln und Intensifikatoren (*außerordentlich, etwas, ganz, höchst, sehr, weitaus* und *ziemlich*).

Für eine Vielzahl von Ausdrücken, die HELBIG unter "Partikeln" fasst, verwendet FRASER (1999) den Terminus "discourse marker" (dt. "Diskursmarker", DM). Mit diesem Terminus belegt er eine relativ große Klasse von Ausdrücken, die einer grammatischen Wortart wie z.B. der der Adverbien angehören und je nach Kontext eine äußerungsübergreifende kommunikative Funktion im Rahmen größerer KE übernehmen. Bei FRASERs Ansatz stehen somit die formalen Eigenschaften (Syntax) und die funktionalen Leistungen im Diskurs im Vordergrund.

3. Funktionale Dynamik von Form und Funktion: Der Ansatz der Grammatikalisierung

Im Ansatz der Grammatikalisierung werden Syntax, Semantik und Pragmatik als ineinandergreifende dynamische Systeme der Zuordnung von Form und Funktion dargestellt (DIEWALD 1997). Im Rahmen des Grammatikalisierungsansatzes entstanden in den letzten Jahren eine Reihe von Einzelstudien, etwa zur Herausbildung von Auxiliaren oder von Kasus-, Tempus-, Aspekt- und Modusmarkern, die einen fundamentalen Einblick in die Natur des Systems Sprache überhaupt und in das Wesen sprachlicher Einheiten vermitteln. Die Sprache befindet sich im ständigen Wandel, ist mehr Aktivität und Prozess als ein sich selbst genügendes System, und der Schwierigkeit, die einzelnen sprachlichen Formen den jeweiligen Einheitenkategorien (Terminus aus der Grammatik von EISENBERG) zuzuordnen, begegnet am besten mit einer Auffassung von Kategorien als **Prototypen**, welchen die Formen/Strukturen mehr oder weniger vollständig entsprechen.[1]

Zu "Grammatikalisierung" lassen sich folgende definitorische Elemente anführen: Linguistische Beschreibungskategorien sind nicht nur synchron, sondern auch diachron zu rechtfertigen. Behauptung: Kategorien, die der **Dynamik** Rechnung tragen, entsprechen den Fakten besser als **statische**. Der grammatische Status eines Ausdrucks (oder einer Ausdrucksgruppe) ist in wesentlichen Aspekten auch durch seine "Sprachgeschichte" konstituiert. Formale und funktionale Kräfte wirken im linguistischen Ergebnis der "aktuellen" Norm oder des aktuellen Gebrauchsstatus eines Ausdrucks zusammen (Zusammenwirken von syntaktischen, semantischen und pragmatischen Faktoren). Für eine angemessene Grammatik- oder Sprachbeschreibung können Regelge-

---

1 Jede Erkenntnis über den Werdegang einer sprachlichen Form in der Phylogenese kann also eine Hypothese über ihren Werdegang in der Ontogenese darstellen und umgekehrt. Durch die Thematisierung der kognitiven Grundlagen, welche die grammatikalisierungsbegründenden konzeptuellen Verschiebungen bestimmen, erhält das Phänomen Grammatikalisierung eine erwerbsspezifische Dimension. Mittlerweile finden sich in der Literatur bereits querverweisende aufeinanderbezogene Fragestellungen, wenn etwa SLOBIN (1977), ausgehend von den vielfach festgestellten Parallelen von Grammatikalisierungsprozessen in Phylogense und Ontogenese, vorschlägt, dass nicht nur der Spracherwerbsforscher Inspiration in der Sprachgeschichte finden könne, sondern auch der Sprachwandelforscher im Spracherwerb. So wie ein synchroner Sprachsystemzustand aufgrund von Mehrdeutigkeiten grammatischer und lexikalischer Einheiten (vgl. z.B. den deontischen und epistemischen Gebrauch von Modalverben) oder Retentionsphänomenen (dem Durchscheinen der früheren konkreten Bedeutungen in abstrakten grammatischen Zeichen, wie es sich z.B. in bestimmten Gebrauchsrestriktionen äußert) einen indirekten Blick auf sprachhistorische Entwicklungen ermöglichen kann, wo der direkte Blick mangels historischer Belege leider nicht möglich ist, so könne man auch die Kindersprache als Inspiration für Hypothesen über die im Sprachwandel beteiligten Prozesse nutzen. SLOBIN illustriert dies an der Entstehungsgeschichte und dem Erwerb des englischen "present perfect". Mit SLOBIN ist davon auszugehen, dass die Erforschung von Spracherwerbsprozessen auch in anderen Gebieten von Nutzen und Interesse für die diachrone Linguistik ist und dass umgekehrt die Erforschung von Grammatikalisierungsprozessen innerhalb der Sprachentwicklung für die Spracherwerbsforschung wichtig ist. Aus der vorliegenden Forschung kann der Schluss gezogen werden, dass die Untersuchung von sprachlichen Entwicklungen, insbesondere die der Herausbildung grammatischer Formen, wie sie möglicherweise parallel im Sprachwandel und im Spracherwerb vorkommen, wichtige Erkenntnisse über die Natur der menschlichen Sprache überhaupt erbringen kann. (Vgl. SLOBIN 1977: 185:"[...] it has become clear that the study of language during its unstable or changing phases is an excellent tool for discovering the essence of language itself.")

neralisierung aus den Bereichen Erst- und Zweitspracherwerb sowie Sprachwandel aufschlussreich sein und zu einer neuen Konzeption von Grammatik beitragen.[2]

4. Fokuspartikeln

Zu den Fokuspartikeln[3] im Deutschen werden folgende Ausdrücke gerechnet (unvollständige Liste, vgl. KÖNIG 1993):

allein, auch, ausgerechnet, ausschließlich, bereits, besonders, bloß, einzig, eben, erst, gar, genau, gerade, gleich, insbesondere, lediglich, (nicht) einmal, noch, nur, schon, selbst, sogar, wenigstens.

4.1 Eigenschaften von Fokuspartikeln
Eine besondere Eigenschaft von Fokuspartikeln besteht darin, an verschiedenen Stellen des Satzes positioniert werden zu können (in einem Bild: sie "durchwandern" den Satz). KÖNIG (1991a :787) macht das an den folgen Beispielen deutlich:

(2) (a) **Nur** FRITZ schenkt seinen Kindern zu Weihnachten Bücher.
    (b) Fritz schenkt **nur** SEINEN KINDERN zu Weihnachten Bücher.
    (c) Fritz schenkt seinen Kindern **nur** ZU WEIHNACHTEN Bücher.
    (d) Fritz schenkt seinen Kindern zu Weihnachten **nur** BÜCHER.

An diesen Beispielen wird deutlich, dass Fokuspartikeln syntaktisch wie semantisch nicht selbständig sind. Syntaktisch gehören sie zu der Konstituente, die sie bestimmen.

"[...] the analysis of focus particles as cross-categorical operators is properly the more plausible one [...]" (KÖNIG 1993:985). So gehört *nur* in 1 (a) zur Subjekt-NP, in 1 (b) zur Objekt-NP im Dativ, in 1 (c) zur adverbialen PP und in 1 (d) zur Objekt-NP im Akkusativ. Neben der hohen Variabilität der Stellung von Fokuspartikeln in wohlgeformten Äußerungen unterliegen sie auch Beschränkungen. So sind Fokuspartikeln nicht vorfeldfähig:

(2) (e) ? **Nur** schenkte Fritz seinen Kindern zu Weihnachten Bücher.

Dieser Satz ist grammatisch, wenn *nur* die Funktion der Modalpartikel hat. Dann darf *nur* allerdings nicht betont werden. Weiterhin können Fokuspartikeln nicht zwischen Artikel, Pronomen oder Attribut und Nomen in Nominalphrasen treten:

---

2   Vgl. WEGENER, HEIDE / DITTMAR, NORBERT (1998). Grammatikalisierung im DaZ-Erwerb, Projektantrag bei der DFG, Universität Potsdam & Freie Universität Berlin.

3   Nach ALTMANN (1976) "Gradpartikeln", deren "Wesen" es sei, Aussagen über Alternativmengen zu induzieren. Der Terminus "Gradpartikeln" findet sich auch noch bei HELBIG (1994). Aufgrund seines Bezuges zum "Fokus" von Äußerungsteilen wird in der neueren Literatur der Terminus "Fokuspartikeln" vorgezogen (vgl. KÖNIG 1991c).

(2) (f) * Fritz schenkte den **nur** Kindern zu Weihnachten Bücher.
  (g) * Fritz schenkte seinen **nur** Kindern zu Weihnachten Bücher.
  (h) * Fritz schenkte seinen Kindern zu Weihnachten schöne **nur** Bücher.

Fokuspartikeln stehen in der Regel am äußeren Rand der zum dominierenden Knoten gehörenden Konstituenten. Sie können aber auch in einem Nebensatz oder innerhalb einer Propositionalphrase stehen. Dabei kann sich der Geltungsbereich der Partikel und damit auch die Bedeutung der Äußerung ändern. Das Vorkommen von Partikeln ist nicht auf eine Partikel in der Äußerung beschränkt; vielfältige Kombinationsmöglichkeiten sind denkbar. So können verschiedene Konstituenten von je einer Fokuspartikel betroffen sein oder mehrere Fokuspartikeln sich auf eine Konstituente beziehen:

(2) (k) **Nur** Fritz schenkte seinen Kindern zu Weihnachten **nur** Bücher.
  (l) Fritz schenkte seinen Kindern zu Weihnachten **auch/sogar nur** zwei Bücher.

Berücksichtigen wir, dass Fokuspartikeln **Synsemantika** sind, so ist es von Bedeutung festzustellen, dass sie einen semantischen Bezugsbereich haben. Dieser semantische Bezugsbereich, der den Hauptakzent des Satzes trägt, wird in der Regel **Fokus** genannt. Wie das Beispiel (3) zeigt, kann der Hauptakzent aber auch auf der Partikel selbst liegen (vgl. KÖNIG 1991a:787):

(3) Karl kannte Clara AUCH.

Wenn die Satzanalyse nach dem Verfahren von DIMROTH/KLEIN (1996) durchgeführt wird, bereitet Satz (2) keine Schwierigkeiten, wenn davon ausgegangen wird, dass der Fokus eines Satzes unabhängig von der Fokuspartikel existiert und durch das Hinzutreten einer Fokuspartikel nicht verändert wird. "Es gibt nach der hier vertretenen Auffassung keinen 'relationalen Fokus': der Fokus ist Teil einer Struktur, auf die die Partikel angewandt wird; im Gegensatz zum Skopus einer Partikel existiert er unabhängig von dieser" (DIMROTH/KLEIN 1996:4). Die **Ausgangsstruktur** von Satz (3) sind die Varianten (a), (b), (c):

(3) (a) KARL kannte Clara.
  (b) Karl KANNTE Clara.
  (c) Karl kannte CLARA.

Eine hinzutretende Fokuspartikel bezieht sich auf den jeweils durch den Hauptakzent gekennzeichneten Fokus.

Bei der Beschreibung von Fokuspartikeln muss aber auch ihr **semantischer** Geltungsbereich, der **Skopus**, betrachtet werden. Die Relevanz des Fokus für die Interpretation von Fokuspartikeln illustriert KÖNIG (1991a:789) durch folgende Beispiele:

(4) (a) Ich bedaure, dass ich auch FRITZ unterstützt habe.
  (b) (Paul hätte ich nicht unterstützen sollen.) Ich bedaure auch, dass ich FRITZ unterstützt habe.

Trotz des gleichen Fokus FRITZ trägt die Partikel *auch* in unterschiedlicher Weise zur Bedeutung des Satzes bei. KÖNIG (ebd.) umschreibt den Beitrag von *auch* zur Bedeutung der Sätze folgendermaßen.

(5) (a) Ich habe jemand anderen als Fritz unterstützt.
    (b) Ich bedauerte bei jemand anderem als Fritz, dass ich ihn unterstützt habe.

Die unterschiedliche Bedeutung der Äußerungen in (5) hängt also lediglich davon ab, welchen Skopus die Fokuspartikel hat. Allerdings gibt es nach DIMROTH/KLEIN (1996:2f.) Schwierigkeiten mit der Skopusbestimmung. Unter Skopus betrachtet man in der Regel jenen Teil der Äußerung, der rechts von dem jeweiligen Element steht, das fokussiert wird. Allerdings gibt es Beispiele, in denen der Skopus links vom fokussierten Element steht und sogar andere Elemente übersprungen werden.

> Der Skopus einer Fokuspartikel ist jener Teil der Ausgangsstruktur, auf den sich die Partikel auswirken kann. Maßgeblich dafür ist die Stellung: je nach dem, wo die Partikel steht, werden bestimmte Teile der Ausgangsstruktur gleichsam ausgeblendet, andere liegen im Wirkungsbereich der Partikel (DIMROTH/KLEIN 1996:8).

Für folgende Sätze ergibt sich nach der Stellung der Partikel der zugehörige Skopus (wir notieren ihn im folgenden in eckigen Klammern):

(6) (a) Auch [KARL] kannte Clara.
    (b) Karl kannte auch [CLARA].
    (a') Auch [Karl kannte Clara].
    (b') Karl kannte auch [Clara].

Die Äußerungen in (6a) und (6b) sind annähernd synonym zu den Äußerungen in (6a') und (6b') und unterliegen deshalb den gleichen semantischen Bedingungen.

Im Folgenden soll die grundlegende Terminologie zur Beschreibung von FP gemäß dem Ansatz von DIMROTH/KLEIN auf dem Hintergrund der Beispiele (2) bis (6) angeführt werden:

(i) Ausgangsstruktur:
    (a) Hans war nach DREI Gläsern Bier betrunken.
(ii) Skopus:
    (b) Hans war nach nur [DREI Gläsern Bier] betrunken.
(iii)   Fokus:
    (c) Hans war nach nur [DREI] Gläsern Bier betrunken.
(iv)   Auswahlmenge:
    (d) {x | x ist die Anzahl an Gläsern voll Bier, nach deren Genuss Hans betrunken gewesen sein könnte}

(v) Grundbedeutung:

    (e) Die Grundbedeutung etabliert folgende Beziehung zwischen Fokus und Aus
    wahlmenge: Drei (und nicht mehr) ist die Anzahl an Gläsern voll Bier, nach
    deren Genuss Hans betrunken war.

Den jeweiligen semantischen Beitrag zur Bedeutung der Äußerung wollen wir am Beispiel (7) illustrieren: Die Variante (a) repräsentiert die Ausgangsstruktur, (b) fügt der
Ausgangsstruktur das optionale Element einer FP hinzu und (c) spezifiziert mit Hilfe
einer Paraphrase die Bedeutungsvariante der jeweiligen FP:

(7) (a) Hans hat sein Haus verkauft.

    (b) Hans hat **auch/nur/sogar/nicht** sein Haus verkauft.

    (c) & er hat etwas anderes als sein Haus verkauft (= *auch*, additive Bedeutung);
    & er hat nichts anderes als sein Haus verkauft (= *nur*, restriktive Bedeutung);
    & und das Haus ist ein weniger wahrscheinliches Objekt des Verkaufs als
    etwas anderes (= *sogar*, hebt eine Besonderheit hervor)
    & dies ist falsch, aber er könnte etwas anderes verkauft haben (*nicht*, ausschlie-
    ßende Bedeutung)

Mit DIMROTH/KLEIN (1996) gehe ich davon aus, dass die Fokuspartikeln auf einer
Ausgangsstruktur (vgl. Beispiel 7) operieren, die auf einer höheren semantischen Ab-
straktionsstufe festliegt und der die FPn eine spezifische Bedeutung "hinzufügen". Als
Fokus der Ausgangsstruktur soll jener Teil der Konstituentenstruktur gelten, zu dem
(in einem gegebenen Kontext) semantische Alternativen in Beziehung gesetzt werden.
Solche Alternativen fassen wir unter dem Begriff "Auswahlmenge" – siehe (iv) oben –
zusammen. Diese Forschungsperspektive geht auf folgende Beobachtung zurück: Was
jeweils in einer Äußerung Fokus ist, hängt von der spezifischen Intention der Sprecher
und diskursstrukturierenden Regeln ab. Äußerungen haben in der Regel einen Fokus-
bereich **ohne** die explizite Mitwirkung der FPn. Im Deutschen wird der Fokus in den
meisten Fällen durch die Intonation markiert:

(8) Eugen fährt heute [mit der S-Bahn]
    [Auswahlmenge: *mit der U-Bahn, mit dem ICE*...]

(9) Wann fährt Eugen mit der S-Bahn?
    Eugen fährt [heute] mit der S-Bahn
    [Auswahlmenge: *morgen, übermorgen, am Sonntag*]

Am Beispiel der beiden Sätze

(10') Auch [Eugen] fährt heute mit der S-Bahn.

(10'') Eugen fährt auch [mit der S-Bahn].

ist im Ansatz ersichtlich, dass Fokuspartikeln in verschiedenen syntaktischen Positionen zu der Ausgangsstruktur hinzutreten können. Ihre jeweilige Stellung in der Äuße-

rung legt ihren semantischen Wirkungsbereich, ihren "Skopus", fest. Die Untersuchungen zum Deutschen, die bisher durchgeführt wurden, belegen, dass der Skopus der FPn stets den Fokus mit umfasst. Die jeweilige Bedeutung der Fokuspartikel geht dann aus dem jeweils fokussierten Teil ihres Skopus hervor (vgl. KÖNIG 1993:29 ff.). Während die Beziehung zwischen Fokus und Alternativen in Äußerungen mit einer Ausgangsstruktur ohne Fokuspartikeln relativ diffus bleiben, spezifiziert die Fokuspartikel mit einer spezifischen Bedeutung die Relation zwischen FP und den Alternativen einer Auswahlmenge. In diesem Sinne bedeutet das Hinzutreten von der FP *nur* zur Ausgangsstruktur: 'Geltung hat der Fokus der Ausgangsstruktur und kein weiteres Element'; die Bedeutung von *auch* ließe sich demgegenüber als 'Geltung des Fokus der Ausgangsstruktur und mindestens eines Elementes der Auswahlmenge' fassen. Sprecher des Deutschen müssen markieren, auf welchen Teil der Grundstruktur sich die Bedeutung der Fokuspartikel auswirken soll. Wie das Beispiel (11) zeigt, ist für eine Analyse von Äußerungen auch die Intonation zu berücksichtigen:

(11) [Eugen] fährt auch mit der S-Bahn (und nicht nur Dennis).

Die Alternative dazu ist die Betonung auf *S-Bahn* (vgl. oben 10'').

Spracherwerbsvergleichende Evidenz zeigt (für Deutsch, Französisch, Englisch und Italienisch als L_2, vgl. WATOREK/PERDUE 1999), dass die Fokuspartikel in den elementaren Lernervarietäten direkt vor dem unmarkierten Verb steht. In einem zweiten Stadium steht es vor dem teilweise als finit teilweise als infinit markierten Verb – es deutet sich hier ein Stellungswechsel in Abhängigkeit von der Finitheit des Verbs an. Erst in den fortgeschrittenen Stadien erwerben Lerner des Deutschen die sog. "Distanzstellung" (Fokus links des finiten Verbs, Fokuspartikel rechts adjazent zum finiten Verb, betont). Die Schlüsselstellung der Finitheitsmarkierung des Verbs als Voraussetzung zum Erlernen der korrekten Positionierungen der Fokuspartikel hat DITTMAR (1999) herausgestellt.

Erst wenn die Verbklammer (finites Verb an zweiter Stelle, infinites am Ende der Äußerung) beherrscht wird (mit Übergängen), kann die Fokuspartikel in der im Deutschen häufig anzutreffenden Position hinter dem finiten Verb (Distanzstellung) positioniert werden. In anderer Weise, aber nicht grundsätzlich abweichend, gilt die Schlüsselrolle der Finitheitsmarkierung des Verbs auch für die angemessene Platzierung der FPn im Französischen und Englischen (vgl. WATOREK/PERDUE 1999).

Die Beschreibungen der Erwerbsstadien von Fokuspartikeln als normgeleitete Annäherungen an die formalen Strukturen der Standardsprache bleiben solange unbefriedigend, wie die Motivation der Lerner zur richtigen Platzierung der FPn im Zusammenhang mit Themagestaltung, Fokusbildung und spezifischer semantischer Leistung der FPn nicht geklärt ist. Diesem Problem hatten sich bereits WATOREK/PERDUE (1999) am Beispiel von Bildbeschreibungen gewidmet. Die Autoren gehen von einem gegebenen Thema im Rahmen der Bildbeschreibung aus und sehen die optionale *auch*-Struktur (Kontrast-Topik) als thematisch und diskursiv motiviert. Ihre Beschreibungen greifen auf das "Quaestio"-Modell von KLEIN/VON STUTTERHEIM (1987) zurück, das informationsstrukturell an referenziellen Bewegungen in Texten/Diskursen orientiert ist.

Diesem Schwerpunkt widmet sich auch DIMROTH (1998) (am Beispiel von *auch, nur und sogar*). Exploriert werden die Spielarten von Kontextbedingungen, die Fokuseigenschaften von sprachlichen Äußerungen indizieren. Dass Fokusbildung nur unter Einbeziehung äußerungssequentieller und diskursiver Faktoren fassbar ist und die optionalen FPn in die Topik-Fokus-Struktur von Äußerungen eingebunden werden, ist Ergebnis einer gründlichen Analyse vieler Korpusbelege. Eine wichtige Rolle spielt dabei das morphosyntaktische Argument, dass die Veränderung der Fokuspartikeln in der syntaktischen Positionierung im Satz eng an die Finitheitsmarkierung des Verbs gebunden ist (erwerbsspezifischer "gate-keeping"-Effekt).

Am Beispiel von Nacherzählungen zu einem Bild zeigt DIMROTH auf, wie Fokuspartikeln mit Hilfe einer informationsstrukturellen Diskursanalyse beschrieben werden können. 4 Grundtypen der Informationsverteilung werden isoliert: (i) Fokuspartikel + Fokus, (ii)

Fokuspartikel und Bezugsausdruck + Fokus, (iii) Fokuspartikel-Fokus und (iv) Fokuspartikel-Fokus + I-Topik.

Das in der Dissertation in Verbindung mit dem Quaestio-Ansatz entwickelte theoretische Modell wird dann in DIMROTH (2001) anhand eines kleinen Diskursexperiments operationalisiert und validiert. "Additiven" Wörtern wie *auch* und *noch* wird funktionale Bedeutung bei der informationsstrukturellen Organisation **kontrastiver Topiks** zugewiesen. Das Verhältnis des Topik (= Informationseinheit einer Äußerung) zu der gleichen Informationseinheit (= Topik) in einer vorausgegangenen Äußerung wird unter dem Gesichtspunkt der "Kontrastivität" erfasst. Die Durchsicht einschlägiger Korpusbelege aus Quer- und Längsschnitterhebungen zum Zweitspracherwerb zeigt, dass die Topikkontrastivität im Regelfalle von betonten (optionalen) additiven Wörtern gesteuert wird. Ein forschender Blick in das morphosyntaktische Umfeld der betonten *auch*-FP führt darüber hinaus zu der Beobachtung, dass topikbezogenes *auch* und Finitheitsmarkierung des Verbs in komplementärer Verteilung stehen.

Um die pragmatische Funktion additiver Wörter (insbesondere *auch*) in Bezug auf ihre Topikbezogenheit und Topikkontrastivität genauer zu erfassen, führte DIMROTH mit 40 Lernern des Deutschen (Erstsprache: Russisch, Türkisch und Kroatisch) eine "additive elicitation task" mit Hilfe zu beschreibender Bilderserien aus einem Buch mit Bildergeschichten durch. Die Probanden sollten anhand von Bilderserien diskursiv wiedergeben, wie zwei Personen, "Red" und "Blue" genannt, bestimmte Handlungen gemeinsam, in zeitlicher Abfolge bzw. im Unterschied zueinander ausführen.

Je nach infomationsstruktureller Funktion des Topik und seines Redekontextes wurden *auch*, *noch* und *wieder* mit unterschiedlicher Häufigkeit und in unterschiedlicher Gewichtung verwendet (DIMROTH 2001, Tabellen auf den Seiten 18 und 21).[4]

---

4 Der Aufsatz kann bezogen werden von Dr. Christine Dimroth (dimroth@mpi.nl).

> **Keine additiven Wörter > [T] $\underline{aw}$ SoA$_{nonfin}$ > [T] $\underline{aw}$ $\underline{Fin}$ (SoA) >**
> **[T] $\underline{Fin}$ $\underline{aw}$ (SoA)**
>
> Aw = additive Wörter
> SoA = Ausdruck für den "Stand der Dinge in der Welt"
> [T] = topikaler Bereich der Anwendung
> Fin = finites Verb

Abb. 1: Reihenfolgen in der informationsstrukturellen Integration additiver Wörter in Äußerungen

Einmal erworben, so zeigt das Schema (Abb. 1), dass topikbezogene Wörter zunächst rechtsadjazent zur ihrem (topikalen) Anwendungsbereich platziert werden (zwischen [T] und SoA); dies impliziert, dass sie sich in äußerungsinitialer Position befinden, wenn Sprecher das Topik auf der sprachlichen Oberfläche nicht ausdrücken. Mit dem Aufkommen verbaler Finitheitsmarkierung lassen sich zwei Schritte beobachten: (i) Das additive Wort bleibt adjazent zu der topikalen Anwendungsdomäne (ungrammatisch in der Zielsprache). (ii) Das additive Wort wird in die normgerechte zielsprachliche Position rechts neben das finite Verb gesetzt. Somit ist "[T] $\underline{aw}$ SoA$_{nonfin}$" quantitativ gesehen dominant im Erwerbsstadium I, das Muster "[T] $\underline{aw}$ $\underline{Fin}$ (SoA)" im Interlanguage-Stadium II und das Muster "[T] $\underline{Fin}$ $\underline{aw}$ (SoA)" dominant im zielsprachlichen Erwerbsstadium III. Diese drei Erwerbsstadien werden von DIMROTH (2001:21-26) differenziert auf der Folie von Korpusbelegen dokumentiert. DIMROTH (2001:26) resümiert:

> It was shown that the stressed versions of these additive words have scope over a domain of application that does not function as the focus, but rather as the topic of some utterance in context. In this respect, the additive particles [...] investigated form a homogenous group; they express that one state of affairs holds for one topic time or entity in addition to a (often earlier mentioned or contextually given) different topic time or entity.

DIMROTHs Erwerbsstudie weist den pragmatischen Beitrag additiver Wörter zur Kontrastierung thematischer Einheiten im Diskurs anhand lernersprachlicher Daten nach. Die Integration optionaler FPn in die morphosyntaktischen Baupläne deutscher Sätze kommt in der zielsprachennahen Erwerbsphase der Aneignung diskursiver Fähigkeiten, d.h. der Konstruktion kontrastiver Topiks, gleich. Untersuchungen zur Umgangssprache muttersprachlicher Sprecher des Deutschen sollten das hier dargebotene Bild ergänzen. Die pragmatische Motivierung des Gebrauchs der additiven Fokuspartikeln in der Funktion Herstellung von Kontrasten zwischen thematischen Einheitehn wirkt plausibel.

4.2 Zur Kombinierbarkeit von Fokuspartikeln

Häufig tauchen Fokuspartikeln in Kombinationen auf, z.B. *nicht nur, auch nicht, auch nicht nur, auch nur* und *gerade auch.* Solche Kombinationen kommen in unserem Wendekorpus "9. November 1989" (etwa 60 narrative Interviews mit Berlinern)[5] häufiger vor, wie die folgenden Beispiele illustrieren. Wie wirken Fokuspartikeln und Negation zusammen? Dazu ein Beispiel:

(12) zu der zeit war auch noch samstags alle vierzehn tage schule + und da ham wir uns **nich nur** an dem sámstag sondern auch an dem móntag + ähm hinjestellt + vor unsre post

Interessanterweise wirkt *nur* hier durch die Negation additiv (wie *auch*). In dem Fall (13)

(13) s-gibt ja viele menschen die-s nich + mehr genießen könn + oda **auch nich** wolln

bleibt *auch* im Unterschied zu (12) additiv, da es nicht im Skopus der Negation steht.

Einige Rätsel gibt Beispiel (14) auf:

(14) die ham sich bedánkt daß wir so freundlich zu ihnen warn aber dis warn sicher *auch nich nur* wir alléine

Auch ist hier sicher als Modalpartikel zu verstehen. *Nicht* in Verbindung mit *nur* bedeutet MEHR ab einer unteren Marke; während *nur* unterhalb einer Linie restriktive Bedeutung hat, spezifiziert *nicht nur* irgendeine Qualität oberhalb einer bestimmten Linie.

Schließlich würde auch die Untersuchung der Kombination von Fokuspartikeln interessante Ergebnisse in Aussicht stellen. Die Kombination von *auch* und *nur* wie in Beispiel (15) ist durchaus geläufig.

(15) dit merkt man ja ooch äh + um jetzt mal abzuschweifen direkt anner schulpolitik + dass wedding hat zum beispiel + und kreuzberg **auch nur** ʾhauptschulen +

---

5 Das Wendekorpus besteht aus je 30 narrativen Interviews mit anschließenden Argumentationen über die Ereignisse des 9. November 1989 und die Differenz zwischen Aufnahmezeitpunkt und Erlebniszeitpunkt von Ost- und Westberlinern, die in den Jahren 1993 und 1994 von Freunden und Bekannten aufgenommen wurden ("West interviewte West" und "Ost interviewte Ost"). Die Daten liegen vollständig transkribiert vor und sind auch auf CD verfügbar. Interessenten, die Eigenschaften der gesprochenen Sprache anhand dieser CD-Aufnahmen untersuchen wollen, mögen sich bitte an Prof. Dr. Norbert Dittmar, Institut für Deutsche und Niederländische Philologie, Freie Universität Berlin, Habelschwerdter Allee 39-45, 14195 Berlin, wenden. Interessante Beispielanalysen und teilweise systematische Auswertungen liegen vor in DITTMAR/BREDEL (1999). Einige der dort untersuchten Aufnahmen können im Internet abgehört werden.

Interessanterweise müssen *auch* und *nur* jeweils einen unterschiedlichen Fokus haben. In dem Beispiel (15) steht [*Kreuzberg*] im Fokus von *auch*, [*Hauptschulen*] im Fokus von *nur*. Trifft dies jedoch auch für Beispiel (16) zu?

(16) + die in dem die garnitur ausjestellt is und äh den dritten sessel müssen se nich uffn balkon stellen sie können **auch nur** ein sessel oder zwei nehmen ja^

Man wäre versucht, [*ein Sessel oder zwei*] als Fokus von *auch* und *nur* anzusetzen; tatsächlich spricht jedoch einiges dafür, dass *auch* hier Modalpartikel ist.

Schwieriger scheint der Fall (17) zu sein:

(17) weil ja die meistn menschen es no nie erlebt habn weil ja + bei vierzich jahrn + de-de-er und + dreißich jahre mauer +3+ konntn sich viele + **grade auch** die júngen leute es ja übaháupt nich vorstelln wie-s sein würd

Wenn *viele* eine bestimmte Menge darstellt, wie kann dann eine Teilmenge, nämlich die der *jungen Leute* mit der additiven FP *auch* der Ausgangsmenge *viele* etwas hinzufügen? Dieses Hinzufügen scheint durch die Kombination mit der Partikel *grade* bewirkt zu werden; *grade* schneidet aus der Gesamtmenge eine Teilmenge heraus und hebt diese hervor; die Hervorhebung durch *grade* ist eine Information, die wiederum mit der Grundbedeutung von *auch* verträglich ist.

Es bietet sich an, die Kompatibilität der Kombinationen und die Bedeutungsstärke einzelner FPn in Kombinationen im Rahmen des (historischen) Grammatikalisierungsansatzes zu untersuchen.

5. Modalpartikeln: Erkundungen zur funktionalen Bedeutung am Beispiel von *eigentlich*

5.1 Polyfunktionalität
Ausdrücke wie *auch* und *nur* haben nicht nur eine Bedeutung. Ihre Fokussierungsleistung wirkt sich im Rahmen eines spezifischen Satzgliedfokus auf die Bedeutung **additiv** (*auch*) oder **restriktiv** (*nur*) aus. Steht jedoch der gesamte Satz im Skopus der Partikel und kann diese dabei nicht betont werden, so sprechen wir von ihrer modalen Funktion (Terminus Modalpartikel). Die satzgliedbezogene Fokussierungsleistung (additiv, restriktiv) von *auch* und *nur* betrachten wir als die Primärbedeutung, die satzbezogene "Modalisierung" als die Sekundärbedeutung. Diese Unterscheidung gilt als in Untersuchungen zum Erst- und Zweitspracherwerb (Modell der Grammatikalisierung) empirisch nachgewiesen (vgl. DITTMAR 2000; ROST-ROTH 1999): die Primärbedeutung wird vor der Sekundärbedeutung erworben.

5.2 Auf der Suche nach Bestimmungskriterien
Folgende (durchweg negativen) Kriterien gelten in der gegenwärtigen Forschung als relevant zur Bestimmung der Wortart der MPn (vgl. auch KÖNIG 1997):

- nicht vorfeldfähig
- nicht fokussierbar
- nicht erfragbar
- nicht koordinierbar
- keine (autosemantische) lexikalische Bedeutung und kein Beitrag zur Proposition, die durch den entsprechenden Satz ausgedrückt wird
- Stellung im Mittelfeld
- Stellung vor dem Rhema
- Stellung nach allen pronominalen Elementen
- Selektionsbeschränkungen mit dem Satzmodus
- mehrfaches Vorkommen im Satz
- charakteristisch für mediale wie konzeptuelle Mündlichkeit

Es wurde schon oben darauf hingewiesen, dass Ausdrücke, die die Funktion von Modalpartikeln wahrnehmen, auch noch anderen Wortklassen angehören können (z.B. wie im Falle von *auch* und *nur* der Klasse der Fokus- und Modalpartikeln, oder den Klassen Adjektiv, Adverb und MP im Falle von *eigentlich*).

Nehmen wir den Ausdruck *auch*. Er kann verwendet werden als (i) Adverb in der Bedeutung *ebenfalls, überdies, darüberhinaus, wirklich, tatsächlich*, (ii) Fokuspartikel (siehe oben) und (iii) Modalpartikel. Die konjunktionale Bedeutung von *auch* im Althochdeutschen mit ihrer kontextspezifischen vorverweisenden Referenz scheint am Anfang des heutigen Grammatikalisierungsprozesses zu stehen. "Dies ist der Kontext, in dem die Reinterpretation als Modalpartikel möglich ist, also die Verlagerung der verweisenden Beziehung vom Text auf den pragmatischen Prätext" (DIEWALD 1997:84).

Was ist bei *auch* als MP im Vergleich zu den FP anders? Es lässt sich Folgendes festhalten: (a) Skopus ist der gesamte Satz, nicht mehr nur ein Satzglied. (b) *Auch* und *nur* können nicht betont werden. (c) Die beiden FPn können als FP kombiniert werden, nicht aber als MP.

Gerade (a) erhärtet den Tatbestand der rückbeziehend anknüpfenden anaphorischen Beziehung. DIEWALD (1997:73) stellt sich die Frage, "ob sich für diese Partikeln ein gemeinsamer semantischer Spenderbereich ausmachen lässt".

Als Grundbedeutung für *auch* bezeichnet DIEWALD (1997:83) "Indizierung einer iterativ-augmentativen Relation zwischen pragmatischem Prätext und in der Äußerung dargestellter Situation" an. Dies wird auch als "Abfolge der Entwicklung von textverknüpfender zu pragmatischer Bedeutung" aufgefasst (1997:82).

Die Klasse der "Partikeln" kann mithilfe engerer und weiterer Kriterien definiert werden. Mit HELBIG, der eine Definition ex negativo nahelegt, betrachte ich sie als Wörter, die "über keine solchen syntaktischen Funktionen verfügen, wie sie den Wörtern anderer unflektierbarer Wortklassen (z.B. den Adverbien, Modalwörtern, Präpositionen und Konjunktionen) zukommen" (1994:20). Methodisch relevant für die formale und funktionale Bestimmung von Partikeln, insbesondere von FP und MP, sind: (a) Fokus und Skopus, (b) Distribution/Wortstellung, (c) Satzmodus, (d) Kommunikations-, Sprech- und Interaktionssituation und (e) Gesamtbedeutung vs. funktionale Teilbedeutungen. Der Aspekt (a) hat in der neueren Beschreibungsmethodologie zentrale Bedeutung gewonnen. (b) scheidet z.b. FP von MP in signifikanter Weise, und (c) ist insbesondere für die Bestimmung von MP relevant. Das zu (c) Gesagte gilt uneingeschränkt für (d). Während für FPn Kern- oder Gesamtbedeutungen offenbar ermittelbar sind, wird man im Falle der MP "sowohl die einzelnen Funktionsvarianten als auch die Gesamtbedeutung der Partikeln beschreiben müssen" (HELBIG 1994:70).

5.3 Zur Forschungsgeschichte

In den 70-er und teilweise noch 80-er Jahren wurde, auf der Folie von WEYDT (1969), das Phänomen der "Abtönungspartikel" als semantisches und pragmatisches Beschreibungs-problem erkannt. Die sich auf soziale Beziehungen referierende nuancenreiche Bedeutung der Modalpartikeln bezeichnete WEYDT als "Abtönungspartikeln". Ihm gebührt das Verdienst, als erster Probleme und Fragen, die im Zusammenhang mit Partikeln stehen, formuliert und dargestellt zu haben (siehe auch die umfangreiche Bibliographie WEYDT/EHLERS 1987). Allerdings wurden auf die artikulierten Fragestellungen keine überzeugenden Lösungen oder Antworten gefunden. Der Streit über die Bedeutung von Partikeln bricht dann recht heftig in der zweiten Hälfte der 80-er Jahre aus. Nun werden syntaktische und semantische Kriterien fallspezifisch untersucht: Vorfeldfähigkeit, Korrelation mit Satztypen, Interaktionsbedeutung, Bezug zur Präsupposition etc. Offenbar gibt es auch heute noch wenig Konsensus auf diesem Gebiet; so erscheint in den neueren Handbüchern für Syntax und Semantik kein Resümee des Forschungsstandes zu Modalpartikeln. Der unbefriedigende Diskussionsstand geht häufig auch auf Mängel in der Analyse zurück: Aspekte der Bedeutung des Kontextes, in dem eine Partikel vorkommt, werden häufig der Partikel selber zugeschrieben, und die Suche nach einer Gesamtbedeutung der Modalpartikel wird häufig zugunsten der Annahme aufgegeben, es handle sich um einen typischen Fall von Polysemie.

Das Bedürfnis nach einer Theoretisierung des Verhältnisses von Satzbedeutung und Äußerungsbedeutung, in die Modalpartikeln eingebettet sind, ist groß; eine solche Theorie wird vor allem benötigt, um einzelne Beobachtungen darin einordnen zu können. Einen detaillierten Überblick zur Forschungsgeschichte findet sich in KÖNIG (1997), der einzelne Paradigmen der jüngeren Forschungsgeschichte nach ihrem Bezug zur Syntax und Semantik kritisch beleuchtet.

THURMAIR (1989) stellt das Formkriterium (Syntax) in den Mittelpunkt ihres Ansatzes zur Beschreibung und Klassifikation von Modalpartikeln. Sie versucht ihre Polyfunktionalität zu erfassen (1989:21) und ermittelt ihre Distribution in den Satzmodi (1989:49). Die Partikel *mal* gibt es beispielsweise nur in Aufforderungssätzen. Schließlich wird auch die Distribution von MP in selbständigen "Verb-?-Sätzen" (1989:62) und Nebensätzen (1989:81) ermittelt. Die in den Tabellen ausgewiesenen formalen Unterschiede können als Bedeutungsunterschiede formuliert werden. THURMAIR geht von der grundlegenden Annahme aus, dass jede MP in ihrem jeweiligen Kontext nur eine Bedeutung hat. Die Beschreibung dieser Bedeutung erfolgt durch binäre Merkmale und Merkmalbündel. Vier Gruppen werden isoliert: Die erste große Gruppe bezieht sich in Form einer Bewertung auf den Äußerungsinhalt: der jeweils dargestellte Sachverhalt wird in den Wissensstand als <bekannt> oder <evident> eingeordnet, die Erwartungshaltung als <erwartet/unerwartet> gekennzeichnet bzw. die Wünsche durch die Prädikate <erwünscht> vs. <unerwünscht> spezifiziert.

Die zweite Gruppe von Merkmalen bezieht sich dann auf den Partnerbezug. Änderungen von Erwartungen und Annahmen, die sozusagen Korrekturanweisungen an den Hörer darstellen, werden durch die Merkmale <KORREKTUR> /<ZUSPRUCH> spezifiziert; mit <ZUSPRUCH> wird markiert, dass Erwartungen weiter gelten sollen.

Die dritte Gruppe bezieht sich auf den Äußerungsakt selbst: wird der Äußerungsakt vom Sprecher verstärkt oder abgeschwächt? Welche Relevanzzuschreibung wird vorgenommen?

Die vierte Gruppe bezieht sich auf den Bezug fraglicher Äußerungen zur Vorgängeräußerung, d.h. auf die thematische Verknüpfung der Bezugsäußerung zur Vorgängeräußerung. Als zentrale Größen werden die Kategorien <KONNEX> und <ÜBERGANG> vorgestellt.

Am Beispiel der Beschreibung von *eben* und *halt* habe ich in DITTMAR (2000) gezeigt, welche Probleme die formalsyntaktische Analyse von THURMAIR aufwirft (vgl. auch die Ausführungen weiter unten zu *eigentlich*).

JACOBS (1983/91) betrachtet die MPn als Illokutionsmodifikatoren, d.h. Modalpartikeln modifizieren den illokutiven Typ eines Satzes. Aus der Interaktion der Modalpartikel mit dem illokutiven Typ X eines Satzes (Satzmodus, Intonation etc.) entsteht ein spezifischer illokutiver Typ X-. Unter Rückgriff auf die Montague-Semantik formuliert JACOBS die Formate von Bedeutungspostulaten, die für eine semantische Beschreibung der MP zentral sind. Die These von der Illokutionsmodifikation ist zweifellos zu eng und trifft damit nicht den Kern der Bedeutung, da "der illokutive Charakter einer Äußerung das Ergebnis einer Interaktion zwischen vielen Aspekten der Satzbedeutung und auch kontextueller Faktoren ist" (KÖNIG 1997:4). Die wesentliche Funktion der MP liegt vielmehr in der Interaktion spezifischer Kontext-und Bedeutungsparameter, die zu isolieren sind.

Nach DOHERTY (1985) sind die MP Ausdrucksmittel für epistemische Einstellungen von Sprechern und/oder Hörern (Grade der Wahrscheinlichkeit):

(18) (Ich lasse dir den Vortritt.) Ich habe **ja** noch Zeit.
(19) (A: Ich gehe jetzt.) - B: Bist du **denn** mit deiner Arbeit fertig?
(20) (A: Morgen arbeite ich wieder.) - B: Aber du hast **doch** noch hohes Fieber.

In (18) zeigt *ja* eine positive epistemische Bewertung der durch den Satz ausgedrückten Proposition an; die Partikel impliziert darüber hinaus, dass es für den Hörer möglich ist, bereits zu wissen, was der Sprecher behauptet oder feststellt. *Denn* in (19) impliziert eine Bewertung, die den Interrogativsatz auf seine primäre epistemische Funktion, nämlich die einer Frage, einschränkt, und impliziert ebenfalls, dass der Hörer die Antwort auf die Frage weiß.

In (20) bringt B seine Annahme zum Ausdruck, dass der Hörer Fieber hat, ebenso wie seine Annahme, dass der Hörer möglicherweise nicht diese Annahme teilt.

Allerdings lässt DOHERTY frühere Arbeiten zu den MPn völlig außer Acht; sie sind aber das Testfeld jeder neuen Analyse; ihr eigener Ansatz unterliegt der "context fallacy" in der Unterstellung, die MPn könnten ohne Berücksichtigung des Kontextes außerhalb des jeweiligen Satzes analysiert werden.

KÖNIG (1997) beschreibt Modalpartikeln unter Rückgriff auf BLAKEMORE (1987), die Kollektiva wie *after all, moreover, furthermore, but* (u.a.) mit Hilfe partikularisierter konversationeller Schlüsse untersucht, als "metapragmatische Instruktionen". Modalpartikeln erlauben somit bestimmte konversationelle Schlüsse, die in einem bestimmten Kontext als Inferenzprozesse auf der Folie von Hintergrundwissen aktiviert werden. Dabei hat das Inferenzsystem bei der Verarbeitung neuer Informationen drei Aufgaben zu lösen: (i) Überprüfung auf Widersprüche (zwischen bestehenden Annahmen und neuer Information), (ii) Überprüfung der Stärke von alten Annahmen sowie der neuen Information und (iii) Ableitung von neuen konversationellen Schlüssen.

Für den Bereich (i) sind die Ausdrücke *doch, etwa* repräsentativ; als "Stärkeindikatoren" - vgl. (ii) - lassen sich *aber, vielleicht, erst, schon, ja, wohl, eben, nun, mal, halt* und *bloß* auffassen. Für die Steuerung der Kontextauswahl – Bereich (iii) – dienen im Deutschen *auch, eben, nun mal, halt, schon, denn, eigentlich, einfach, nur, bloß, wohl*.

Der gemeinsame Nenner verschiedener Verwendungen von Modalpartikeln ist somit ihr Grad der Stärke, die Sicherheit und Evidenz, mit der ein assertiver Sprechakt vollzogen wird bzw. der Grad des Insistierens und Beharrens, mit dem ein direktiver Sprechakt vollzogen wird. Durch MPn kann auf Hintergrundannahmen hingewiesen werden, d.h. sie wählen den Kontext aus, in dem eine Äußerung zu verarbeiten ist.

Abschließend sei noch einmal auf die Untersuchung von Modalpartikeln im Rahmen des Paradigmas der Grammatikalisierung durch DIEWALD (1997) hingewiesen. DIEWALD schlägt vor,

> die grammatische Funktion der Modalpartikeln als einheitliche relationale Bedeutung zu bestimmen und zu zeigen, daß die relational-abstrakte Gundstruktur bereits in den Spenderlexemen nachzuweisen ist. Auf den ersten Blick sind zwar die Spenderlexeme der Modalpartikeln in der Tat sehr heterogen: Es sind die unterschiedlichsten Wortarten bzw. Syntagmen mit den unterschiedlichsten Bedeutungen beteiligt. Wenn man jedoch die grammatische Funktion der Modalpartikeln im heutigen Deutsch analysiert als "Indizierung der Relation zwischen pragmatischem Prätext und in der Äußerung dargestellter Situationen", d.h. die relationale Grundstruktur in den Vordergrund rückt, dann erkennt man, daß die Spenderlexeme

durchaus einen kleinsten gemeinsamen Nenner aufweisen. Die relationale Semantik dürfte eine wichtige Voraussetzung dafür sein, daß ein Lexem (oder Syntagma) zu einer Modalpartikel grammatikalisiert werden kann. (DIEWALD 1997:99)

5. 4 Die Modalpartikel *EIGENTLICH*

Welchen Wortklassen gehört der Ausdruck *eigentlich* an? Welche Unterschiede bestehen zwischen *eigentlich* im Deklarativsatz und im Interrogativsatz? Lässt sich eine **Gesamtbedeutung** für die Modalpartikel *eigentlich* im Deutschen isolieren? – Solchen Fragestellungen geht die theoretisch reflektierende Arbeit von FRÜHWIRTH (1997) nach. Die Perspektiven für die Bestimmung einer Kernbedeutung wollen wir an Belegen aus dem "Berliner Wendekorpus" überprüfen.

Eigentlich kann Adjektiv, Adverb oder Modalpartikel sein:

(21) Ich komme jetzt zu meinem *eigentlichen* Anliegen. (ADJEKTIV)

(22) Der *eigentlich* Schuldige ist noch auf freiem Fuß. (ADVERB)

Die adverbielle Verwendung in (22) ist eher selten anzutreffen. Sie soll hier vernachlässigt werden. Eine Distinktion von *eigentlich* als Satzadverb vs. Modalpartikel lässt sich nach Meinung von KOHRT (1988) nicht explizit treffen. Das von THUN (1984:51) mit dem Terminus "Existimator" belegte Adverb lässt sich von der MP-Funktion nicht trennen.

Nach KOHRT ist eine Bedeutungsdifferenz des Ausdrucks *eigentlich* nach adjektivischer vs. MP-spezifischer Verwendung nicht sinnvoll. *Eigentlich* signalisiert demnach vor allem "eine Ebenendifferenz: daß nämlich eben das, was durch *eigentlich* ausgezeichnet ist, jenseits vergleichbarer Dinge liegt, die direkt erkennbar und/oder in der Unterhaltung zuvor schon angesprochen worden sind" (KOHRT 1988:116). Die Funktion von adjektivischem *eigentlich*, einen Ebenenwechsel auf das "Zugrundeliegende" vorzunehmen, also von Vorherigem, Vorausgegangenem, bisher Thematisiertem abzuweichen, spiegelt sich in seinen pragmatischen Funktionen als Modalpartikel wider.

- Ich finde den Herbst **eigentlich** sehr schön. (Aussagesatz)
- Findest du den Herbst **eigentlich** schön? (Satzfrage)
- Wie findest du **eigentlich** den Herbst? (W-Frage)
- Er hat EIGENTLICH einen anderen Namen.
- Wie heißt er EIGENTLICH?
- EIGENTLICH hat er einen anderen Namen.

Eigentlich als Partikel hat Satzskopus und ist satzmodusabhängig. Es tritt in Deklarativ- und Interrogativsätzen, Satzfragen und W-Fragen auf. Auch die Betonung ist für die Bedeutungsbestimmung relevant.

Eine Isolierung der Gesamtbedeutung von *eigentlich* kann gemäß der minimalistischen Position von KÖNIG (auf dem Hintergrund der Relevanztheorie) erfolgen. Drei Analyseebenen lassen sich für die Bestimmung der Bedeutung von *eigentlich* (MP) zugrunde legen:

-   die Ebene der Illokution(sstruktur)
-   die Ebene der Konversations- oder Textorganisation und
-   die Ebene der interaktionalen Beziehungskonstitution.

Im Deklarativsatz kann *eigentlich* eine Abweichung zum Vorangegangenen oder zum Nachfolgenden markieren:

(23) A: Warum hörst du auf? wunderte sie sich. "Dann kam es dir vor, daß du unsterblich bist. Warum sagst du es nicht?!"
B: Ja, aber **eigentlich** kam es mit nicht nur so vor! Ich war es tatsächlich! fand er aus seinem Traum zurück. (THUN 1984:51)

(24) A: dit [die Beziehungen zu den Ostberlinern nach der Wiedervereinigung] war sehr sehr belastend für uns [Westberliner]
B: hmhm
A: dit warn so die ersten erfahrungen die wir mit denen hattn
B: hmhm
A: +2+ mich hats **eigentlich** jefreut die wiedervereinigung hat mich unheimlich jerührt weißt du weil + wie schon jesagt nech^ wir warn als kinder immer drüben^ (Wendekorpus, B60W, Aldi, Z. 343)[6]

Eine originelle selbstständige Leistung von *eigentlich* ist darin zu sehen, dass die MP "doppelte Abweichungen" ausdrücken kann (die Abweichung wirkt sich auf das Vorangegangene wie auf das Nachfolgende aus, sie ist somit anaphorisch und kataphorisch zugleich). Diese Funktion lässt sich an Beispielen aus Korpora überzeugend belegen (vgl. die Ausschnitte 23 und 24).

Im Rahmen des Deklarativsatzes sind schließlich Betonung und Stellung im Satz von relevanter Bedeutung. Hierzu formuliert FRÜHWIRTH (1997:35) drei Prinzipien:

1. Je betonter *eigentlich* ist, desto größer ist seine abschwächende Wirkung, umso eher wird das Nachfolgende eine Abweichung darstellen und umso stärker wird diese Abweichung sein.
2. Befindet sich *eigentlich* in Erststellung, so ist seine abschwächende Wirkung – im Vergleich zur unmarkierten Mittelfeldposition – ebenfalls höher, das Nachfolgende wird eher eine Abweichung darstellen, die wiederum auch stärker sein wird.
3. Betonung ist entscheidender als Satzstellung.

---

6   Vgl. Anmerkung 5, welche alle soziolinguistischen Angaben zum Wendekorpus gibt.

FRÜHWIRTH gelangt unter vereinfachender Berücksichtigung von zwei Betonungsparametern ("betont" vs. "unbetont") und zwei Stellungsparametern (Vorfeld vs. Mittelfeld) zu folgender Stärkeskala:

(25)
A: Wie war eigentlich euer Ausflug gestern?
B1: EIGENTLICH war er sehr schön, aber
B2: Er war EIGENTLICH sehr schön, aber
B3: Eigentlich war er sehr schön, aber
B4: Er war eigentlich sehr schön, aber

B1 schränkt die Assertionsstärke am stärksten ein – das Nachfolgende stellt dann mit größter Wahrscheinlichkeit eine Abweichung dar. Das Gegenteilige gilt dann für B4. Die semantische Leistung der "doppelten Abweichung" charakterisiert FRÜHWIRTH (1997:37) abschließend so:

> [...] eigentlich [fungiert] sie gleichzeitig als Kontextsteuerer und als Stärkeindikator. Die Modalpartikel signalisiert, daß Vorausgegangenes weniger wesentlich, wahr oder relevant ist, aber auch, daß die Aussage, die sie modifiziert, im Vergleich zu derselben, unmarkierten Aussage assertionsschwächer ist.

Wir müssen nun aber noch auf den Einfluss des Satzmodus auf die Bedeutung eingehen. Welche Form und Funktion hat nun *eigentlich* (MP) im Interrogativsatz? Dazu drei Beispiele:

(26)
A: am "anfang hab ick dit [das kaufverhalten der Ostdeutschen] sehr mitjekricht weil ebend 'sehr viel ostler bei uns jearbeitet haben + aber jetzt hat sich allet schon jelegt die ham se so + bei uns abgezogen zum teil und so +1+ eigentlich kümmer ick mich jetzt auch überhaupt nich mehr drum +1+
B: ?interessiert dich nich mehr?
A: !nö! + na wie jesagt ick höre nichts und dit interessiert mich ooch wirklich nich mehr

B: hm hm * ?kaufst du **eigentlich** ostprodukte?
A: nich bewußt ...
(Wendekorpus, B52WF, Ina, Z. 425)

(27)
A: Stell dir vor, da steht: 100 km Stau!
B: Na, da wird's wieder gekracht haben!
C: Sag mal, wie hoch ist man eigentlich versichert, wenn's mal so richtig kracht?
(Zit. in THURMAIR 1989:176)

(28)
A: Man nennt mich nur den "Kaiser",
B: Und wie heißt du *EIGENTLICH?*

Unbetontes *eigentlich* im Fragesatz stellt eine Devianz vom bisherigen Gesprächsverlauf dar. Häufig wird dabei zu einem anderen Aspekt desselben Themas gewechselt (thematische Verschiebung, vgl. DITTMAR 1987) oder aber ein neues Thema eingeleitet. Solche thematischen Verschiebungen verstoßen nach Prinzipien der Konversationsanalyse gegen das Relevanzprinzip und werden daher häufig als schwache Entschuldigung oder Rechtfertigung gehört; der oft dem Einfließenlassen von *eigentlich* in die laufende Äußerung zugewiesenen Funktion der Beiläufigkeit sollte im übrigen eher untergeordnete Bedeutung beigemessen werden.

Eigentlich in rhetorischen Fragen schwächt die Rhetorizität ab. Fragen mit betontem *eigentlich* markieren dagegen das Vorangegangene. Betontes *eigentlich* ist stark an den vorhergehenden Kontext gebunden. Die Abweichung markiert das höhere Gewicht der aktuellen *eigentlich*-Äußerung gegenüber der/n vorangegangenen.

5.5 Zusammenfassung

Die neueren Forschungserkenntnisse machen deutlich, dass die MP *eigentlich* nur angemessen beschrieben werden kann, wenn das Zusammenwirken von Syntax, Semantik und Pragmatik in die Bedeutungsbestimmung der Partikel eingeht. Zunächst wurde von einer "engen" Bedeutungsbestimmung von *eigentlich* als MP ausgegangen, die syntaktisch von Adverbien und Satzadverbien abgegrenzt werden kann. Im syntaktischen Bereich sind die Kriterien der Nicht-Erststellenfähigkeit und der Nicht-Betonbarkeit hervorzuheben. Auf der semantischen Ebene zeigte sich, dass *eigentlich* keinen wahrheitswertspezifischen Beitrag zur Satzbedeutung leistet. Die Auffassung einiger Autoren, *eigentlich* als Abtönungspartikel, Illokutionsmodifikator oder Einstellungsausdruck zu definieren, konnte empirisch anhand von Korpusbeispielen nicht belegt werden. Dagegen erwies sich KÖNIGs Konzept von Modalpartikeln als "metapragmatische Instruktionen zur Verarbeitung einer Äußerung in einem Kontext" auch für *eigentlich* als zutreffend.

Eigentlich erfüllt – mit Ausnahme seiner Betonbarkeit und Topikalisierungsfähigkeit, die nach wie vor umstritten sind – alle wichtigen Kriterien für die Wortartbestimmung als Modalpartikel. Das Element stellt damit eine Verarbeitungsinstruktion dar, wobei die Wahrheitsbedingungen einer Äußerung unverändert bleiben.

Im einzelnen zeigt sich, dass durch *eigentlich* im Deklarativsatz eine Relation zwischen zwei Gedanken hergestellt wird, die sich durch das Konzept der "Devianz" (Abweichung) charakterisieren lässt:

> Signalisiert rückwärtskonnektierendes *eigentlich* eine Abweichung des durch die Modalpartikel Ausgezeichneten vom Vorangegangenen, so kann diese Abweichung darin bestehen, daß eine dort enthaltene Präsupposition, Bitte oder Auffor-

derung zurückgewiesen, einer falschen Implikatur vorgebeugt oder eine Assertion korrigiert wird. (FRÜHWIRTH 1997:65)

Hieraus folgt, dass der unter Einschluss von *eigentlich* formulierte Gedanke schwerwiegender, wesentlicher, wichtiger oder richtiger einzustufen ist als die vorangegangene Äußerung. Dabei ist jedoch gleichzeitig zu berücksichtigen, dass die Behauptungsstärke (Assertion) der Äußerung, die durch *eigentlich* eingeschränkt wird, zur relativen Offenheit des weiteren Interaktionsgeschehens führt.

Wiederum in anderen Belegen stellt *eigentlich* den kataphorischen Vorverweis auf eine Devianz des Nachfolgenden in Relation zur aktuellen Bezugsäußerung her. Diese Funktion hat die Forschung bisher nicht beachtet und hier setzt auch unsere Kritik an. Es ist nicht zutreffend, dass die durch *eigentlich* modulierte Äußerung immer gegenüber dem vorangegangenen Gedanken die "wichtigere" ist. Häufig kommt die relevante "Abweichung" erst in der/den Folgeäußerung/en zum Ausdruck. Schließlich war die semantische "Bidirektionalität" der MP *eigentlich* als pragmatische Scheidelinie zwischen einerseits anaphorischer, andererseits kataphorischer Abweichung herausgearbeitet worden. Diese Wirkung hat diskursspezifische Bedeutung. Die Eigenschaft der "Bidirektionalität" wurde auch sogenannten "pragmatischen Markern" (FRASER 1996) oder "Diskursmarkern" (SCHIFFRIN 1987) zugewiesen (vgl. Abschnitt 6.).

Die bisher herausgearbeitete Kernbedeutung von *eigentlich* als 'Devianz in der Sequenzierung von Äußerungen' trifft auf einige Belege deklarativer Sätze nicht unbedingt zu. Daher muss die Gesamtbedeutung umformuliert werden: Der Beitrag von *eigentlich* zur Äußerungsbedeutung besteht darin, als modaler Stärkeindikator die **subjektive Relevanz** oder **Wesentlichkeit** einer kommunikativen Einheit zu markieren (vgl. FRÜHWIRTH 1997:66).

6. *also* als Diskursmarker ("Also sprach Zarathustra")

Es ist erstaunlich und eigentlich paradox, dass gerade die kleinen kurzen und häufig gebrauchten Wörter in ihrer semantischen und diskursiven Funktion wenig untersucht sind. Mit der Jahrhundertwende scheint sich das Blatt jedoch zu wenden: So hat BREDEL (2000) eine semantische und pragmatische Analyse von *ach so* vorgelegt, die ein wahres Wetterleuchten in der linguistischen Pragmatik ausgelöst hat. Die markierte Verwendung von *also* in *Also sprach Zarathustra* als Titel deutet darauf hin, dass *also* wie ein Adverb mit autosemantischer Bedeutung benutzt wird, etwa paraphrasierbar als 'in dieser Weise (und gemäß den damit verbundenen Konsequenzen)'. Interessanterweise zeigt die von NIETZSCHE gewählte Titelformulierung, dass *also* sowohl anaphorisch als auch kataphorisch gebraucht werden kann. Im Titel kündigt *also* einen wichtigen argumentativen Diskurs an; initiierte *also* jedoch den letzten Satz des Werkes, so hätte der Ausdruck diskursabschließende Funktion. Diese Bedeutung von *also* finden wir auch im Alltagsdiskurs wieder: Auf eine ihnen gestellte Quaestio leiten Befragte häufig ihre Antwort mit *also* ein; FIEHLER (1998) und BARDEN (1998) nennen ein in dieser initiierenden Diskursfunktion gebrauchtes *also* "Skopusoperator" (kataphorische Funktion); als rede- oder argumentationsabschließender Ausdruck in z.B. *also er ist ein Gauner* hat der Ausdruck anaphorische Funktion.

Von unseren ersten so prägenden und intensiven Auslandsaufenthalten in Frankreich oder England/USA wissen wir, wie spannend wir das Wagnis fanden, in einem Gespräch unsere Flüssigkeit in der Zweitsprache Französisch mit *alors* oder im Englischen mit *you know* oder *so* zu demonstrieren. Häufig bleibt den so flüssiger erscheinenden Lernern jedoch die Enttäuschung nicht erspart, dass sie diese Ausdrücke in einem Übermaß benutzen und damit doch nicht den muttersprachlichen rhetorischen Duktus erreichen, den sie anstreben. Im Folgenden untersuchen wir die schillernden Funktionen von *also* zwischen konsekutiver, inferentieller und kausaler Bedeutung und als Marker diskursiver Flüssigkeit und alltagsrhetorischer Geschicklichkeit.

Zunächst mag jedoch die Antwort auf die Frage legitim sein, was Diskursmarker (DM) mit FPn und MPn zu tun haben. Viele der unter 5.2 genannten Kriterien zur Bestimmung von MPn fallen für die Beschreibung von DM zu eng aus. Häufig gehören DM der Wortklasse Adverb an – ihre Syntax ist relativ frei, ihr diskursiver Skopus aber "weiter" als der der FPn und MPn. Während die FPn meistens satzintern (vgl. aber den Ansatz von DIMROTH 2001) und die MPn mit Bezug auf unmittelbare Satzvorgänger beschrieben werden, können DM einen relativ weiten anaphorischen und kataphorischen Wirkungsbereich im Diskurs haben. Wie die Partikeln sind sie polysem, nicht flektierbar; ihre funktional-pragmatische Bedeutung hängt von ihrer Position in der Äußerung und im Diskurs ab.

Die Rolle von *also* haben wir zunächst im natürlichen L$_2$-Erwerb untersucht. Elementare Stadien polnischer, italienischer, türkischer und russischer Lerner des Deutschen zeigen, dass zu dem gering ausgeprägten Grundwortschatz das Wort *also* gehört (*so* im Englischen, *alors* im Französischen). Trotz der Präferenz des pragmatischen Modus, den sie dem syntaktischen vorziehen, benötigen die Lerner gewisse Mittel, die ihnen den Anschein von Flüssigkeit und – wenn auch in einem geringen Maße – Muttersprachlichkeit verleihen. *Also* ist ein prototypisches Wort, das hierzu beiträgt. Die pragmatische Forschung über die Funktion von *also* beginnt mit Untersuchungen zum Zweitspracherwerb und Deutschen als Fremdsprache. Dabei fällt die Doppelfunktionalität von *also* ins Gewicht: Einerseits handelt es sich um ein Adverb mit einer autosemantischen Bedeutung (im Gegensatz zur synsemantischen), andererseits übernimmt der Ausdruck diskursive Funktion. Diese Doppelfunktionalität hatte SCHIFFRIN (1987) im Sinne, als sie diese Ausdrücke "Diskursmarker" nannte. Neuere und die Analyse verbessernde Untersuchungen sind REDEKER (1991), BLAKEMORE (1992) und LENK (1998), die neue Einsichten in die Funktion von Diskursmarkern als Kohärenzstifter im Diskurs vermitteln. Neuerdings hat MENG (1999) die Funktionen von *also* in hochsprachenahen Varietäten von Russlanddeutschen beschrieben. Da die eleganteste Art, Form und Funktion in eine enge und verzahnte Beziehung zu setzen, von FRASER (1999) theoretisch ausgearbeitet und empirisch vorgeführt wurde, soll sein Ansatz im

Folgenden bei der Beschreibung von *also* erkenntnisleitend sein.[7] Diskursmarker werden als eine Unterklasse von pragmatischen Markern definiert:

> Finally pragmatic markers are drawn from all segments of the grammar. Words, nouns and adverbs as well as idioms such as *ok* are all pressed into service as pragmatic markers. But for the most part, the meaning of the expression, when used as a pragmatic marker, is the same as when it is used as a propositional formative and it is only its function which differs. (FRASER 1996:170)

Diskursmarker, nach FRASER (1999:938),

> impose a relationship between some aspect of the discourse segment they are part of, call it S_2, and some aspect of a prior segment, call it S_1. In other words, they function as a two place relation, one argument lying in the segment they introduce, the other lying in the prior discourse. I present the canonical form as $<S_1.DM + S_2>$.

Die wohl expliziteste und umfassendeste Definition liefert FRASER am Ende seines Artikels (1999:949):

> To summarize, I have defined DM as a pragmatic class, lexical expressions drawn from the syntactic classes of conjunctions, adverbials, and prepositional phrases. With certain exceptions, they signal a relationship between the segment they introduce, S2, and the prior segment, S1. They have a core meaning which is procedural, not conceptual, and their more specific interpretation is "negotiated" by the context, both linguistic and conceptual. These are of two types: those that relate aspects of the explicit message conveyed by S2 with aspects of a message, direct or indirect, associated with S1; and those that relate the topic of S2 to that of S1.

Die Diskursmarker können in zwei Hauptklassen unterteilt werden: solche, die bestimmte Botschaften oder propositionale Gehalte miteinander verbinden und solche, die Topiks verbinden. Die erste Klasse besteht aus drei Unterkategorien (gegenwärtiger Stand der Forschung): (a) kontrastive, (b) colaterale, (c) inferenzielle Marker. Wie FRASER (1999) am Beispiel des Englischen zeigt, gibt es für jede dieser Unterklassen zahlreiche Beispiele.

Im Folgenden beschränke ich meine Analyse auf den **inferenziellen Status** von *also* im umgangssprachlichen Deutsch aus folgenden Gründen: In den mir vorliegenden Korpora des gesprochenen Deutsch (im Wesentlichen standardnahe Berliner Umgangssprachen) gibt es keinen Sprecher, der diese Funktionen von *also* nicht benutzen würde. Der inferenzielle Gebrauch von *also* scheint für Diskurse prototypisch zu sein.

Der Diskursmarker *also* hat wichtige pragmatische/diskursive Funktionen:

---

7 FRASERs Veröffentlichungen zu Form und Funktion (und dem sog. "form-function mapping") gehen auf den Anfang der 90-er Jahre zurück und haben ihre letzte Ausführung in dem Aufsatz von 1999 gefunden.

- die Korrekturfunktion
- das Überbrücken von Informationslücken
- die Vorfeldbesetzung einer Äußerung nach Reformulierung
- die Übernahme einer Imagefunktion im Diskurs (zum Beispiel: die Rede im rhetorischen Sinne "flüssiger" zu machen)

6.1 Der Gebrauch von *also* bei 6 Berlinern aus dem Wendekorpus "9. November 1989"

Das Deutsche Universalwörterbuch (DUDEN 2001) gibt für *also* die folgenden kommunikativen Funktionen im Standard und in der Umgangssprache an:

- konklusiv (schlussfolgernd)
- ein vorausgegangenes Diskurssegment zusammen zu fassen
- ein vorausgehendes Diskurssegment zu kommentieren und zu präzisieren
- einen unterbrochenen Gedanken oder eine unterbrochene Argumentation fortzusetzen
- einen emotionalen Zustand zu verstärken bzw. zu intensivieren: Fangfragen, Aufforderungen oder Ausrufe mit *also* einzuleiten

Genuin linguistische Literatur gibt es nur in geringem Maße. KÖNIG/STARK/ REQUARDT (1990) klassifizieren *also* als (a) modales Adverb, (b) Gliederungsignal (GÜLICH/ KOTSCHI 1983), (c) konjunktionales Adverb, (d) Modalpartikel. ZIFONUN et al. (1997) definieren den DM *also* als konnektive Partikel. Die semantische Funktion wird beschrieben als "referring to the foregoing context" or as "connecting and summarizing discourse segments" (KÖNIG/STARK/REQUARDT 1990).

WILLKOP (1988) unterscheidet zwei Gebrauchsformen von *also*: (a) das unbetonte Adverb, (b) die betonte Form in responsiver Funktion. Für (a) werden verschiedene Funktionen in Bezug zur Diskursorganisation aufgeführt; diese Funktionen gehören nach SCHIFFRIN (1987) deswegen zur **Austauschstruktur**, weil sie interaktive Bedeutung selegieren, aber nicht hervorbringen. Die interaktive Funktion des unbetonten *also* (i) markiert den Redebeitragswechsel, (ii) leitet Paraphrasen ein, (iii) überbrückt Formulierungsprobleme im fortlaufenden Diskurs, (iv) etabliert thematische Kohärenz im Diskurs.

Ein Blick auf unsere 6 Sprecher und die dazu dokumentierten Transkriptionen belegt, dass die **sequenzielle Funktion** von *also* am häufigsten belegt ist. In dieser Funktion kommt der Diskursmarker sehr häufig in äußerungsinitialer Position oder im Mittelfeld nach dem finiten Verb vor. Andererseits werden auch häufig Einschübe (Parenthesen) und Ergänzungen (im Nachfeld der Äußerung) durch *also* eingeleitet.

Pro Sprecher untersuchten wir zwischen 10 und 16 Seiten Transkript (jede Seite hat ungefähr 68 Linien mit pro Zeile 70 Anschlägen). Zwischen den Sprechern bestehen erhebliche Unterschiede: Anton, ein recht kommunikativer und rhetorisch gewandter Sprecher, benutzt den DM 170-mal, während auf der anderen Seite Ilona in ihrem bescheidenen und wenig elaborierten Gebrauchssystem den DM nur 45-mal benutzt.

Folgende Typen der *also*-Verwendung lassen sich unterscheiden:

(i)   Redebeitragsinitiierendes und redebeitragsabschließendes *also*.

(ii)   Sequenzieller Gebrauch von *also*: KE-1-*also*-KE-2;[8] die KEn können Propositionen, Nebensätze, Einschübe, Nachträge im Nachfeld von Äußerungen oder Korrektureinheiten sein.

(iii) Rhetorische Funktion: Der Gebrauch von *also* kann den Eindruck flüssiger und rhetorisch geschickter Sprachproduktion unterstreichen; *also* kann im Rahmen eines Satzes oder eines Teilsatzes syntaktisch integriert sein und als redebeitragserhaltendes Element genutzt werden – in diesem Sinne teilt es gewisse Eigenschaften mit Modalpartikeln (MPn).

Das erstgenannte Muster ist pragmatischer Natur: *also* führt einen Redebeitrag ein oder schließt ihn ab. Das zweite Muster ist semantisch und diskursspezifisch: Ich bezeichne es als ein "sequenzielles"; *also* wird zwischen und innerhalb von Teilsätzen positioniert und verbindet die betreffende KE mit einer vorausgehenden Diskurseinheit. Die Kernbedeutung des sequenziellen *also* ist die Markierung eines Zustandes, welcher auf ein vorausgehendes Diskurssegment folgt und dieses kommentiert oder präzisere Informationen dazu gibt. Je nach Diskurskontext ist die "sequenzielle Bedeutung" skalar: sie kann stärker oder schwächer ausfallen. Wenn die Bedeutung von *also* dazu tendiert, eher schwach auszufallen, etwa in dem Maße, dass das Wort nur noch geringe "sequenzielle" Bedeutung trägt (sie ist sozusagen "leer"), dann liegt das dritte Muster vor: *also* wird dann als ein Element verbaler Routinen im Diskurs benutzt und funktioniert als ein Verfahren, Probleme der Produktion oder der Planung zu überbrücken (unter gegebenen Bedingungen des Zeitbudgets, der verbalen Interaktion etc.). In diesem Sinne trägt die Nutzung des DM *also* zum Eindruck eines flüssigen Diskurses bei und ermöglicht mehr Kohärenz im Diskurs; der Sprecher kann von sich selbst ein besseres Image als ein "geschickter, effektiver Sprecher" hervorrufen. Auch wenn wir zugeben, dass es Verwendungsweisen von *also* gibt, welche in erster Linie der Flüssigkeit im Diskurs und dem rhetorischen Eindruck dienen sollen, behaupte ich doch, dass die sequenzielle konklusive Kernbedeutung von *also* beim Gebrauch dieser DM präsent und zumindest bis zu einem gewissen Grade jedem Vorkommen von *also* inhärent ist.[9] Dennoch aktualisiert der Gebrauch des Wortes zumindest eine minimale autosemantische Lesart/Kernbedeutung; *also* kann nicht zu einer Interjektion, einem Verzögerungsphänomen oder zu einem bedeutungslosen Kontaktausdruck reduziert werden.

---

8   "KE" heißt "kommunikative Einheit"; FRASER (1999) verwendet für seine Analyse den Terminus "sentence". Da wir Regularitäten der gesprochenen Sprache untersuchen, verwenden wir den wissensbasierten Begriff "Satz" aus theoretischen Grammatikkonzeptionen wie der von z.B. CHOMSKY nicht. Angemessener ist der Terminus "kommunikative Einheit", der zum Beispiel von ZIFONUN et al. (1997) benutzt wird.

9   In diesem Sinne hat es gewisse Ähnlichkeiten mit der Benutzung der Konjunktion *dann* in Erzählungen von Kindern. *Dann* markiert die temporale Versetzung eines Zustandes in Bezug auf einen vorhergehenden Zustand einer Aktion in der Erzählung. Oft hat die mechanische Wiederholung von *dann* in den Erzählungen von Kindern eine semantisch leere Funktion/Bedeutung.

Es ist schwierig, explizite Kriterien für die "leere" Bedeutung von *also* zu formulieren; "Redundanz" ist ein relatives Konzept. Die Serialisierung von *also,* die den Eindruck einer unbewussten permanent Wiederholung hervorruft, gibt uns das Gefühl von Redundanz. Aber die Entscheidung, *also* in diesem Sinne zu kodieren, bleibt bis zu einem gewissen Grade willkürlich.[10]

6.2 Pragmatische, redebeitragsbezogene Verwendung

Zehn bis fünfzehn Prozent der Vorkommen repräsentieren diesen Typ der Bedeutungsfunktion von *also.* Im Rahmen formaler Gesprächsorganisation verknüpft der Ausdruck *also* den Redebeitrag des vorherigen mit dem des aktuellen Sprechers. Zur gleichen Zeit signalisiert der Ausdruck: 'In dem folgenden Diskurs (Segment) werde ich etwas erklären/illustrieren/berichten/erzählen'. Es gibt keine oder nur eine recht lose Verbindung zu dem vorhergehenden Diskurskontext.

In redebeitragsabschließender Position beendet *also* ein Argument oder einen Redebeitrag; es handelt sich insofern um einen pragmatischen Marker der Konklusion/Schlussfolgerung, als er ohne explizite Referenz auf den vorangehenden Diskurs den Abschluss eines Redebeitrages markiert.

Als redebeitragsinitiierendes Merkmal kann *also* benutzt werden

- als Antwortpartikel auf eine Frage (Register: Interview)
- zum Anmelden des Rechts auf Redebeitrag im Wettstreit mit anderen Sprechern
- als Einleitung eines längeren erläuternden, begründenden oder rechtfertigenden u.a. diskursiven Segments/Beitrags, das/der mehr oder weniger unabhängig vom vorausgehenden Diskurs und mehr oder weniger responsiv ist

Alle unsere Sprecher benutzen redebeitragsinitiierendes *also.* Dieses kann zu Beginn des Redebeitrags kombiniert werden mit *ach, nee, ja, na, wie gesagt, tja* (u.a. kombinierbaren Interjektionen/synsemantischen Ausdrücken). Einige dieser Kombinationen treten als Makromorpheme oder kommunikative Fertigteile auf; dieser redebeitragsinitiierende Gebrauch ist in einem recht breiten Sinne sequenziell, insofern als er mehr auf den Kontext und die Situation rekurriert als auf die vorausgehende (thematische) Botschaft. Ein Beleg ("in" = Informant/Informantin, "i" = Interviewerin):

---

10 Wenn allerdings das Wort *also* in Lernvarietäten exzessiv und in überschüssigem Maße genutzt wird, dazu noch in einer falschen syntaktischen Position, so vermitttelt uns das den Eindruck, dass der Lerner lexikalische Lücken überbrücken will und ein besseres verbales Image anstrebt. Man sollte jedoch nicht die formalen Beschränkungen bezüglich des Gebrauchs von *also* übersehen: meist kommt es in Anfangspositionen der Äußerung oder in der Position direkt nach dem finiten Verb vor; es kann nicht zwischen das Subjekt der Äußerung/des Satzes und das finite Verb platziert werden. Ohne in komplizierte Details zu gehen wollen wir im Folgenden die typischen formalen und funktionalen Aspekte des Gebrauchs von *also* in der Rede von sechs Berliner Sprechern isolieren.

(29) ANTON (B76W):

in: Anton: &ja also es ging +1+ das ging & dann gleich also am nächsten tach los als
ich hier in die schule gefahrn bin stand für mich der entschluss fest dass wir also
an diesem tach um gotteswillen nich zur tagesordnung übergehn^ &son&dan

i: &hm &

In dem Beispiel (29) bezieht sich Anton auf die Frage des Gesprächspartners, wie für
ihn der 9. November 1989 verlaufen ist; seine erste Reaktion auf die Frage, wie er diese für die Wiedervereinigung entscheidende Nacht erlebt hat, beginnt er mit *ja also*.
Damit deutet er an, dass er gewillt ist, auf die Frage zu antworten und ebenso, dass er
zu dem Thema einiges zu sagen haben wird.

Das Beispiel (30) ist ein Beleg für redebeitragsabschließendes *also*.

(30) ANTON (B76W):

in: Anton: also nich andere als vom ostfriesen ich denk mal wenn/also zumindestens
in dem umfeld das ich erlebe ?ne? al&so&

i: &hm&

Das redebeitragsabschließende *also* gibt den Redebeitrag für den nächsten Sprecher
frei, wobei das Argument syntaktisch, semantisch und intonatorisch durch *also* abgeschlossen wird.

Abschließend sei vermerkt: Es ist nicht auszuschließen, dass das redebeitragsinitiierende *also* zu dem vorangehendenden Diskurs eine sequenzielle Beziehung unterhält; wie
schon gesagt, ist Letzterer mehr oder weniger direkt. Am deutlichsten ist der Bezug in
Frage-Antwort-Sequenzen (vgl. den Quaestio-Ansatz von KLEIN/VON STUTTERHEIM
(1987), der sich mit der referenziellen Bewegung von Ausdrücken im kohärenten Diskurs beschäftigt).

6.3 Entspricht der diskursspezifische sequenzielle Gebrauch von *also* dem FRASER-Typ $<S_1.DM + S_2>$ [= KE 1. DM & KE 2]?

Das für die Beschreibung des gesprochenen Deutsch bewährteste Schema ist die sogenannte Feld-Analyse (ZIFONUN et al. 1997: 1644 ff., AUER 1996). Entsprechend der
Distanzstellung des deutschen Verbs ("verbale Klammer") wird der Bereich der Äußerung links vom finiten Verb als "Vorfeld" bezeichnet. Die Domäne zwischen dem finiten Teil des Verbs und dem infiniten Teil (mit Objekten, Pronomina, Adverbialen,
Partikeln u.a.) wird "Mittelfeld" genannt; alle Konstituenten rechts von dem infiniten
Teil des Verbs werden als "Nachfeld" bezeichnet, wobei die außerhalb der Verbklammer stehenden Konstituenten auch als Nachtrag gelten. In der Regel sind die grammatischen Bindungen des Nachfeldes an das Mittelfeld eher lockerer Art.

Für die folgende Analyse ist die Feld-Analyse nicht von zentraler Bedeutung. Interjektionen, Thematisierungen oder Topikalisierungen, Einschübe ("insertions") und Nachträge am Ende von Äußerungen (wie zum Beispiel sogenannte "tags") werden durch
die Kategorien der Feld-Analyse nicht angemessen beschrieben, weil wir sie meistens

an der Peripherie der syntaktischen Hauptstruktur finden; meistens haben sie keine explizite syntaktische Funktion.

Wir unterscheiden die folgenden Typen kommunikativer Einheiten (KE) im Sinne der DM-Analyse von FRASER (1999): [11]

- KE 1 kann ein Diskurssegment sein, das aus mehreren Propositionen besteht.
- KE 1 ist nicht adjazent zu KE 2, aber kann KE 2 in mehreren kommunikativen Einheiten bzw. Diskurssegmenten vorausgehen.
- KE 2 kann ein Nachtrag, ein Einschub, ein Nebensatz oder eine "Rekonstruktions-einheit" (Funktion der Reparatur) sein.

Mit anderen Worten: Kommunikative Einheiten und Teile von Äußerungen zeigen einen unterschiedlichen Grad an grammatischer Konnektivität. Alle KEs, die wir untersuchen, belegen im Wesentlichen zwei Positionen von *also* in der Äußerung:

(a) in der Peripherie: linkes oder rechtes "Außenfeld" (Nachträge und andere Muster); im Bezug auf das linke Außenfeld scheint *also* weniger zu KE 2 zu gehören als eine interpropositionale Funktion auszuüben. Es hat eine Art "Brückenfunktion" bzw. stellt eine bidirektionale Verbindung zwischen KE 1 und KE 2 dar.
(b) die zweite Position von *also* hinter dem finiten Teil des Verbs und vor dem infiniten Teil des Verbs in Hauptsätzen; in Nebensätzen steht der Ausdruck mehr oder weniger direkt nach der subordinierten Konjunktion. Sehr oft steht *also* – wie Adverbien – nach dem finiten Teil des Verbs, ähnlich wie dies für Modalpartikeln der Fall ist (vgl. DITTMAR 2000).

Nach Ansicht einschlägiger Linguisten (HENTSCHEL 1986, WEYDT 1983, THURMAIR 1989, KÖNIG 1997) ist *also* nicht als eine MP zu betrachten, sondern teilt lediglich einige ihrer Eigenschaften, d.h. der DM fügt einen optionalen, modalen Aspekt der Bedeutung von Äußerungen hinzu, weil er gleichzeitig eine spezifische konsekutive Relation zu dem vorgängigen Diskurs herstellt. Die Beispiele (31), (32) und (33) illustrieren den Punkt (a). (34) ist ein Beleg für (b).

(31) ILONA (B68W):
i: hmhm;
in: wenn ich + so jetzt ins häuschen fahre und ich fahr da die die alleen lang und an den féldern vorbei + **also** ich spüre das jedes mal noch ímmer wie ein glück +
i: hmhm

(32) ALEX + NORMAN (B51WF):
i: hm + ?und du? <zu Axel>
in: <ALEX> tja @ %ich% + würd ich glaube politiker sein wenn ich da was wüßte @@ das muß sich/ das muß sich finden +1+ da müssen + **also** irgendwo + ir-

---

11   Diese drei Unterscheidungen habe ich anlässlich einer empirischen Untersuchung ausführlich mit Kathrin Kirsch anhand von Korpusbelegen diskutiert. Für ihre scharfsinnigen Beobachtungen zu den Äußerungsbelegen möchte ich ihr an dieser Stelle danken.

gendwann bestimmt werden + werden wa uns bestümmt annähern +(h)+ nur dis + dis wird also nich hier imma so 'weitergehen + also dafür is der/ + lebt man viel zuu + zu eng jetzt miteinander + irgendwann wird dit aufhörn

(33) ILONA (B68W):
i: und da haste bestimmt viele patientinnen gewonnen ne @@@
in: **also** eh ich hab + natürlich gleich já gesagt; und nachher hab ich dann/ was hab ich da gemacht, ich n vórtrag halten !nee! **also** das kann ich doch überhaupt nicht.
i: ja.

(34) ANTON (B76W):
i: hm
in: und eh es war dann auch so weil wir nun eine der erstn schuln in in der nähe des grenzübergangs warn dass **also** auch sehr viele kollügen aus ostberlin eh dann zu uns gekomm: sind und fragen nach dem schulsystem gestellt hat und das hat sich dann im lauf der nächstn vierzehn tage eh gehäuft und wir ham dann einklich hier jeden tach volles haus gehabt

Die Typen (a) und (b) werden von unseren Sprechern ausnahmslos genutzt. Aber natürlich gibt es Unterschiede im kommunikativen und sprachlichen Habitus (vgl. BOURDIEU 1982) und offenbar gibt es unterschiedliche *also*-Stile. Ilona benutzt *also* sehr häufig am Rande der Äußerungen, d.h. *also* leitet hier eine selbstständige Untereinheit ein oder ist ein Satellit, der eine zuvor genannte Bedeutung präzisiert oder eine Äußerung korrigiert. Syntaktisch wird *also* hier in den Randbereichen positioniert mit geringer grammatischer Bindung zur zentralen propositionalen Mitteilung, mehr oder weniger getrennt von dieser. Saliente Informationen werden fokussiert, Nachträge, Details, Kommentare und Korrekturen werden zu der Kerninformation hinzugefügt. Diese Kontextualisierungsstrategie drückt sich in dem Prinzip aus: "wichtige Informationen zuerst".

Anton als Schulleiter (d.h. als "offizielle" Person) benutzt im Kontrast zu Ilona hauptsächlich die Strategie "sequenzieller" Muster. Die meisten Vorkommen seiner *also*-Verwendung finden sich im Vorfeld und im Mittelfeld der Äußerung (sowohl in Haupt- als auch in Nebensätzen). Die Platzierung von *also* in den Äußerungen dient oft der Kohärenz in der Abfolge der Äußerungen, der stilistischen Angemessenheit rhythmischer Abläufe, dem positiven kommunikativen Image; *also* übernimmt somit die "glättende" Funktion der rhetorischen Überformung grammatischer Kodierungen.

6.4 Zusammenfassung

Alle Informanten benutzen redebeitragsinitiierendes, redebeitragsabschließendes und sequenzielles *also* (inferenzielle Funktion). In Bezug auf den prototypischen sequenziellen Gebrauch können zwei Strategien isoliert werden: (a) Platzierung von *also* als Kopf kommunikativer Einheiten, welche lose in die syntaktische Struktur oder in die Proposition einer Äußerung integriert sind; meistens handelt es sich hier um folgende Einheiten: Einschübe, Korrekturen, Präzisierungen, Nachträge (Zusatzinformationen, die zunächst im Planungsprozess vernachlässigt, dann aber in die Mitteilung einbezogen werden sollen). (b) Häufig ist die Funktion von *also* zugleich sequenziell und inferenziell. Diesen Gebrauch nennen wir die rhetorische Funktion von *also:* der DM verleiht der Äußerung den Nimbus "kommunikativer Nähe" mittels verbaler Flüssigkeit und diskursiver Kohärenz ("symbolisches Kapital" im Sinne von BOURDIEU 1982, vgl. auch DITTMAR 2000).

7. Ausblick

In diesem Beitrag habe ich am konkreten Beispiel eines Ausdrucks aus der Wortklasse der Fokuspartikeln, Modalpartikeln und Diskursmarker die Schnittstelle Syntax – Semantik – Pragmatik diskutiert. Unterschiedlich parametermotiviert zeigte sich in allen drei Fällen, dass formgesteuerte Prinzipien mit diskursiven Eigenschaften einhergehen. Während dem Deutsch-als-Fremdsprache-Lerner die Kenntnis der formalen Regeln bei der Verwendung von Fokuspartikeln sicher sehr hilfreich sein werden, sollten Modalpartikeln und Diskursmarker ihm zunächst interaktionsbezogen nahe gebracht werden. Denn: Im Aufbau des Diskurses von Lernern Anhaltspunkte für "vertraute" Ausdrucksformen des Alltags zu finden, macht es dem Muttersprachler leichter, dem Lerner "positive" Lernabsichten zu unterstellen und den Fluss der Interaktion aufrechtzuerhalten und zu fördern. Mit dem Gebrauch von Modalpartikeln und Diskursmarkern setzen Lerner das kommunikaphile Signal: FLUCTUAT NEC MERGITUR.

Literatur

Abraham, Werner (ed.), 1991. *Discourse particles. Descriptive and theoretical investigations on the logical, syntactic and pragmatic properties of discourse particles in German.* Amsterdam: Benjamins (= *Pragmatics & beyond, New series* 12).

Abraham, Werner, 1980. The syncronic and diachronic semantics of German temporal *noch* and *schon* with aspects of English *still, yet* and *already. Studies in Language* 4:3-24.

Abraham, Werner, 1994. Fokusgrammatik und Indefinitheit. In: Haftka, B. (ed.), 1994. *Was determiniert Wortstellungsvariation?* Opladen: Westdeutscher Verlag, 235-245.

Abraham, Werner, 1995: Wieso stehen nicht alle Modalpartikeln in allen Satzformen? Die Nullhypothese. *Deutsche Sprache* 23/2:124-146.

Albrecht, Jörn,1977. Wie übersetzt man eigentlich "eigentlich"? In: Weydt, Harald (ed.). *Aspekte der Modalpartikeln.* Tübingen: Niemeyer (= *Konzepte der Sprach- und Literaturwissenschaft* 23, 19-37.

Altmann, Hans, 1976. Gradpartikeln und Topikalisierung. In: Bräutigam, K./Kürschner, W. (eds.). *Grammatik. Akten des 10. Linguistischen Kolloquiums. Bd. 2.* Tübingen: Niemeyer, 233-245.

Altmann, Hans, 1978. *Gradpartikelprobleme.* Tübingen: Narr (= *Studien zur deutschen Grammatik* 8).

Altmann, Hans, 1979. Funktionsambiguitäten und disambiguierende Faktoren bei polyfunktionalen Partikeln. In: Weydt. H. (ed.). *Die Partikeln der deutschen Sprache.* Berlin: de Gruyter, 351-365.

Altmann, Hans, 1981. *Formen der "Herausstellung" im Deutschen.* Tübingen: Niemeyer (= *Linguistische Arbeiten* 106).

Altmann, Hans, 1993. Fokus – Hintergrund – Gliederung und Satzmodus. In: Reis, M. (ed.). *Wortstellung und Informationsstruktur*. Tübingen: Niemeyer, 1-37.

Altmann, Hans, 1976: *Die Gradpartikeln im Deutschen. Untersuchung zu ihrer Syntax, Semantik und Pragmatik*. Tübingen: Niemeyer (= *Linguistische Arbeiten* 33).

Altmann, Hans / Batliner, Anton / Oppenrieder, Wilhelm (eds.), 1989. *Zur Intonation von Modus und Fokus im Deutschen*. Tübingen: Niemeyer (= *Linguistische Arbeiten* 234).

Anderson, Stephen R., 1972. How to get *even*. *Language* 48:893-906.

Atlas, Jay David, 1991. Topic/comment, presupposition, logical form, and focus stress implicatures. The case of focal particles *only* and *also*. *Journal of Semantics* 8:1-2:127-148.

Auer, Peter, 1996: The prefront field position in spoken German and its relevance as a grammaticalization position. *Pragmatics* 6/13:295-322.

Barden, Birgit, 1998. Prosodische Merkmale von Operator-Skopus-Strukturen. Ms., Institut für deutsche Sprache, Mannheim.

Bell, David, 1998. Cancellative Discourse Markers: A Core/Periphery Approach. *Pragmatics* 8/4:515-542.

Blakemore, Diane, 1987. *Semantic Constraints on Relevance*. Oxford: Blackwell.

Blakemore, Diane, 1992. *Understanding utterances*. Oxford: Blackwell (= *Blackwell textbooks in linguistics* 6).

Bourdieu, Pierre, 1982. *Ce que parler veut dire. L'économie des échanges linguistiques*. Paris: Fayard.

Brauße, Karin, 1983. Die Bedeutung der deutschen restriktiven Gradpartikeln *nur* und *erst* im Vergleich mit ihren französischen Entsprechungen *ne... que, seulement* und *seul*. *Linguistische Studien* 104:244-282.

Brauße, Ursula, 1992. Rezension von Weydt, Harald (ed.), 1989. *Sprechen mit Partikeln*. Berlin: de Gruyter. *Beiträge zur Geschichte der deutschen Sprache und Literatur* 114:311-317.

Brauße, Ursula, 1982. Bedeutung von Konjunktionen und Konjunktionaladverbien: *aber, nur, immerhin, allerdings, dafür, dagegen, jedoch. Linguistische Studien. Arbeitsberichte* 104:1-40.

Brauße, Ursula, 1992. Funktionswörter im Wörterbuch. In: Brauße, U. / Viehweger, D. (eds.). *Lexikontheorie und Wörterbuch*. Tübingen: Niemeyer,1-88.

Bredel, Ursula, 2000. *Ach so* – Eine Rekonstruktion aus funktional-pragmatischer Perspektive. *Linguistische Berichte* 184:401-421.

Bublitz, Wolfram, 1978. *Ausdrucksweisen der Sprechereinstellung im Deutschen und Englischen. Untersuchungen zur Syntax, Semantik und Pragmatik der deutschen Modalpartikeln und Vergewisserungsfragen und ihrer englischen Entsprechungen*. Tübingen: Niemeyer (= *Linguistische Arbeiten* 57).

Bührig, Kristin / ten Thieje, Jan, 2001. Diskurspragmatische Beschreibung. In: Ammon, U./ Dittmar, N. / Mattheier, K. (eds.). *Soziolinguistik. Ein Internationales Handbuch der Wissenschaft von Sprache und Gesellschaft*. Berlin: de Gruyter (Artikel für die zweite Auflage, im Erscheinen).

Burkhardt, Armin, 1989. Partikelsemantik: Paraphrasetechnik und das Problem der *Übersetzbarkeit*. In: Weydt, H. (ed.). *Sprechen mit Partikeln*. Berlin / New York: de Gruyter, 354-369.

Bußmann, Hadumod, 1990. *Lexikon der Sprachwissenschaft*. 2. Aufl. Stuttgart: Kröner.

Bybee, Joan L. / Perkins, Revere D. / Pagliuca, William, 1994. *The evolution of the grammar: tense, aspect and modality in the languages of the world*. Chicago / London: The University of Chicago Press.

Deutsches Universalwörterbuch. DUDEN. Mannheim 1989.

Diewald, Gabriele, 1997. *Grammatikalisierung. Eine Einführung in Sein und Werden grammatischer Formen.* Niemeyer: Tübingen (= *Germanistische Arbeitshefte* 36).

Dijk, Teun A. van, 1981. *Pragmatic connectives. Studies in the pragmatics of discourse.* Mouton.

Dimroth, Christine / Dittmar, Norbert, 1998. Auf der Suche nach Steuerungsfaktoren für den Erwerb von Fokuspartikeln: Längsschnittbeobachtungen am Beispiel polnischer und italienischer Lerner des Deutschen, in: Wegener, H. (ed.). *Eine zweite Sprache lernen. Empirische Untersuchungen zum Zweitspracherwerb.* Narr: Tübingen, 217-240.

Dimroth, Christine, 1998. *Fokuspartikeln und Informationsgliederung im Diskurs.* Phil. Diss., Freie Universität Berlin (erscheint demnächst).

Dimroth, Christine, 2001. Topics, assertions and additive words: L2 learners' way from information structure to target language syntax. (Erscheint demnächst in *Linguistics*).

Dimroth, Christine / Klein, Wolfgang, 1996. Fokuspartikeln in Lernervarietäten. Ein Analyserahmen und einige Beispiele. *Zeitschrift für Literaturwissenschaft und Linguistik* 104:73-114.

Dittmar, Norbert / Ramat, Anna G. (eds.), 1999. *Grammatik und Diskurs. Studien zum Erwerb des Deutschen und des Italienischen.* Tübingen: Stauffenburg.

Dittmar, Norbert, (ed.), 1987. *Topic – From Grammar to Discourse. Linguistics* (Special issue). De Gruyter: Berlin.

Dittmar, Norbert, 1991. "Chaplin komm arbeit aber das arbeit nicht gut... " Le connecteur ABER comme metteur en scene du discours en Allemand L2. Une étude de cas en perspective longitudinale. In: Véronique, D. / Russier, C. et al. (eds.). *Modalisations en langue étrangère.* Aix-en-Provence: Presses Universitaires de Provence, 123-132.

Dittmar, Norbert / Ahrenholz, Bernt, 1995. The Acquisition of Modal Expressions in Related Grammatical Means by an Italian Learner of German in the Course of 3 Years of Longitudinal Observation. In: Ramat, A. G. / Crocco Galeas, G. (eds.). *From Pragmatics to Syntax. Modality in Second Language Acquisition.* Tübingen: Gunter Narr.

Dittmar, Norbert, 1995. Was lernt der Lerner und warum? Was 'DAF'-Lehrer schon immer über den Zweitspracherwerb wissen wollten. In: Dittmar, N. / Rost-Roth, M. (eds.). *Deutsch als Zweit- und Fremdsprache. Methoden und Perspektiven einer akademischen Disziplin.* Frankfurt a. M.: P. Lang (= *Werkstattreihe Deutsch als Fremdsprache* 52).

Dittmar, Norbert, 1997. *Grundlagen der Soziolinguistik. Ein Arbeitsbuch mit Aufgaben.* Konzepte der Sprach- und Literaturwissenschaft. Tübingen: Niemeyer.

Dittmar, Norbert / Bredel, Ursula, 1999. Die Sprachmauer. Die Verarbeitung der Wende und ihrer Folgen in Gesprächen mit Ost- und Westberlinern. Berlin: Weidler Verlag.

Dittmar, Norbert, 1999. Der Erwerb der Fokuspartikeln *auch* und *nur* durch die italienische Lernerin Franca. In: Dittmar, N. / Ramat, Anna G. (eds.). *Grammatik und Diskurs. Studien zum Erwerb des Deutschen und des Italienischen.* Tübingen: Stauffenburg, 125-144.

Dittmar, Norbert, 2000. Sozialer Umbruch und Sprachwandel am Beispiel der Modalpartikeln *halt* und *eben* in der Berliner Kommunikationsgemeinschaft nach der 'Wende'. In: Auer, P. / Hausendorff, H. (eds.). *Kommunikation in gesellschaftlichen Umbruchsituationen.* Mikroanalytische Aspekte des sprachlichen und gesellschaftlichen Wandels in den Neuen Bundesländern. Tübingen: Niemeyer, 199-234.

Doherty, Monika, 1985. *Epistemische Bedeutung*, Berlin: Akademie-Verlag.

DUDEN, 2001. *Deutsches Universalwörterbuch.* 4. Aufl. Mannheim etc.: Dudenverlag.

Eisenberg, Peter, 1994. *Grundrisse der deutschen Grammatik.* 3. Aufl. Stuttgart: J.B. Metzler.

Fiehler, Reinhard 1998. Operator-Skopus-Strukturen in gesprochener Sprache. Ms. Institut für deutsche Sprache, Mannheim.

Fillmore, Charles H. / Kay, Paul / O'Connor, Michael C., 1988. Regularity and idiomaticity in grammatical constructions. The case of *let alone. Language* 64:501-538.

Fleischman, Suzanne / Yaguello, Marina et al., (forthcoming). *Discourse across Languages and Cultures*. Amsterdam: John Benjamins.

Francescotti, Robert M., 1995. Even. The Conventional Implicature Approach Reconsidered. *Linguistics and Philosophy* 18:153-173.

Franck, Dorothea, 1979. Abtönungspartikel und Interaktionsmanagement. Tendenziöse Fragen. In: Weydt, H. (ed.). 1979: *Die Partikeln der deutschen Sprache*. Berlin: de Gruyter, 3-13.

Franck, Dorothea, 1980. *Grammatik und Konversation*, Scriptor: Königstein/Ts.

Fraser, Bruce, 1996. Pragmatic markers. In: *Pragmatics* 6/2:167-190.

Fraser, Bruce, 1999: What are discourse markers?. In: *Journal of Pragmatics* 31:931-952.

Frühwirth, Andreas 1997. *Syntax, Semantik und Pragmatik der deutschen Modalpartikel* eigentlich. Schriftliche Arbeit zum *Europäischen Magister*, FU-Berlin (unveröffentlicht).

Gülich, Elisabeth / Kotschi, Thomas, 1983. Partikeln als Paraphrasen-Indikatoren (Am Beispiel des Französischen). In: Weydt, H. (ed.). *Partikeln und Interaktion*. Tübingen: Niemeyer, 249-262.

Harden, Theo, 1983. *An Analysis of the Semantic Field of the German Particles* überhaupt *and* eigentlich. Tübingen: Narr.

Hartmann, Dietrich, 1977. Aussagesätze, Behauptungshandlungen und die kommunikativen Funktionen der Satzpartikeln *ja, nämlich* und *einfach*. In: Weydt, H. (ed.). *Aspekte der Modalpartikeln*. Tübingen: Niemeyer, 101-114.

Helbig, Gerhard, 1977. Partikeln als illokutive Indikatoren im Dialog. *Deutsch als Fremdsprache* 4:0-44.

Helbig, Gerhard, 1994. *Lexikon deutscher Partikeln*. 3. Aufl. Berlin: Langenscheidt.

Hentschel, Elke, 1986. *Funktion und Geschichte deutscher Partikeln*. ja, doch, halt *und* eben. Tübingen: Niemeyer (= *Reihe germanistische Linguistik* 63).

Hentschel, Elke, 1983. Partikel und Wortstellung. In: Weydt, H. (ed.), 1983. *Partikeln und Interaktion*. Tübingen: Niemeyer (= *Reihe Germanistische Linguistik* 44), 46-53.

Hentschel, Elke / Weydt, Harald, 1983. Der pragmatische Mechanismus: *denn* und *eigentlich*. In: Weydt, H. (ed.). *Partikeln und Interaktion*. Tübingen: Niemeyer, 263-273.

Hentschel, Elke / Weydt, Harald, 1989. Wortartenprobleme bei Partikeln. In: Weydt, H. (ed.). *Sprechen mit Partikeln*. Berlin / New York: de Gruyter, 3-18.

Hetland, Jorunn, 1993. Über Argumentstruktur, Fokus und Satzadverbiale. In: Rosengren, I. (ed.), 1993. *Satz und Illokution*, Bd. 2 (= *LA* 279), 109-126.

Hirschberg, Julia, 1991. *A Theory of Scalar Implicature*. Cambridge: Cambridge University Press.

Hoberg, Ursula, 1996. *Satztopologie des Deutschen*. Unveröffentlichte Dissertation, Freie Universität Berlin, Fachbereich Germanistik.

Hoeksema, Jack / Zwarts, Franciscus, 1991. Some remarks on focus adverbs. *Journal of semantics* 8/1-2 (Special issue: Focus in phonetics, syntax, semantics, and pragmatics):51-70.

Hoepelman, Jaap / Rohrer, Christian, 1980: *Déja* et *encore* et les temps du passé du français. In: David, J. / Martin, R. (eds.). *La notion d'aspect. Colloque – Centre d'analyses syntaxiques de l'Université de Metz*, 119-143.

Hopper, Paul J. / Traugott, Elisabeth C., 1993. *Grammaticalization*. Cambridge: Cambridge University Press.

Ickler, Theodor, 1994. Zur Bedeutung der sogenannten 'Modalpartikeln'. *Sprachwissenschaft* 19: 374-404

Jacobs, Joachim (ed.), 1991/92: Informationsstruktur und Grammatik. *Linguistische Berichte*: Sonderheft 4.

Jacobs, Joachim, 1983. *Fokus und Skalen. Zur Syntax und Semantik von Gradpartikeln im Deutschen*. Tübingen: Niemeyer.

Jacobs, Joachim, 1988 Fokus-Hintergrundgliederung und Grammatik. In: Altmann, H. (ed.): *Intonationsforschungen*. Tübingen: Niemeyer (= *Linguistische Arbeiten* 200), 89-134.

Jacobs, Joachim, 1991. Negation. In: von Stechow, A. / Wunderlich, D. (eds.). *Handbuch der Semantik*. Berlin / New York: de Gruyter, 560-596.

Jacobs, Joachim / von Stechow, Arnim / Sternefeld, Wolfgang / Vennemann, Theo (eds.), 1993. *Syntax: ein internationales Handbuch zeitgenössischer Forschung*. Berlin / New York: de Gruyter.

Jacobs, Joachim, 1983. *Fokus und Skalen. Zur Syntax und Semantik von Gradpartikeln im Deutschen*. Tübingen: Niemeyer (= *Linguistische Arbeiten* 138).

Kay, Paul, 1990. Even. *Linguistics and philosophy* 13:59-111.

Klein, Wolfgang / v. Stutterheim, Christiane, 1987. Quaestio und referentielle Bewegung in Erzählungen. *Linguistische Berichte* 109:163-183.

Klein, Wolfgang, 1998. Assertion and finiteness. In: Dittmar, N. / Penner, Z. (eds.). *Essays in honour of J. Weissenborn*. Bern: Peter Lang, 225-245.

König, Ekkehard / Stark, Detlef, 1987. Function words in a bilingual German-English dictionary: a new approach. *Lexicographica* III:158-177.

König, Ekkehard / Stark, Detlef, 1991. The treatment of function words in a new bilingual German-English dictionary. In: Abraham, W. (ed.). *Discourse Particles*. Amsterdam: Benjamins, 303-328.

König, Ekkehard / Traugott, Elisabeth C., 1988. Pragmatic strengthening and semantic change: the conventionalizing of conversational implicature. In: Hüllen, W. / Schulze, R. (eds.). *Understanding the lexicon*. Tübingen: Niemeyer, 110-124.

König, Ekkehard / Requardt, Susanne, 1991. A relevance-theoretic approach to the analysis of modal particles in German. *Multilingua* 10:63-77.

König, Ekkehard, 1977. Temporal and Non-Temporal uses of *noch* and *schon* in German. *Linguistics and philosophy* 1:3-33.

König, Ekkehard, 1981. The meaning of scalar particles in German. In: Eikmeyer, H.-J. / Rieser, H. (eds.). *Words, worlds, and contexts*. Berlin: de Gruyter, 412-439.

König, Ekkehard, 1983. Polysemie, Polaritätskontexte und *überhaupt*. In: Weydt, H. (ed.), *Partikeln und Interaktion*. Tübingen: Niemeyer, 160-171.

König, Ekkehard, 1991a: Gradpartikeln. In: von Stechow, A. / Wunderlich, D. (eds.). *Semantik. Ein internationales Handbuch der zeitgenössischen Forschung*. Berlin / New York: de Gruyter, 786-838.

König, Ekkehard, 1991b. Identical values in conflicting roles. The use of German *ausgerechnet, eben, genau* und *gerade* as focus particles. In: Abraham, W. (ed.). *Discourse particles. Descriptive and theoretical investigations on the logical, syntactic and pragmatic properties of discourse particles in German*. Amsterdam / Philadelphia, 11-36.

König, Ekkehard, 1991c. *The Meaning of Focus Particles: A Comparative Perspective*. London: Routledge.

König, Ekkehard, 1993. Focus Particles. In Jacobs, J. / von Stechow, A. / Sternefeld, W. / Vennemann, Th. (eds.). *Syntax: Ein internationales Handbuch*. Berlin: de Gruyter, 978-987.

König, Ekkehard, 1997. Zur Bedeutung von Modalpartikeln im Deutschen: Ein Neuansatz im Rahmen der Relevanztheorie. *Germanistische Linguistik* 136:57-76.

König, Ekkehard / Stark, Detlef / Requardt, Susanne, 1990. *Adverbien und Partikeln. Ein deutsch-englisches Wörterbuch*. Heidelberg: J. Gross Verlag.

König, Ekkehard / Siemund, Peter, 1996. Emphatische Reflexiva und Fokusstruktur: Zur Syntax und Bedeutung von selbst. *Sprache und Pragmatik. Arbeitsberichte* 40:1-42.

Kohrt, Manfred, 1988. 'Eigentlich', das 'Eigentliche' und das 'Nicht-Eigentliche'. *Deutsche Sprache* 2:103-130.

Krifka, Manfred, 1994. Focus and operator scope in German. In: Bosch, R. / van der Sandt R. (eds.). *Focus and natural language processing.* Bd. 1. Heidelberg (= *Working papers of the IBM Institute for Logic and Linguistics* 6).

Kyratzis, Amy / Ervin-Tripp, Susanne, 1999. The Development of Discourse Markers in Peer Interaction. *Journal of Pragmatics* 31:1321-1338.

Lenk, Uta, 1998. Discourse Markers and global coherence in conversation. *Journal of Pragmatics* 30:245-257.

Lenk, Uta, 1998. *Marking Discourse Coherence. Functions of Discourse Markers in Spoken English.* Tübingen: Narr (= *Language in Performance* 15).

Levinson, Stephen C., 1979. Activity types and language. *Linguistics* 17 (5/6):356-99.

Liedke, Martina, 1994. *Die Mikro-Organisation von Verständigung: Diskussionsuntersuchungen zu griechischen und deutschen Partikeln.* Frankfurt a.M.: Peter Lang.

Meibauer, Jörg, 1994. *Modaler Kontrast und konzeptuelle Verschiebung. Studien zur Syntax und Semantik deutscher Modalpartikeln.* Tübingen: Niemeyer (= *LA* 314).

Meng, Katharina, 1999. Introduction. *Journal of Pragmatics* 31:1241-1244.

Oppenrieder, Wilhelm / Thurmair, Maria, 1994. Kategorie und Funktion einer Partikel oder: Was ist eigentlich ‚eigentlich' EIGENTLICH? Eine Replik auf Manfred Kohrt, *Deutsche Sprache* 17:26-39.

Pérennec, Marcel & Marie-Hélène, 1992. A propos de *auch*: quelques reflexions et propositions concernant les méthodes d'analyse des opératuers de discours. In: David, J. / Gréciano, G. (eds.). *Systèmes interactifs.* Paris: En dépôt a Klincksieck (= *Recherches linguistiques* 16), 95-106.

Redeker, Gisela, 1990. Ideational and pragmatic markers of discourse structure. *Journal of Pragmatics* 14/3:367-381.

Redeker, Gisela, 1991. Review article: linguistic markers of discourse structure. *Linguistics* 29/6 (316):1139-1172.

Rooth, Mats, 1985. *Association with focus.* Ph. D. Dissertation. GLSA, University of Massachusetts, Amherst.

Rost-Roth, Martina, 1999. Der Erwerb der Modalpartikeln. Eine Fallstudie zum Partikelerwerb einer italienischen Deutschlernerin mit Vergleichen zu anderen Lernervarietäten. In: Dittmar, N. / Giacalone Ramat, A. (eds.). *Grammatik und Diskurs. Studien zum Erwerb des Deutschen und des Italienischen.* Tübingen: Stauffenburg, 165-212.

Roulet, Eddy / Riley, Paul, 1980. Interactional markers in dialogue. *Applied Linguistics* 1/3:224-233.

Schiffrin, Deborah, 1987: *Discourse markers.* Cambridge: Cambridge University Press.

Schiffrin, Deborah, 1994. *Approaches to Discourse.* Oxford: Blackwell

Schubiger, Maria, 1972. English intonation and German modal particles: A comparative study. In: Bolinger, D.L. (ed.). *Intonation. Selected readings.* Harmondsworth: Penguin.

Schwitalla, Johannes, 1997. *Gesprochenes Deutsch. Eine Einführung.* Erich Schmidt Verlag: Berlin.

Skiba, Romuald / Dittmar, Norbert, 1992: Pragmatic, Semantic and Syntactic Constraints and Grammaticalization : A Longitudinal Perspective. *Second Language Acquisition* 14: 323 349.

Slobin, Dan I., 1977. The origins of grammaticizable notions: beyond the individual mind. In: Slobin, D.I.. *The Cross Linguistic Study of Language Acquisition.* Vol. 5: *Expanding the contexts.* Mahaw, N. J. / London: Lawrence Erlbaum, 267-323.

Sperber, Dan / Wilson, Deirdre, 1986. *Relevance, Communication and Cognition.* Oxford: Oxford University Press.

Stechow, Arnim von, 1991: Syntax and Semantics. In: von Stechow, A. / Wunderlich, D. (eds.). *Semantics. An International Handbook of Comtemporary Research*. Berlin; 90-141.

Stechow, Arnim von, 1991: Focusing and background operators. In: Abraham, W. (ed.), 1991: *Discourse Particles*. Amsterdam: Benjamins.

Stechow, Arnim von, 1991. *Semantik: Ein internationales Handbuch der zeitgenössischen Forschung*. Berlin: de Gruyter.

Taglicht, Josef, 1984. *Message and Emphasis. On Focus and Scope in English*. London: Edward Arnold.

Thim-Mabrey, Christiane, 1985. *Satzkonnektoren wie* allerdings, dennoch *und* übrigens. *Stellungsvarianten im deutschen Aussagesatz*. Frankfurt a. M. / Bern / New York.

Thun, Harald von, 1984. *Dialoggestaltung im Deutschen und Rumänischen. Eine strukturell-kontrastive Studie zu den Existimatoren*. Tübingen: Narr.

Thurmair, Maria, 1989: *Modalpartikeln und ihre Kombinationen*. Tübingen: Niemeyer.

Traugott, Elisabeth Closs / König, Ekkehard, 1991: The semantics and pragmatics of grammaticalization revisited. In: Traugott, E. / Heine, B. (eds.): *Approaches to grammaticalization*. Amsterdam: Benjamins, 189-218.

Watorek, Marzena / Perdue, Clive, 1999. Additive particles and focus: observations from learner and native-speaker production. *Linguistics* 37, 2:297-323.

Watts, Richard J., 1988. A relevance-theorie approach to commentary pragmatic markers. The case of *actually, really,* and *basically* (= *Acta linguistica Hungarica* 38/1-4), 235-260.

Weydt, Harald / Hentschel, Elke, 1983. Kleines Abtönungswörterbuch. In Harald Weydt (ed.). *Partikeln und Interaktion*. Tübingen: Narr, 3-24.

Weydt, Harald, 1969. *Abtönungspartikel. Die deutschen Modalwörter und ihre französischen Entsprechungen*. Bad Homburg etc.: Gehlen.

Weydt, Harald (ed.), 1979: *Die Partikeln der deutschen Sprache*. Berlin: de Gruyter.

Weydt, Harald (ed.), 1983: *Partikeln und Interaktion*. Tübingen: Niemeyer (= Reihe Germanistische Linguistik 44).

Weydt, Harald / Ehlers, Klaas-Hinrich 1987. *Partikel Bibliographie*. Internationale Sprachenforschung zu Partikeln und Interjektionen. Frankfurt a. M.: Peter Lang.

Weydt, Harald (ed.), 1989. *Sprechen mit Partikeln*. Berlin: de Gruyter.

Weydt, Harald, 1977. *Aspekte der Modalpartikeln*. Tübingen: Niemeyer.

Weydt, Harald, 1979. *Die Partikeln der deutschen Sprache*. Berlin. De Gruyter.

Wierzbicka, Anna (ed.), 1986. *Particles* [Special issue of]. *Journal of Pragmatics* 10/5.

Willkop, Eva-Maria 1988. *Gliederungspartikeln im Dialog*. München: Iudicium

Zierner, Ernst, 1992. Die Partikeln *sowieso, ohnehin, ohnedies* und *eh*. *Deutsch als Fremdsprache* 29/1:48-49.

Zifonun, Gisela / Hoffmann, Ludger / Strecker, Bruno, 1997. *Grammatik der deutschen Sprache*. Bd. 3. Berlin etc.: de Gruyter.

Ziv, Yael et al. 2001. *Discourse Markers: Descriptions and theory*. Benjamins: Amsterdam.

Fokus

Linguistisch-Philologische Studien

Herausgeber: *Wolfgang Kühlwein, Heinz Vater*
                ab Band 21: Cathrine Fabricius-Hansen

Band 19: Heinz Vater (Hg.): *Zu Tempus und Modus im Deutschen.*
ISBN 3-88476-256-7, kt., 144 S., EUR 19,50

Band 20: Claudia Becker: *Zur Struktur der Deutschen Gebärdensprache.*
ISBN 3-88476-193-5, kt., 124 S., 127 Abb., EUR 18,50

Band 21: Frank Meyer: **Trouthe** *in mittelenglischen Versromanzen des 14. Jahrhunderts. Eine semanto-pragmatische Analyse.*
ISBN 3-88476-294-X, kt., 308 S., EUR 29,00

Band 22: Wolfgang Kühlwein (Ed.): *Language as Structure and Language as Process. In Honour of Gerhard Nickel on the Occasion of His 70th Birthday.*
ISBN 3-88476-310-5, kt., 118 S., EUR 15,50

Band 23: Heinz Vater / Ole Letnes (Hg.): *Modalität und mehr / Modality and More.*
ISBN 3-88476-456-X, kt., 196 S., EUR 22,00

Band 24: LIU Runfang: *Die wichtigsten Funktionen der chinesischen Partikel* le.
ISBN 3-88476-504-3, kt., 92 S., EUR 15,50

Band 25: Cathrine Fabricius-Hansen, Oddleif Leirbukt, Ole Letnes (Hg.):
Modus, Modalverben, Modalpartikeln.
ISBN 3-88476-519-1, kt., 184 S., EUR 21,00

•   Matthias Hutz:
Kontrastive Fachtextlinguistik für den fachbezogenen Fremdsprachenunterricht. Fachzeitschriften der Psychologie im interlingualen Vergleich.
ISBN 3-88476-233-8, 362 S., kt., EUR 30,00 (SALS 8)

•   Marie-Luise Egbert:
Lexical Repetition in English-German Literary Translation.
ISBN 3-88476-362-8, 180 S., kt., EUR 23,50 (SALS 10)

Ausführliche Beschreibungen aller Titel unter www.wvttrier.de

Wissenschaftlicher Verlag Trier • Bergstr. 27 • 54295 Trier
Tel.: 0651/41503 • Fax: 0651/41504 • e-mail: wvt@wvttrier.de • www.wvttrier.de